高等职业教育城市轨道交通专业规划教材

GAODENG ZHIYE JIAOYU CHENGSHI GUIDAO
JIAOTONG ZHUANYE GUIHUA JIAOCAI

URBAN RAIL
TRANSIT

CHENGSHI GUIDAO JIAOTONG PIAOWU GUANLI

城市轨道交通票务管理

（第二版）

主　编　赵舜尧　王　敏

副主编　杨　珂　吴　曼

主　审　刘峻峰

参　编　杨茹茹　苏　竞　耿伟娜

　　　　温寒冰　廉　菲

重庆大学出版社

内 容 提 要

本书共有 9 个项目，主要介绍城市轨道交通票务系统认知、城市轨道交通车票、售检票系统以及设备操作、车站日常票务作业、异常情况的票务处理、票务收入管理、车票管理、票务清分管理及票务事故案例。所有项目均以实际的轨道交通行业票务专业操作规范、业务技能标准为原型，力求通过每个岗位具体工作的讲解，以及大量的图片说明，让读者迅速、全面地掌握轨道交通票务相关岗位所必需掌握的理论、实践技能，以及相关的延伸知识。

本书可作为高职高专轨道交通票务专业的教材，也可供轨道交通行业技术人员参考。

图书在版编目(CIP)数据

城市轨道交通票务管理/赵舜尧，王敏主编.--2 版.--重庆：重庆大学出版社，2019.1(2020.8 重印)
高等职业教育城市轨道交通专业规划教材
ISBN 978-7-5624-7354-1

Ⅰ.①城… Ⅱ.①赵…②王… Ⅲ.①城市铁路—轨道交通—售票—管理—高等职业教育—教材 Ⅳ.①U293.22

中国版本图书馆 CIP 数据核字(2019)第 016365 号

城市轨道交通票务管理
(第二版)

主 编 赵舜尧 王 敏
副主编 杨 珂 吴 曼
主 审 刘峻峰
策划编辑：曾显跃
责任编辑：文 鹏 版式设计：曾显跃
责任校对：刘 刚 责任印制：张 策

*

重庆大学出版社出版发行
出版人：饶帮华
社址：重庆市沙坪坝区大学城西路 21 号
邮编：401331
电话：(023) 88617190 88617185(中小学)
传真：(023) 88617186 88617166
网址：http://www.cqup.com.cn
邮箱：fxk@ cqup.com.cn (营销中心)
全国新华书店经销
重庆市国丰印务有限责任公司印刷

*

开本：787mm×1092mm 1/16 印张：16.25 字数：406千
2019 年 1 月第 2 版 2020 年 8 月第 6 次印刷
印数：10 501—13 500
ISBN 978-7-5624-7354-1 定价：48.00 元

编审委员会

序

轨道交通以其快捷、舒适等其他交通工具无法比拟的优越性,成为城市交通发展新的热点和重点。当前我国的城市轨道交通正处在大发展、大建设时期,截至 2012 年年底,全国有 16 座城市共开通运营 70 条线,总里程 2 081.13 千米。

随着城市轨道交通行业的迅猛发展,相应运营专业人才的需求也日益紧迫,尤其是具有理论和实践性的复合型人才尤为紧缺。为适应新形势,近年来,国内的大专院校,尤其是交通职业技术类院校的城市轨道交通专业迅速扩大,早出人才、快出人才、出实用型人才成为学校和业界的共同愿望。通过一系列的调研和准备工作,在重庆大学出版社的倡导下,西安市地下铁道有限责任公司联合多省市交通类高职高专院校(如西安铁路职业技术学院、陕西交通职业技术学院、广东交通技师职业技术学院等)建立了校企合作联盟,组织具有丰富实践经验的轨道企业技术人员和职业院校的一线教师,与地铁运营实际紧密结合,共同编写了高等职业教育城市轨道交通专业规划教材。

这套规划教材是采用校企结合模式编写,结合全国轨道交通发展状况推出的面向全国、面向未来的教材,既汇集了高校专业教师们的理论知识,也汇聚了城市轨道交通专业技术部门创业者们的宝贵经验。

为做好教材的编写工作,重庆大学出版社专门成立了由著名专家组成的教材编写委员会。这些专家对城市轨道交通专业教学作了深入细致的调查研究,对教材编写提出了许多建设性意见,慎重地对每一本教材一审再审,确保教材本身的高质量水平,对教材的教学思想和方法的先进性、科学性严格把关。

"校企合作""理论与实践相结合"是本套系列教材的特点,不但可以满足当前城市轨道交通运营技术管理的需要,也为今后的城市轨道交通运营发展管理提出了新思考。随着运营管理的要求越来越高,以及新技术的不断应用,本系列教材必然还要不断补充、完善,希望该套教材的出版能满足广大职业院校培养城市轨道交通专业人才的需求,能成为城市轨道交通运营技术管理人员的"良师益友"。

建设部地铁轻轨研究中心　　顾问总工

建设部轨道交通建设标准　　主　编

建设部轨道交通专家委员会　专家委员

2013 年 7 月 26 日

前　言

在我国,城市轨道交通正处于快速发展的初始阶段。轨道交通系统的建设和运营急需大量既具有较高素质又具有专业知识的人才。预计到 2020 年,中国城市轨道交通规模有望突破 16 000 km。在现今城市轨道交通快速发展,各类城市轨道交通人才需求量急剧增加的情况下,城市轨道交通行业具有广阔的人才需求空间。

城市轨道交通作用的发挥,依靠系统安全和高效的运营,然而城市轨道交通系统设备先进、结构复杂,高新技术应用越来越普及,要保障这样庞大的系统安全、高效地运营,必须依靠与之相协调的高素质的人员。然而目前国内缺乏较为系统、细致的,与专业岗位所需理论知识及操作技能紧密的专业培训系列教材。为此,重庆大学出版社联合西安铁路职业技术学院、西安地铁,根据教学工作,结合地铁运营一线经验,经过多次修改和完善,最终形成本书。

本书以项目形式编写,主要包括城市轨道交通票务系统认知,城市轨道交通车票,售检票系统以及设备操作,车站日常票务作业,异常情况的票务处理,票务收入管理,车票管理,票务清分管理,票务事故案例等项目。项目下设有具体的任务,均以实际的轨道交通行业票务专业操作规范、业务技能标准为原型,力求通过对每个岗位所需的具体工作的讲解,以及大量的图片说明,让读者迅速、全面地掌握轨道交通票务相关岗位所必须掌握理论、实践技能以及相关的延伸知识,通过编者精心选编的实际案例的学习、练习,系统掌握所学知识的实际应用,在工作后迅速进入工作业务状态、达到用人单位的岗位能力要求。

全书的编写充分考虑了目前高等职业院校的教学特点和轨道交通企业对票务运营人才的需求,注重理论知识与实践技能的有机结合,突出了针对性、先进性、通用性和实践性。本书编写工作分工如下:赵舜尧与廉菲编写项目 1;杨珂与苏竞编写项目 2;王敏编写项目 3 的任务 1.2,温寒冰编写项目 3 的任务 3.4;耿伟娜与杨珂编写项目 4;廉菲与苏竞编写项目 5;赵舜尧与吴曼编写项目 6;杨茹茹与赵舜尧编写项目 7;吴曼编写项目 8;吴曼与杨珂编写项目 9。本书由赵舜尧、王敏担任主编,由杨珂、吴曼担任副主编,由刘峻峰担任主审。本书在编写过程中,参考了大量的文献和资料,在此一并向原作者表示感谢。

　　由于编者水平有限,书中难免有疏漏和不足之处,敬请读者及同行予以批评指正。

编　者
2018 年 12 月

目 录

项目 **1**
城市轨道交通票务系统认知

【项目描述】

随着城市人口的不断增加,地铁/轻轨以其安全、舒适、方便、快捷等突出优点已成为大城市改善交通结构、构筑立体交通运输网络、解决交通拥挤难题、改善城市环境的最佳方案,发展城市轨道交通是世界上很多国家的共识。与传统的交通工具不同,城市轨道交通自动化程度高,也是最有效率的城市交通工具。而面对客运量越来越大的城市轨道交通系统,采取传统的纸质车票和人工检票方式已远远不能满足客运要求,利用先进的地铁自动售检票系统(Automatic Fare Collection System) 来减少地铁工作人员的劳动强度和获取城市轨道交通系统的客流信息与收益情况的第一手资料已成为城市轨道交通的发展趋势。本项目主要讲述自动售检票系统对城市轨道交通系统的意义及其发展史;票务管理体系的定义及与自动售检票系统之间的关系。

【学习目标】

1.掌握城市轨道交通票务系统的概述;

2.掌握城市轨道交通票务系统的意义及其发展史;

3.掌握城市轨道交通票务管理体系的定义;

4.掌握票务管理系统的功能;

5.掌握票务管理系统与自动售检票系统的关系。

【能力目标】

1.对轨道交通票务系统的发展史有清楚的认识;

2.对轨道交通票务系统与票务管理体系的关系有正确的认识。

1

任务 1.1 城市轨道交通票务系统认知

【活动场景】
多媒体设备课件演示教板。

【任务要求】
1.掌握城市轨道交通票务系统的定义;
2.掌握 AFC 系统对城市轨道交通的意义;
3.掌握 AFC 系统的发展史。

【知识准备】

1.1.1 城市轨道交通票务系统概述

城市轨道交通属于大型服务性行业,是一个具有立体结构包括地下、地面、地上的综合交通体系,与城市广大市民的生活息息相关,成为一个城市乃至一个国家现代化水平的重要标志。如今,传统的人工售检票和结算方式已经给乘客、运营单位和政府部门带来了诸多的不便和问题,这表现在以下方面。

①旅客在乘坐轨道交通工具时,必须采用现金购票的方式,而人工售票速度慢,容易出现人为错误,使得在上下班或节假日乘车高峰期出现严重的拥堵现象,给广大市民出行带来了很大的不便。

②票务工作已成为各运营公司的一项烦琐而艰巨的任务。传统的人工售票方式工作量很大,无法实现合理快捷地收费,也无法杜绝逃票或内部票务人员营私舞弊行为的发生。运营企业还得配备人数可观的点钞工,既不利于职工健康,更增加了企业经营的压力。

③由于技术的原因,一般的一票制或简单分段收费很不合理,无法通过累计优惠的方式加强运营公司的竞争力以吸引更多的客流。

④管理方式的落后使运营企业无法及时获得运营的第一手资料,无法根据运营的实际情况及时调配运力,经营成本居高不下,生产效率难以提高,使交通主管部门在宏观决策时也缺乏准确的基础数据。

因此,如何采用高科技的手段来适应现代化城市对公交系统的要求已经成为交通管理和运营单位必须改进的工作。随着各项技术的发展,城市轨道交通系统已发展成为自动化程度高、功能完备的自动售检票系统。

自动售检票系统(Automatic Fare Collection System,简称 AFC 系统)是基于计算机、通信、网络、自动控制等技术,实现轨道交通售票、检票、计费、收费、统计、清分、管理等全过程的自动化系统,是城轨系统中的运营核心子系统。该系统综合了机械、电子、通信、计算机等学科,实现了地铁运营环境中售票、进站检票、出站检票、票务数据统计和处理等环节的自动化,杜绝了人为因素的影响,体现了地铁票务管理的现代化水平,同时也极大地方便了乘客。在地铁大系统中,自动售检票系统(AFC 系统)以其高度的智能化设计,扮演着售票员、检票员、会计、统计、审计等角色,以数据收集和控制系统实现了票务管理的高度自动化。

1.1.2　发展 AFC 系统的意义

（1）AFC 系统可以延伸地铁运营服务

在 AFC 系统支持下，可实现自主购票、自主刷卡入闸，有效减少了乘客排队等候时间，一定程度上体现了乘客出行的随意性，满足了乘客个性化需求。这种服务设施的不断升级，对地铁运营服务的延伸起到了推进作用。

（2）AFC 系统可以促进地铁运营管理的完善

AFC 系统在地铁运营管理中处于关键地位的原因是它的功能及运行是否良好会对企业经济管理、数据分析、票务审核、客流调查、票务秩序等各个方面起着举足轻重的作用。

①AFC 系统可以节约人力成本。传统的售检票方式使得票务工作成为各运营公司一项烦琐而艰巨的任务。人工售票方式工作量很大，一个车站需要多名售票人员和检票人员，且无法实现合理快捷地收费。而在 AFC 系统模式下，售检票均由自动售票机及自动检票机承担，大大减轻了人力成本。

②AFC 系统是加强经济管理的手段。票务系统是地铁企业经济运行的核心部分，而 AFC 系统从中很好地承担了经济管理的职能。传统的人工纸票模式下，票款管理以及所有数据资料完全靠人工完成，缺少有效的监控手段，极易造成票款不符。而在 AFC 系统模式下，票、款以及各种数据由系统承担，加上客服值班员、客运值班员、值班站长三级核查捆绑解行的管理方式，使票款收益更准确；同时，利用实时在线系统，车站发生的每一笔交易都能及时上传到 AFC 系统，车站、审核部门、AFC 中心三位一体并相互制约的管理模式有效控制了票务违纪现象的发生，使地铁经济流始终处于可控状态下。这对提高企业经济管理能力起到了较好的作用。

③AFC 系统是保证运营数据准确的基础。运营数据的准确性历来都是轨道交通行业关注的焦点。每天乘客进出站刷卡数、购票以及充值金额，乘客乘车的起点和终点，各线路及各径站的客流量等，所有数据都影响着企业管理思路的调整和决策。每个城市地铁在 AFC 系统使用时大多都经过两个阶段：第一阶段为初期使用的试运营期，此时的各种数据作参考，给人工参与加大压力，也给票务审核带来影响；第二阶段为后期使用的数据可靠期，由于数据准确率达到精准程度，不仅降低了审核难度，对工作人员的工作技能也有了考核依据。由于 AFC 系统还可对客流量及车票发售数据进行统计分析，可提供乘车里程、平均票价、平均运距、小时断面客流量变化等数据，对了解客流变化、调整车辆运行、优化车站资源配置等都提供了准确统计分析的基础资料。

④AFC 系统是提高票务审核水平的依据。AFC 系统下的票务审核职能可以对每一个车站的客服值班人员进行审核，包括票款交接、车票发售以及票款对账等情况，也可对车站自动售票机的纸币接收箱、纸币找零箱、硬币找零箱的更换以及闸机、自动售票机票箱的更换进行审核。这些工作都是票务管理最基本、最经常的工作，可根据 AFC 系统显示数据，加大对票差较多员工的帮助，增加其业务技能，提高工作责任意识，摸索出票、款管理分离的票务审核模式，较好地杜绝了因人工票务而发生的违纪行为。

⑤AFC 系统化是提升客流调查效率的工具。客流调查是轨道交通行业不定期但每年或客流产生变化时必须要进行的一项重要工作。纸票模式下的客流调查数据的采集和统计分析完全靠人工进行，不仅费时、费力，结果还未必准确。现在根据 AFC 系统下实时产生的数

据,对重点车站、重点时段采用抽样调查的方法,再利用 SPSS 统计分析软件进行分析。过去20 余人参与近 1 个月时间才能完成的工作,如今 5 名工作人员只需 3~5 天的时间就可以轻松出具准确调查结果。由此可见,AFC 系统为客流调查效率的大幅度提升提供了很好的平台。

⑥AFC 系统是维护票务秩序的保障。由于地铁各票种优惠幅度不同,所以会遇到成人持学生票或老人票乘车以减少支付实际乘车费用的现象。要解决这一问题,依靠票务稽查人员、执法人员定期或不定期到车站及列车进行巡查是必不可少的,但充分利用 AFC 系统功能进行有效的识别和控制才是解决问题的根本方法。乘客刷卡后,闸机车票信息显示屏上会出现所持车票基本信息,且有灯色区别显示,就可以利用周围乘客的聚焦监督效应及车站站务员的监督效应,发现冒用车票者使其自觉放弃使用不符合身份的优惠票,从而有效维护票务市场公平良好的秩序,也为文明出行提供潜在引导作用。

(3) AFC 系统可以促进地铁运营市场的拓宽

目前,我国很多地铁线路存在开通运营后仅使用单程票、普通储值票等基准票种的现象。对于单线运行条件下客流量偏低的城市来说,依托 AFC 系统进行多票种开发给营销工作的拓展带来了极有利的支撑,在提升客流上显示了重要意义。利用 AFC 系统的票种开发功能,可针对不同乘客群体推出包括计次票(适于乘坐里程较长及经常乘坐地铁的乘客)、纪念票(展示地铁发展里程碑及企业文化、不同时期的社会背景事件推出的具有纪念收藏价值的票卡)等票种。利用 AFC 系统固有的灵活优势,通过增加储值票票种的数量,变动系统已有的票价、时间段、区域段、统计参数,从而实施优惠,利用票价杠杆的作用让乘客感到实惠,进而拉动市场。

1.1.3 国外城市轨道交通票务系统的发展历程

目前,世界上城市轨道交通票务系统主要包括印制纸票人工售检票系统、印制纸票半自动售检票系统、一次性磁票自动售检票系统、重复使用磁票售检票系统、接触式智能卡自动售检票系统、非接触式智能卡自动售检票系统等。这里主要以自动售检票系统为例,介绍城市轨道交通票务系统的发展历程。

国外的 AFC(自动售检票系统)系统出现于 20 世纪 70 年代,当时的 AFC 系统采用磁卡票方式,分为两种:一种是系统包含自动进票装置和自动读取车票信息的设备,但是由于机械走行设备需要大量的维护导致了系统造价非常昂贵。另一种是不包含自动进票装置的 AFC系统,需要乘客把车票放入读票系统中,从而降低了维护费用,但是对于初次使用该设备的乘客造成了很大的不便。下面以莫斯科和东京为例介绍国外的票务管理系统。

(1) 莫斯科

1996 年,莫斯科地铁全面安装自动售检票系统。1997 年,第一代磁卡车票应用于自动售检票系统。莫斯科地铁采用单一票价,车票类型包括单次车票、月票、季票、年票及学生票。

莫斯科地铁网络采用了环状与放射状相结合的方式,线路密集、分布均匀,最大限度地覆盖了整个城市区域。莫斯科地铁运营里程已达 278.3 km,共 172 个车站,换乘十分方便。根据不完全统计,2007 年莫斯科地铁的年客流量为 32 亿人次,位居世界第一。

莫斯科地铁已采用计程票价代替单一票价运价表,并采用储值票。整个地铁自动售检票系统模块包括验票软件,车站管理和通信服务器,CSC 票信息终端软件,中央交易处理和报表软件,自动售检票机软件等。其中,自动售检票系统的中央控制系统和报表系统每天可以处理600万人次客流量的售检票和乘客旅程统计分析。

（2）东京

东京的地铁由两家公司负责经营、维护和技术管理,分别为营团地铁和都营地铁。它们运营管理着12条地铁线路,地铁长度为286 km,每天的运送能力为740万人次左右。

东京轨道交通的票制为磁卡票,票种有单程票、一日票、月票、多次票和SF储值票等。单程票的有效期为1天,多次票和月票享有优惠,所有票种都可灵活使用和换乘。其特点是:

图1.1　东京地铁闸机

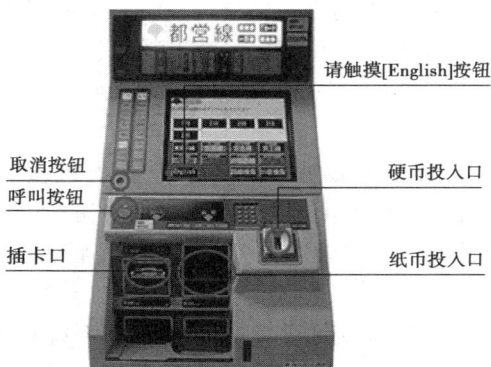

请触摸[English]按钮

取消按钮
呼叫按钮

插卡口

硬币投入口

纸币投入口

图1.2　东京地铁自动售票机

①系统收益清分统一简洁。东京轨道交通行业的20家地铁和私铁公司等组织成一个PASSNET联盟,制订各公司之间的票务清分原则。他们遵循统一的原则,每月结算一次,数据以磁带形式提交给第三方公司统一进行清分处理,各公司根据清分结果自行通过银行划账结算。

②换乘处理灵活。乘客在车站可以购买单程票货换乘联票、月票和储值票等。进出站闸机以常开式双向闸机为主。换乘方式为多种并存,有不出站之间换乘,也有出站换乘,还有通过专门通道进行换乘的方式。进出站采用双向闸机,多名乘客可以一次将多张车票投入闸机进行检票,最多可同时识别9张车票,且车票正向着智能化发展。自动售检票机可识别纸质车票和硬质车票,并可自助进行退票操作,不收手续费;车站设有较宽敞的残疾人和大件行李通道,自动售检票机上设置有盲文引导系统。

1.1.4　我国城市轨道交通票务系统的发展历程

我国自动检票系统的研究、开发起步较晚,但近年来的发展极为迅速,地铁、公交、铁路客运系统都对AFC有迫切的要求。国内一些研究单位和厂家都在积极进行这方面的研发。城市轨道交通起步最早的北京地铁,从运营开始一直延续到20世纪90年代仍采用人工售检票。随着上海地铁的建设,我国于20世纪90年代开始了自动售检票系统的探索,迄今只有十几年时间,经历了从无到有、从小到大的发展

图1.3　我国最早的自动售检票系统

历程,归纳起来可以分为启蒙、实践、调整三个阶段。

（1）启蒙阶段

20 世纪 80 年代末,上海地铁凭借国外集成商的经验和资料,开始了 AFC 系统和设备的研制。当时城市轨道交通 AFC 系统在中国仍然是空白,在 20 世纪 90 年代初《广州地铁 1 号线可行性研究报告》中,票务收费方式人工和自动的比选方案描述是重要章节。在此阶段,AFC 系统的功能主要是借鉴国外成功经验配置。我国城市轨道交通首个 AFC 系统供货合同于 20 世纪 90 年代中期签订。当时磁卡 AFC 系统技术已成熟,IC 卡技术在交通收费方面的应用研究刚刚起步,巴黎地铁和中国香港地铁收费系统考虑采用非接触 IC 卡技术。当时我国对公交 IC 卡应用只是处于接触式 IC 卡水平,在磁卡、IC 卡、条形码等多种媒介之间。由于IC 卡成本高,所以这一阶段国内 AFC 系统票卡通常采用磁卡介质。这里以上海地铁进行介绍:

随着轨道交通的建设发展,上海地铁伊始于 20 世纪 90 年代初期也开展了 AFC 系统国产化的实验,但由于基础配件和工艺的缺陷以及产业化难以配套等原因,这次实验未能取得预期效果。尽管如此,这次实验对日后 AFC 系统的引进和后续国产化工作起到了重要的借鉴作用。

上海轨道交通 1、2 号线的 AFC 系统从美国引进,选用的是国际知名的 CUBIC 公司,是国内第一套投入商业运营的 AFC 系统,如图 1.4 所示。该系统于 1998 年 9 月先在 1 号线安装调试,并于 1999 年 3 月 1 日正式开通运营。在运营过程中,这套 AFC 系统体现出了高效便捷的特点;完全依靠进口的种种弊端也逐渐显现出来:造价昂贵,运营费用高;国外企业的关键技术不公开,造成系统的维护和升级困难;备品备件不足,售后服务难以及时保障等。

图 1.4　上海地铁最早的自动售检票系统

在 1、2 号线 AFC 系统开通运营后不久,上海轨道交通 3 号线（明珠线一期）AFC 系统的建设任务提到了议事日程。考虑到当时国外 AFC 系统产品相对比较成熟,而国内产品尚处于摸索阶段,不能成套提供,且没有系统运用的实例,因此,确定了 3 号线项目 AFC 系统国产化分阶段实施的原则,即"主要设备引进,逐步实现国产化"。按照这一原则,在实施 3 号线项目AFC 系统国际招标时,明确提出了国产化比例不得低于 31% 的要求,并要求国外供应商提供切实的国产化措施,包括国内合作企业、合作方式以及主要系统国产化的进度安排等,以此促进国外企业与国内企业合作,并向国内合作企业开放其技术。最终,3 号线 AFC 系统由西班牙 INDRA 公司和上海华虹集团组成的投标联合体中标,国产化要求作为一项重要内容写入了合同;并特别在合同中明确约定系统软件不低于 60% 的部分是在国外供应商的保障下由国内企业完成,以部分技术简单设备的进口为代价换得了应用软件的本地化。在具体实施时,除组装调试、非接触式IC卡读写器及应用软件本地化外,还利用国内合作企业的成本优势,争取到了系统非主要部件及其他配套设施均采用国产设备;在引进主体设备的同时着手进行主要零部件国产化的研发工作,逐步实现维修零部件的国产化。由此,3号线AFC系统国产化基本实现了"主体设备及系统集成引进,应用软件本地化"的目标,从而迈出了具有历史意义的第一步。

随后,根据上海公共交通"一卡通"系统建设需要,上海华虹集团又与美国CUBIC公司签订了合作改造上海轨道交通1、2号线AFC系统的合同,国内企业开始全面参与城市轨道交通AFC系统供货。

（2）实践阶段

自1998年底开始,AFC系统在国内城市轨道交通领域相继投入使用。并发挥了重要作用。AFC系统能为乘客提供便捷服务,使票务管理水平和客流处理能力逐步得到提高,实现地铁票务收益管理低投入、高效率运行。这个阶段,国内轨道交通AFC系统通过摸索和总结,整理和归纳了许多适用于轨道交通票务管理需要的新功能,使AFC系统的功能更为完善。下面以北京地铁为例介绍。

2003年12月31日,北京第一套单线自动售检票系统在地铁13号线投入使用。这是一套基于磁票的AFC系统,集成商为日本信号公司,系统单程票为一次性纸质磁票。2008年6月9日起,北京城市轨道交通路网在运营的5条线路上启动自动售检票（AFC）系统。这就意味着北京地铁纸票彻底退出历史舞台。乘客在北京坐地铁将使用新的电子式单程票卡和原有的市政交通/一卡通卡,进站、出站都需要检票（刷卡）。北京地铁自动售检票系统如图1.5所示。

图1.5　北京地铁自动售检票系统图

（3）调整阶段

短短几年时间,轨道交通AFC系统IC卡技术的应用由研究摸索阶段发展到大规模的实际应用阶段。由于非接触式IC卡具有储存量大、保密性强、可实现一卡多用等优点,逐步取代了磁卡,如今已成为各城市轨道交通收费系统的首选票卡媒介。非接触式IC卡技术在轨道交通AFC系统大规模的应用,降低了AFC系统的成本,使系统结构更为简单、高效,推动了新建线路AFC系统的功能扩展和性能提高。这里以广州地铁为例介绍。

广州地铁自1999年6月28日全线正式开通,第一条线即采用了磁卡自动售检票系统,1

号线集成商为美国 CUBIC 公司,2 号线起全部采用非接触式 IC 卡自动售检票系统。

(4)现状

目前,国内新建轨道交通 AFC 系统基本采用非接触式 IC 卡技术,使系统设备更为简化,减少了卡票现象,减少了系统的维修工作量,提高了系统信息处理能力和安全性;同时, IC 卡技术的应用使公交行业联营成为发展趋势,为广大乘客带来更大便利。目前,一卡通系统已拓展到多个城市的交通领域,如在上海乘公交、地铁、出租车、轮渡等均可采用一卡通,国内广州、北京、西安、大连等城市也都实现了公交、地铁交通的一卡通。这里以西安地铁为例介绍。

西安地铁自 2011 年 9 月 16 日开通 2 号线,系统采用国内集成商方正奥德的自动售检票设备,其闸机为单/双向扇门闸机,半自动售票机采用更方便站务员操作的触摸屏;自动售票机通过人机交互的图文界面,使乘客自助购买地铁单程票及进行储值票充值。如图 1.6、图 1.7所示。

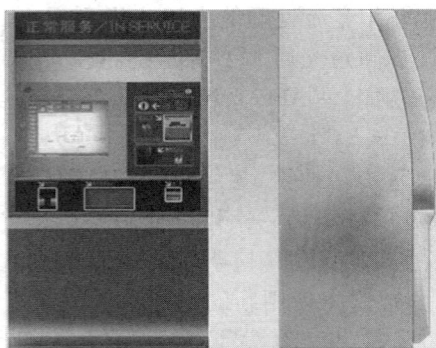

图 1.6　西安地铁 2 号线自动售票机　　　　图 1.7　西安地铁 2 号线闸机

【效果评价】

评价表

项目名称	城市轨道交通票务系统认知	学生姓名	
任务名称	任务 1.1　城市轨道交通票务系统认知	分　数	
项　目		分　值	考核得分
1.掌握城市轨道交通票务系统的定义		30	
2.掌握城市轨道交通票务系统的意义		30	
3.掌握城市轨道交通票务系统的发展历程		30	
4.基本素养考核情况		10	
总体得分			
教师简要评语:			
		教师签名:	

任务 1.2　票务管理体系

【活动场景】

多媒体设备课件、示教板。

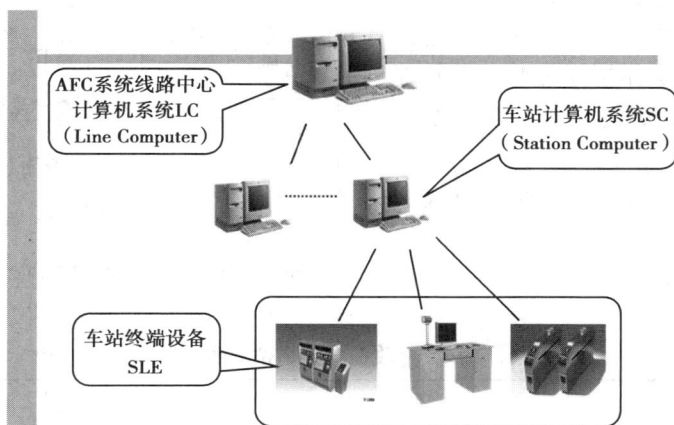

【任务要求】

1.掌握城市轨道交通票务系统组织；

2.掌握城市轨道交通票务相关岗位职责；

3.掌握城市轨道交通票务管理系统与 AFC 系统的关系。

【知识准备】

1.2.1　票务管理系统

在地铁运营管理中,票务组织管理是对车票流向、票款收入和自动售检票系统的运行情况进行总的监视、控制、协调、指挥和调度。票务工作的好坏直接影响到运营公司的收入和经济效益,因此必须重视票务组织管理工作,将其定位为运营组织管理的核心。票务管理体系的业务管理主要内容包括:制定票务政策,收益管理,车票管理,车站票务组织管理,AFC 系统设备设施管理等。

（1）制定票务政策

为保证票务系统能够在多运营商和多环节下高效运行,就必须制定一套科学、严密的规则流程,包括票务政策、票价方案、清分规则等。

①票务政策。应坚持把地铁作为城市公益性公共交通基础设施的原则,与其他公共交通系统协调统一,制定相互适应的票务政策。

②票价方案。票价方案的关键是制定基础票价表。在保证运营企业可持续发展的前提下,兼顾国家、企业、乘客三方的利益,并且在政府相关部门的监管下制定基础票价表。同时,还应规定乘客乘车的基本准则,如时限、里程、票种选择性等。

③清分规则。在运营主体多元化条件下,为实现地铁多线路之间的无障碍换乘,实现车

票发行、联网收费、票务清算、AFC 系统的统一管理,必须成立地铁清分清算管理中心(简称 ACC)。因此,清分结算体系是地铁线网多元化运营的产物,清分结算体系包括城市一卡通和地铁清分结算系统。

(2)实现收益管理

收益分为收益管理、审计管理、稽查管理,三者关系如图1.8 所示。

收益管理是对系统内的票务收入进行汇缴、清算、入账等的过程管理,包括账户设置、登账稽核、收益清算、资金划拨和对凭证进行有效管理等。稽查管理工作主要是对审计管理过程中发现的违章金额大、违章次数多的票务违章行为进行跟踪查办,提供运营企业年度重大票务违章查处案例,为收益安全管理重大决策提供依据。

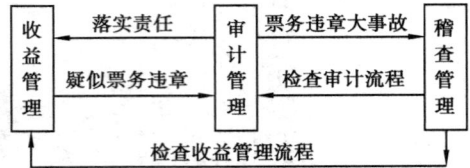

图 1.8　收益审核流程

担任审核票务差错、收益清算角色的岗位在地铁里是收益核对助理,其岗位职责见表 1.1。

表 1.1　收益核对岗位职责

序号	工作职责的内容	权责 (负责/主办/协办)
1	统计分析票务营收数据,提供决策数据	协办
2	制订票务管理相关规章、文本并进行修订	主办
3	完成每日的收益报表核对,核对售票员短款、银行短款,完成相关台账	主办
4	完成营业收入,日报表等收益报表	主办
5	在 AFC 设备功能具备的情况下,完成无效票分析工作	主办
6	掌握 AFC 系统的收益管理功能及各类收益报表的用途,并从实际操作的需求出发提出建议	主办

(3)车票管理

车票管理工作的中心是车票的采购、编码(初始化)、发售、预赋值、调配、监测、清洗、注销、销毁等。主要为:统计线路级车票库存量,并根据全线车票使用情况制订车票采购计划;对新票进行验收入库;对各类车票的初始化、编码工作;对各类车票进行出入库管理;对车站各类车票使用情况进行汇总、监控和管理工作;根据车站的车票需求情况,及时调配车票;对需回收车票以及问题车票进行分析和处理。

担任车票的制作、配送等工作角色的岗位在地铁是车票处理员,其岗位职责见表 1.2。

表 1.2　车票处理员岗位职责

序号	工作职责的内容	权责 (负责/主办/协办)
1	参与票务政策、票务管理相关规章制度、文本的制订和修订工作	协办
2	负责票务室票库所有车票的出入库,与相关人员进行车票交接工作	主办
3	掌握编码分拣机的使用方法、日常维护及管理方法	协办
4	按照生产计划制作车票,确保制作车票的票种、数量、金额等信息准确无误	主办
5	掌握 AFC 系统中编码分拣机及点票机的功能,并从实际操作的角度出发提交相关设备的功能需求及建议	协办
6	按照配收计划,在规定的时间内,对车票进行配送、回收工作	主办
7	负责公务票申请办理、补办、申退等一系列工作	主办
8	配合车票管理主办完成 OCC 票库月末盘点	协办
9	配合车票管理主办、车票管理助理进行车票的测试、验收工作	主办

(4) 票务设备设施管理

票务设备设施管理是对 AFC 系统和设备进行日常运营维护维修、技术提升、硬件改造和软件升级等工作。对于车站票务管理而言,票务设备设施管理的工作主要是设备监管和简易故障处理,保证车站票务工作的正常进行。

担任设备故障处理角色的岗位主要为正线巡检维护员,其岗位职责见表 1.3。

表 1.3　正线巡检维护员岗位职责

序号	工作职责的内容	权责 (负责/主办/协办)
1	接受工班长安排的各项工作	主办
2	负责对所管辖的系统设备做好日常巡检工作,并按要求做好详细巡检记录	负责
3	对所管辖范围内的设备故障做到第一时间响应,赶赴现场对故障进行排除,并做好相应的故障排除记录	负责
4	负责工作区域内的环境卫生和安全检查,保证安全、文明生产;定期对所管辖车站的设备房、维修间、备品间进行清洁	负责
5	对于未能排除的故障,应在第一时间上报,并做好故障跟踪工作,直到故障排除为止	负责
6	在工作期间,当发生突发事件时,必须服从上级领导人或现场负责人的安排	负责
7	负责保管、维护工班的工器具和办公用品,以及消耗材料的申报和使用	负责
8	负责填写各类台账,包括故障追记录、维修记录、交接班记录等,审核完毕后按时上交	负责

(5) 车站票务管理

车站票务管理可以从人、设备、现金、消耗料4个方面的关系着手,负责执行票务中心的收益管理、车票管理和票务设备设施管理,如图1.9所示。

在车站有票务职责的岗位由高到低分别为:站长、值班站长、客运值班员、行车值班员、售票员、厅巡,其职责见表1.4。

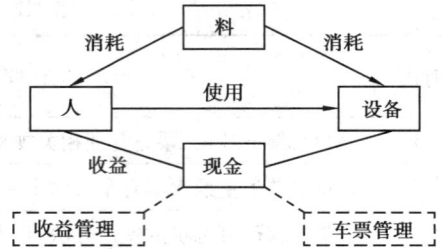

图1.9 车站票务管理消耗使用图

表1.4 站长、值班站长、客运值班员、行车值班员、售票员、厅巡岗位职责

岗 位	职 责
站长	总体负责车站的票务管理工作,确保车站的票务运作顺畅
	负责车站的车票、现金以及票务备品安全
	监督、检查、指导车站员工的票务工作
	保管部分备用票务钥匙
	定期召开车站票务工作例会,查找问题,制定预防补救措施,向客运部提出票务工作的建议
值班站长	具体负责车站票务管理工作,确保本班票务运作顺畅
	具体负责本班车票、现金及票务备品等安全
	具体负责车票、备用金及票务备品的申领
	具体负责车站票务管理室闭路监控系统的日常管理和监控
	检查、监督员工的票务工作
	处理票务紧急情况及乘客票务纠纷,并及时上报相关部门或单位
	保管部分票务钥匙
	负责票务管理相关通知、规定的传达、监督执行和检查
客运值班员	负责 TVM 钱箱更换、补币、清点以及票箱的补票工作
	负责车站票款的解行,车站与银行打包返纳的工作
	安排并监督站务员的票务工作,负责给售票员配票、配备用金以及结账等工作
	完成相关票务报表、台账的填写;负责每月报表的装订和存档
	负责车票/报表的接收、上交等工作
	保管车站票务管理室的车票、现金、报表、单据、票务备品、票务钥匙等;并负责其安全
	处理与乘客相关的票务事宜
	协助值班站长处理票务紧急情况
行车值班员	负责监控 SC 的运行状态
	负责监控车站 AFC 设备的运行状态,并做好报修及记录工作
	负责在票务紧急情况下设置紧急模式
	保管部分票务钥匙

岗　位	职　责
售票员	负责车站票务中心当班的售票工作
	保管当班报表、单据、现金、车票、票务钥匙、车站票务中心相关备品,并负责其安全
	完成相应票务报表的填写
	协助处理票务紧急情况
厅巡	引导乘客正确操作票务设备
	巡视车站 TVM、AGM 的运作情况
	按要求更换 AGM 票箱
	检查乘客车票的有效性
	及时回收乘客遗留车票
	协助处理票务紧急情况

1.2.2　自动售检票系统功能

AFC 系统是基于计算机(大型数据库和网络等)、现代通信、自动控制、非接触式射频 IC 卡、机电一体化、模式识别、传感、精密机械等多项高新技术于一体的城市轨道交通收费系统。AFC 系统的使用,实现了乘客车票的自动发售、检票等,还可以实现票款的计费、收取、统计的全过程自动化,可减少票务管理人员,提高地铁系统的运行效率和效益。AFC 系统还使乘车收费更趋合理,减少现金流通,减少堵塞人工售检票过程中的各种漏洞和弊端,避免售票/找零的烦琐,方便乘客,增强客流分析预测的能力,合理地调配车辆,提高了运营公司的经营管理水平。票务管理各工作是以自动售检票系统功能的实现为基础的。

1.2.3　票务管理系统与自动售检票系统的关系

城市轨道交通票务系统是自动售检票系统的必要环境和基础。自动售检票系统是城市轨道交通票务系统的实现手段之一,能有效提高城市轨道交通票务系统的管理水平和效益。

自动售检票系统的使用可大量减少票务管理人员,提高城市轨道交通系统的运营效率和效益。同时,该系统通过对客流量、票务收入等综合业务信息的汇总分析,可以强化客流分析预测能力,提高票务系统工作效率,进而提高网络化运营管理水平。

自动售检票系统与票务管理体系的对应关系主要表现在客流、票制、统计与结算、车票处理等方面。

(1)客流

自动售检票系统可根据交易信息为决策或规则提供客流信息。自动售检票系统通过其良好的票务管理水平和高效的客流信息处理能力,成功实现了低成本、高效率的系统运作。

提高信息利用率、增强自动售检票系统的决策分析能力是自动售检票系统的发展方向之一。应强化系统整理分析原始数据和信息的能力,将票务系统与其他信息管理系统相结合,通过票务系统的信息挖掘,可以进一步了解区域客流特征,为管理提供量化的决策依据,也可以为相关的经济行为提供客流行为支持,提高服务和管理决策的针对性和准确性。

（2）票制

自动售检票系统根据票务政策的计费原则和计费方式进行售票、检票、统计。对单一票制、计程票制和混合票制,应结合不同的票制原则以及相应的优惠措施制定执行方案。

①单一票制是根据乘车次数进行计费,与实际乘坐的距离长短无关。

②计程票制是经进出站检票,严格按照实际乘坐距离长短(里程或乘坐车站数)并根据票价计费标准计算乘车费。

③混合票制也称分区域计程制,即将运营线路总长度分为若干个区域,根据票价计费标准在各区域内采用统一票价。实际运营距离跨一个或多个区域时,根据占用的区域数进行计费。

（3）统计与结算

票务统计与结算的基础是交易数据。线路每天的客流量是该线路各站的单程票、储值票、特种票的进站数及换乘至该站人数之和。各线日车票收入,以单线各站的单程票发售收入与储值票的出站扣值及当天票补收入之和,减去退票款后,按乘客在各换乘线路乘坐的情况核算。

自动售检票系统可对客流量、票务收入以及单程票的使用进行统计和分析,并编制相应的报表。

自动售检票系统对不同线路或不同收益载体进行票务收入清分,对路网系统与其他兼容系统进行清分,并可通过银行结算系统进行及时结算。

（4）车票处理

车票处理包括对单程票、储值票和其他票种进行退换、补票、更新的处理。

【任务实施】

请了解你所在城市的城市轨道交通系统,包括如下内容:

自动售检票系统功能与人机交互界面与其他地铁相比有无先进之处;自动售检票系统发展史及现状。

【知识拓展】

香港地铁作为中国地铁的标杆,是为数不多的盈利地铁。这里以香港地铁为案例介绍其成功之处。

香港地铁(MTR)始建于 1975 年,1979 年首条线路开通运营,并采用了自动售检票(AFC)系统。截至目前,香港地铁共有 9 条线路,80 个车站,每天运营长达 19 h,每天乘客量超过 230 万人次,已成为香港客流交通的重要通道,是世界上最繁忙的城市轨道系统之一。香港已有多条线路开通 AFC 系统,并且积累了多年成功的运营经验,其 AFC 系统设备也不断进行了改造和扩充。

（1）香港地铁车站设备的个性化

1）顶棚向导标志的设计

香港地铁闸机上方的通行指示标志不受闸机直接控制,而是由 AFC 系统的车站计算机系统与指示标志系统通过数据线连接。由于乘客从站台刚进入站厅后,首先需要得到明确的出口指示,而不是某闸机能够通行,某闸机不能通行。乘客在靠近闸机后,通过闸机自身的指示标示可得到方便指引而通过闸机。

2）半自动售票机触摸屏的设计

香港地铁半自动售票机触摸屏的操作采用触摸和鼠标键盘两种方式,向不同操作人员提供不同操作方式和权限。售票人员通过触摸屏只能操作与售票有关的应用程序,不能进行操作系统操作(如修改时间、设备配置等);维修人员可通过鼠标键盘进行操作系统操作。此种方式大大提高了半自动售票机的可靠性。

3）乘客服务中心麦克风的设置

香港地铁乘客服务中心的设计充分考虑与装修的结合,在乘客服务中心服务窗口上方设置了乘客靠近感应装置。当有乘客靠近服务窗口,需要提供服务时,麦克风自动打开。此设计避免了乘客服务中心内部和外部声音的相互干扰。

4）乘客服务中心报警开关的设置

乘客服务中心服务人员脚下设置有紧急报警开关,当触动报警开关后,信号上传至车站控制室及附近警局,并通过主控系统将乘客服务中心附近的摄像头自动对准乘客服务中心,从而极大提高了乘客服务中心人员和设备的安全。

（2）乘客服务中心的服务特点

乘客服务中心类似国内 AFC 系统中半自动售票机的功能,但在车站布局、工作人员结构、现金传送设备、乘客对讲和操作人员交接班等方面与国内不同,对乘客的服务与当前清算中心的要求也有所区别。其乘客服务中心是 1 个椭圆布局,位于非付费区和付费区之间,有不同计算机设备面对付费区和非付费区;1 个操作员可以同时操作多台设备;操作员的活动空间比较大,操作员需要在付费区到非付费区活动。

（3）票务管理机制

1）中心票务管理

目前,香港地铁只有 1 个线路中心,发行的车票为各线路通用的票卡,没有单独针对某条线路的车票。香港地铁机场快线属于特殊情况,采用单独发售车票的方式。线路中心首先对车票进行分拣。分拣后,单程票以票盒形式存放,每 1 000 张 1 盒,但是这种票盒没有编号,就是简单的一次性纸盒,目的是便于存放和配送,以及知道存放和配送的数量。但是对于有价票卡,管理就相对严格,预赋值后,需要打印票卡批次信息,如数量、编码开始—截止号码、发售截止期限等信息,并将该纸面信息与卡封装,存放于加锁的铁箱中,通过地铁公司的专用车辆配送。在香港地铁中,八达通卡是系统主流车票介质,大大减少了单程车票使用量,同时也减少了票务的工作量,每天总需求为 25 万张车票。中心票务系统提前预备 3 天以上的车票,车票总储备约为 150 万张。全系统采用集中工作方式,包括车票集中运送、库存、上交、调配。

2）车站票务管理

各车站每天将所有回收的单程票,不分类型、不计数量,通过运钞公司送到唯一的中心车票处理车间,即车票处理中心。该中心编制 8 人,分 2 组工作,一组负责分拣,一组负责对分拣后的问题车票进行重新编码。车票分拣和重编码后,放入盒中,1 000 张 1 盒,每天按照 1 个固定的数字配发给车站,车站留有 1 天以上的备用车票。车站由人工通过运票车,送到 TVM 和乘客服务中心;在对自动售票机进行补票时,不进行计数,按高度补充到足够的车票即可。

（4）现金安全管理

在香港地铁的现金安全主要是针对外部危险，防止抢劫，保障站务人员人身安全和现金安全为主，主要体现在以下几个方面。

①乘客服务中心使用管道传输现金，值班人员只将备用金留给下一班值班人员，其他营业款和小票通过"飞钱"方式，即通过管道传输方式传回票务室，交给站长并在票务室再进行清点。

②使用特殊保险柜保存现金，工作人员只能放入现金，只有运钞公司和保安才能取走。

③使用运送车搬运 TVM 钱箱。钱箱可以很好地固定在小车上，小车设计比较精巧，可以防止抢劫。

④乘客中心和控制中心都设有隐蔽的紧急按钮，当遇到抢劫时，工作人员可以及时报警。

（5）香港地铁人性化细节服务设置

香港地铁的设备，包括了多种类型的闸机，设计年限虽然久远，但都考虑了残疾人的使用方便。因此，自动售票机的高度比较低，而且大部分车站都设置了残疾人专用自动售票机。香港地铁闸机的长度、设备外观虽然各不相同，但在外观和总体结构上都较为实用。虽然比起现代的设计外观略显不足，但香港地铁具有长期的运营经验，已经抛弃了许多花哨无用的性能，在细节上有很多可取之处。

1）指示牌

香港地铁的指示牌所占面积很大，地铁站站名字体和信号指示灯也都很大，如果不是特别近视，完全可以坐在座位上看清对面信号。而且，每条线路的地铁指示牌都有多条地铁线路的方位图，地铁还未到站，如何换乘另外一条线路已经被信号指示牌用两种不同颜色的站点指示灯分别指示。在香港地铁站，乘客要在多个出口选择其中一个最合适的出口，完全可以在没出收费闸门前决定。香港地铁在付费区随处都可以看到清楚的地铁出口指示牌。在换乘站的设置和指示标志上，香港地铁也体现出很多细致考虑，在两条线路的换乘之间大多采用多站换乘方式，且不同的换乘站采用同层异线或异层异线换乘，在地铁线路图中的换乘标志也分别表示了此两种换乘方式，乘客可以根据换乘线路和方向选择不同的换乘站换乘。

2）停止服务挂钩

在设备或个别模块停止服务或检修时，为了方便向乘客提示，设备和模块提供了便于挂牌的挂钩，充分体现了方便运营的技术细节。

3）召援按钮

闸机上方设置召援按钮，召援信号通过 AFC 车站系统传送到车站综合控制室的 AFC 监视终端上，声光提示站务人员处理。在增值机纸币处理模块上方设置召援按钮，召援信号通过 AFC 车站系统传送到车站综合控制室的 AFC 监视终端上，声光提示站务人员处理。

4）操作介绍

自动售票机的操作介绍大量采用贴纸介质形式等，甚至在自动售票机上可以放置贴纸的广告。这点十分可取，既美观了自动售票机，又利用了自动售票机的空间价值。

（6）后台大型数据库的应用（ERP）

自 1979 年香港地铁采用自动收费系统以来，除了精简运营人员、改善乘车秩序、提高服务质量、树立企业形象、提高经济效益以外，还积累了大量的运营数据。基于这些数据，香港地铁建立了高效运营的大型数据库系统,极大提高了企业管理水平。此大型数据库系统主要采集AFC系统的客流、车票交易和设备运行数据等内容。基于这些数据可以为轨道交通线路的运营提供许多决策支持工作。以节假日客流预测为例,数据库中存储了过去5～10年的历史同期数据,依据这些数据可以生成各种数据报表,如:过去5年节假日的日客流数据、高峰时间段以及其客流数据、节假日前后的客流数据。这些数据可以以全轨道交通线路、某一条轨道交通线路、某一个或几个车站、某一个或几个时间段等方式体现,从多个角度计算分析客流数据,为即将到来的节假日提供客流趋势信息,为AFC系统的合理运营提供解决预案。如预测到某时间段内客流将有可能超过运营能力,或者预测到客流高峰时间段将在何时出现,可以提前调整运营配车时间,确保完成乘客运输任务;或预测到某些车站会出现进站高峰客流,提前增设运营人员,减少乘客排队购票时间;或预测到客流量超过线路负荷,提前采取某些客流限制措施。通过对数据库所存数据调用、分析、统计和处理,可提供AFC系统运营、交通量、收入、设备管理和车票流程等相关信息,为AFC系统运营方向的决定、人力资源的有效分配、设备的预防性整修计划等各种决策提供必要支持。

(7)香港地铁可借鉴之处

①一切以乘客为中心。车站站厅布局、设备外观设计、引导标志、通告栏、宣传彩页和设备乘客操作界面均考虑到乘客的各种需要,从而方便乘客的操作。

②AFC系统经济实用。系统的硬件配置既满足客流要求,又不盲目寻求高配置。

③设备和维修管理采用ERP系统,以求方便管理。

④客流统计、票务管理、收益管理和审核简单实用。

【效果评价】

评价表

项目名称	城市轨道交通票务系统认知	学生姓名	
任务名称	任务1.2 票务管理体系	分 数	
项 目		分 值	考核得分
1.掌握城市轨道交通票务管理体系的定义		30	
2.掌握票务管理各岗位的职责		25	
3.掌握票务管理系统的功能		20	
4.掌握票务管理系统与自动售检票系统的关系		20	
5.基本素养考核情况		5	
总体得分			
教师简要评语: 教师签名:			

17

项目小结

　　自动售检票系统是基于计算机、通信、网络、自动控制等技术,实现轨道交通售票、检票、计费、收费、统计、清分、管理等全过程的自动化系统,是城轨系统中的运营核心子系统。该系统综合了机械、电子、通信、计算机等学科,替代传统的人工售检票,实现了地铁运营环境中售票、进站检票、出站检票、票务数据统计和处理等环节的自动化,杜绝了人为因素的影响,体现了地铁票务管理的现代化水平,同时也极大地方便了乘客。

　　在地铁运营管理中,票务组织管理是对车票流向、票款收入和自动售检票系统的运行情况进行总的监视、控制、协调、指挥和调度。

　　城市轨道交通票务系统是自动售检票系统的必要环境和基础;而自动售检票系统则是城市轨道交通票务系统的实现手段之一,能有效提高城市轨道交通票务系统的管理水平和效益。

思考与练习

　　1.简述自动售检票系统的定义。
　　2.简述发展 AFC 系统的意义。
　　3.简述车票管理工作。
　　4.简述客运值班员的票务职责。
　　5.简述自动售检票系统的功能。
　　6.自动售检票系统与票务管理体系的对应关系主要表现哪几个方面?

项目 **2**
城市轨道交通车票

【项目描述】

城市轨道交通车票既是乘车的凭证,也是城市轨道交通运营管理重要信息的载体,它与收益、客流等信息的掌握密不可分,是整个票务系统运作的重要媒介。本项目通过介绍票卡的发展史、票卡的不同介质和相应的票务运作机制,充分阐述城市轨道交通车票学习的必要性。

【学习目标】

1.了解城市轨道交通的车票发展;

2.掌握不同介质票卡的构成、分类及特点;

3.了解一卡通及手机支付在城市轨道交通中的应用情况。

【技能目标】

1.能分析不同介质票卡的技术运作原理;

2.掌握不同介质票卡的使用要求。

任务 2.1　城市轨道交通车票发展

【活动场景】

票卡、多媒体设备课件、示教板。

【任务要求】

了解城市轨道交通车票的发展史。

【知识准备】

城市轨道交通逐渐成为大中城市居民出行的主要工具,随之而来的高客流量、高信息量,以及不断在快捷方便上的追求,使得城市轨道交通车票也随着需求而变化。主要流通的票卡(单程票)经历了从不带条码的纸质车票到含识别条码的车票、磁卡票再到 IC 卡的变迁史。

　　在城市轨道交通发展初期,各地车票均采用纸质票卡如图2.1、图2.2所示。纸质车票需要大量人员进行售检票,工作效率低且不可循环使用,有一定的资源浪费。因此随着计算机、通信电子等技术发展,各地地铁采用自动售检票系统后,纸质车票作为地铁主要流通车票介质的时代就结束了。在较早实现自动售检票的地铁中,主要流通车票为磁介质车票如图2.3所示。它读写简单、使用方便且能重复使用,但经过票卡性能的比对,IC卡以其信息记录存储量大、高可靠性、高安全性和高保密性等特点,越来越多的城市采用IC卡作为主要流通的地铁车票,如北京地铁、上海地铁、广州地铁、深圳地铁和西安地铁等,如图2.4、图2.5、图2.6所示。

图 2.1　北京地铁单程票——贰元纸票

图 2.2　上海地铁单程票——运营纪念纸票

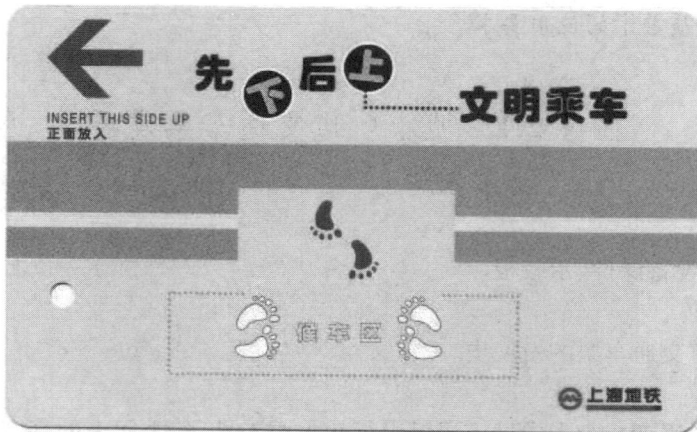

图 2.3　上海地铁单程票——磁卡票

图 2.4　南京地铁单程票——IC 卡（token）

图 2.5　西安地铁单程票——IC 卡（方卡）

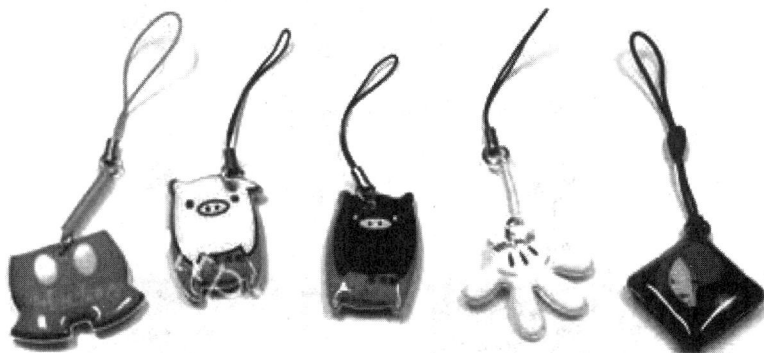

图 2.6　IC 卡（异形卡）

下面以上海地铁为例，简述地铁主要流通票卡的发展原因：

上海地铁从 1994 年至 1999 年一直使用纸质票卡，如图 2.7 所示。但是不论从成本、环保方面还是票卡信息的采集方面（包括条码票只能在购票时记录站名及发售时间，无法记录进站时间及闸机号等信息），以及计时制管理模式方面，纸质车票作为地铁内主要流通的单程票都存在着缺陷，远不及聚酯材料制成的地铁票。

随着自动售检票系统的投入使用，上海地铁于 1999 年至 2005 年使用磁介质车票替代纸

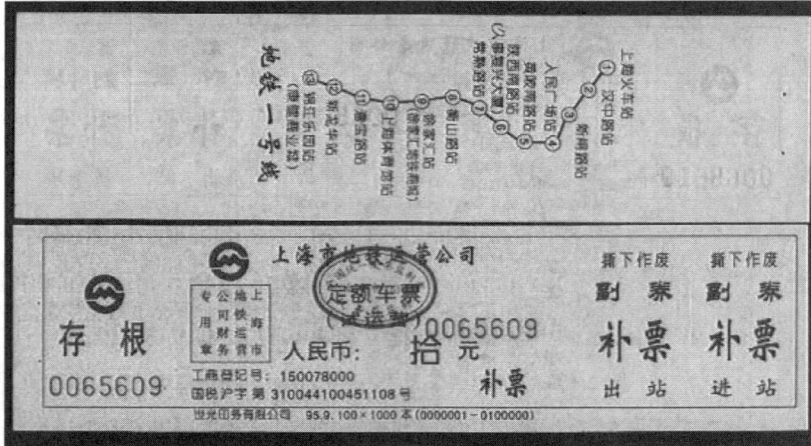

图 2.7　上海地铁纸质车票

质车票,如图 2.8、图 2.9、图 2.10 所示。但由于磁卡票的价格昂贵、故障率高、维修成本高和保密性差的缺陷,限制了其扩大使用,上海地铁于 2005 年 9 月开始使用非接触式 IC 卡票,如图 2.11、图 2.12 所示。

图 2.8　上海地铁磁卡票(乘车卡)

图 2.9　上海地铁磁卡票(储值票)

图 2.10　上海地铁磁卡票(纪念票)

图 2.11　上海地铁非接触式 IC 卡(单程票)

图 2.12　上海地铁非接触式 IC 卡(特殊卡)

非接触式 IC 卡(也称 CSC 卡)是在接触式 IC 卡基础上开发的新产品,除具有 IC 卡的高保密性、大容量、读写设备高可靠性、低故障率等特性外,还采用射频识别(RFID)技术,利用电磁波进行信号传输识别。卡内无电源,靠卡上的天线接受读写器发出的射频能量工作,因此在使用时,非接触式 IC 卡只要置于工作距离内便可完成信息读写,十分方便快捷。

【任务实施】

北京地铁车票发展变化的过程及原因。

【效果评价】

评价表

项目名称	城市轨道交通车票		学生姓名	
任务名称	任务 2.1　城市轨道交通车票发展		分　数	
项　目			分　值	考核得分
1.城市轨道交通各类车票的相关知识、图片的搜集、整理			25	
2.我国重要城市地铁车票发展史的认知情况			30	
3.通过文献查找,理解城市轨道交通车票发展改变的原因			20	
4.编制学习汇报报告情况			20	
5.基本素养考核情况			5	
总体得分				
教师简要评语: 教师签名:				

任务 2.2　纸质车票

【活动场景】

票卡、多媒体设备课件、示教板。

【任务要求】

掌握纸质车票的分类和售票模式。

【知识准备】

纸质车票分为普通纸票和条形码纸票。

2.2.1　普通纸票

普通纸票将车票的相关信息印制在票面上,由票务人员视读确认,它的信息是只读信息,因此只能用作单程票或特殊票。

地铁发展初期,普通纸票在作为单程票使用时,由存根、主券、进站副券和出站副券构成。票面上的基本信息包括:车票编号、出票站点、乘车日期、乘车区间、票款金额、时间限制以及换乘等。

图 2.13　上海市地铁运营公司定额车票

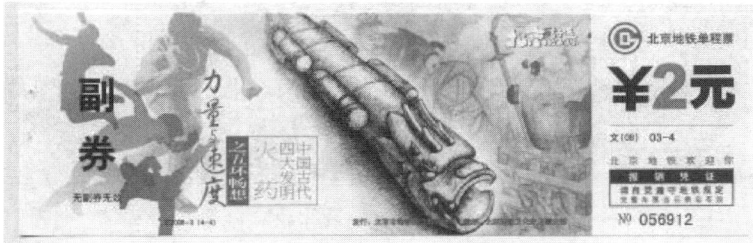

图 2.14　北京地铁 2 元面值单程票

　　现今的地铁票卡使用中,普通纸票仍作为辅助车票在票卡流通中占有一席之地,如应急票、大客流专用票、广告票、试乘票等。这类票卡均具有使用一次性的特点,因此在特殊情况下与磁卡票和 IC 卡票相比,普通纸票具有制作成本低、使用效率高等优势。

图 2.15　南京地铁大客流专用票(贰元)

图 2.16　南京地铁大客流专用票(蓝色、叁元)

图 2.17 西安地铁 2 号线试运营试乘票

2.2.2 条形码纸票

条形码车票的信息是通过条形码编码实现的。车票票面除印有基本票务信息外,还有条码标志供自动售检票系统使用。

条形码是将宽度不等的多个黑条和空白按照一定的编码规则排列,用以表达一组信息的图形标志符,不同的组合方式可以构成不同的图形符号(也成为符号体系),应用于不同的使用场合。组成的数据编码可以供机器识读,而且很容易译成二进制数和十进制数,以方便售检票系统读取信息,这是我国铁路系统目前使用的车票制式。城市轨道交通在纸票时期也曾使用过这种类型的车票,在安全性上优于普通纸票。

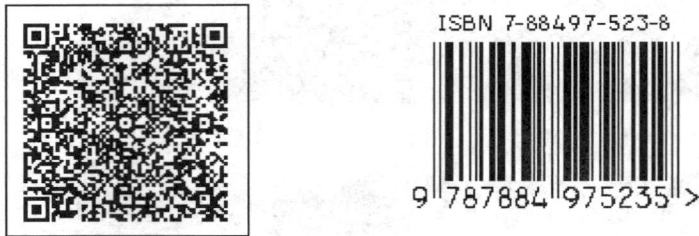

ISBN 7-88497-523-8

9 787884 975235 >

图 2.18 二维和一维条形码

2.2.3 售票模式

(1) 人工售检票

在自动售检票系统未投入使用前,城市轨道交通普遍采取人工售检票。此种方式适应于单一票价的管理模式,对站厅的空间和参与售检票的人员数量有较多要求,同时由于不可以循环使用,不利于提高资源的利用率和保护环境。在使用普通纸票时,乘客进站,检票员撕下纸票的副券 1;乘客出站,检票员检查乘客所持纸票的站名、日期及票价,无误后撕下副券 2,如果信息有误,将在票亭补足余款。

图 2.19　北京地铁条码纸票的背面

图 2.20　上海市地铁运营公司定额车票（试运营）

　　目前,各地地铁只有在特殊情况下(如因停电导致无法出售单程票,AFC 系统大面积故障或大客流情况下,预制单程票将售卖完且客流仍未缓解时,整条线路大客流等情况下)由人工售检车站储备的特殊纸票,这同样需要撕下副券联,核对站名、日期及票价,并留存根,以备统计。

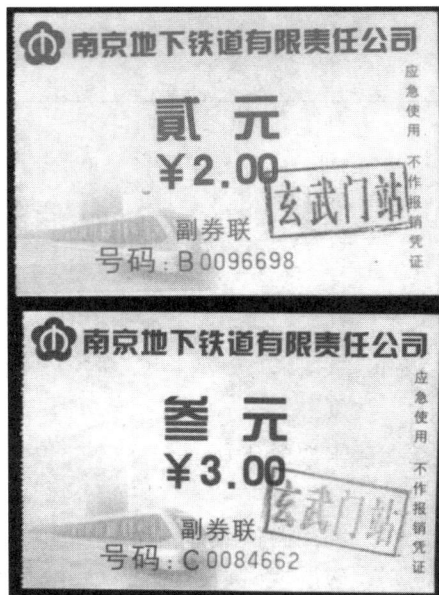

图 2.21　南京地铁应急纸票 2 元、3 元、4 元的副券存根

(2)条码识别检票

北京地铁曾采用条码票,对应的售检票设备较简单,但只能在购票时记录站名及发售时

间,无法记录进站时间及闸机号等信息,对计时制管理模式有一定的影响,因此不适合在地铁长期使用。

【任务实施】

调查西安地铁发行的纸质车票及用途。

【效果评价】

评价表

项目名称	城市轨道交通车票		学生姓名	
任务名称	任务 2.2 纸质车票		分　数	
项　目			分　值	考核得分
1.纸质车票的相关知识、图片的搜集、整理			10	
2.纸质车票分类的认知情况			10	
3.纸质车票的售检票方式的认知情况			20	
4.明确现今地铁发行纸质车票的用途和目的,以及何种情况下还需要使用纸质车票			35	
5.编制学习汇报报告情况			20	
6.基本素养考核情况			5	
总体得分				
教师简要评语:				
教师签名:				

任务 2.3   磁卡票

【活动场景】

票卡、多媒体设备课件、示教板。

【任务要求】

了解磁卡票的实现技术,掌握磁卡票的优缺点。

【知识准备】

磁卡票是一种磁介质记录卡片,利用磁性载体记录信息,它一面印刷有说明提示性信息,如插卡方向的指示箭头;另一面则有磁层或磁条,具有 2~3 个磁道,通过卡上磁条的磁场变化来记录有关信息数据。读卡设备的磁头掠过磁条时,可对磁条进行读写操作。

城市轨道交通使用的磁卡票主要分为磁介质纸卡和磁介质 PVC(聚氯乙烯)卡。磁卡成本低廉,易于使用,便于管理,且具有一定的安全特性。

2.3.1　磁介质纸卡

磁介质纸卡采用双面铜版纸,印刷光泽度高达 95%,卡体正、背面采用光油或覆膜工艺保护印刷面图文见图 2.22。

2.3.2　磁介质 PVC 卡

磁介质 PVC 卡具有不易燃性、高强度、耐气候变化性以及优良的几何稳定性,可印刷各类图案见图 2.23。

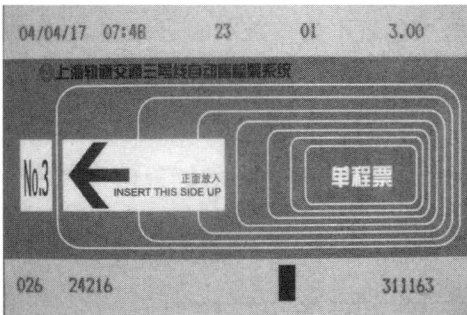

<table>
<tr><td>图 2.22　上海地铁 3 号线纸介质磁卡票
（我国首枚纸介质磁卡票）</td><td>图 2.23　天津滨海快速单程票正反面（PVC 磁卡票）</td></tr>
</table>

2.3.3　磁卡票的记录原理

（1）磁卡票的磁条和磁道

磁条上有 3 个磁道(Track),一般都是使用"位"(bit)方式来编码,根据数据所在的磁道不同,5 个位或 7 个位组成一个字节,每一编码字符都含有一奇偶校验位。3 条磁道都采用奇校验,即奇偶位保证每一字符(包括奇偶位在内)"1"的总数是奇数。

磁道 1 记录密度为 210 BPI,共记录可多达 79 个数字或字符(包含起始结束符和校验符),每个字符(一个字节)由 7 个位组成,可以记录 0~9 数字及 A~Z 字母。因此磁道 1 上信息一般记录了磁卡的使用类型、范围等一些标记性、说明性的信息,是只读通道。

磁道 2 记录密度为 75 BPI,共记录可多达 40 个数字(包含起始结束符和校验符),每个数据(一个字节)由 5 个位组成,可以记录 0~9 数字,不能记录 A~Z 字符,是只读通道。与磁道 1 相比,磁道 2 的记录密度小,磁道 3 记录密度为 210 BPI,共记录可多达 107 个数字或字符(包含起始结束符和校验符),每个字符(一个字节)由 5 个位组成,可以记录 0~9 数字,不能记录 A~Z 字母,是读写通道。

磁道 1 与磁道 2 是只读磁道。使用时,磁道上记录的信息只能读出而不允许写或修改;磁道 3 为读写磁道,在使用时可以读出,也可以写入。

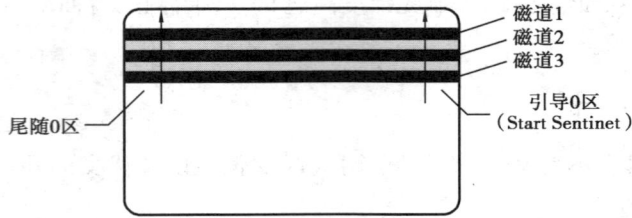

图 2.24　磁卡票的磁条与磁道

如图 2.24 所示,如果在对磁卡票上的磁道进行数据编码,其数据在物理位置偏高或偏低几毫米,则这些已编码的数据信息便会偏移到另外的磁道上,其中每个磁道宽度相同,大约为 2.80 mm,用于存放用户的数据信息;相邻两个磁道约有 0.05 mm 的间隙,用于区分相邻的两个磁道。

记录 3 个有效磁道数据的起始数据位置和终结数据位置不是在磁条的边缘,而是在磁条边缘向内缩减约 7.44 mm 为起始数据位置(引导 0 区);在磁条边缘向内缩减约 6.93 mm 为终止数据位置(尾随 0 区)。这些标准是为了有效保护磁卡上的数据,因为磁卡票边缘上的磁记录数据很容易因物理磨损而被破坏。

(2)磁卡票的物理特性

符合 ANSI 及 ISO/IEC 标准的磁卡票的物理尺寸见表 2.1。

表 2.1

宽　　度	85.72~85.47 mm
高　　度	54.03~53.92 mm
厚　　度	(0.76±0.08) mm
卡片四角圆角半径	3.18 mm
一般卡的尺寸	85.5 mm×54 mm×0.76 mm

物理特性:

①能承受一定程度的变形(弯曲而未折损)。

②允许因为记录或打印而使卡的弹性变小。

③磁卡的材料不应含有可能渗入或改变磁性材料性质的成分。

④磁条的信息不因污染而失效。

⑤一定强度磁场中,记录的数据不能被破坏。

(3)磁卡票的记录原理

磁卡票由一定材料的片基和均匀涂布在片基上面的微粒磁性材料制成,磁卡的读写装置(记录磁头)由内有空隙的环形铁芯和绕在铁芯上的线图构成。磁卡票通过卡上磁条的磁场变化来记录信息。记录时,磁卡票的磁性面以一定的速度移动(或记录磁头以一定的速度移动),并分别和记录磁头的空隙或磁性面相接触。磁头的线圈一旦通上电流,空隙处就产生与

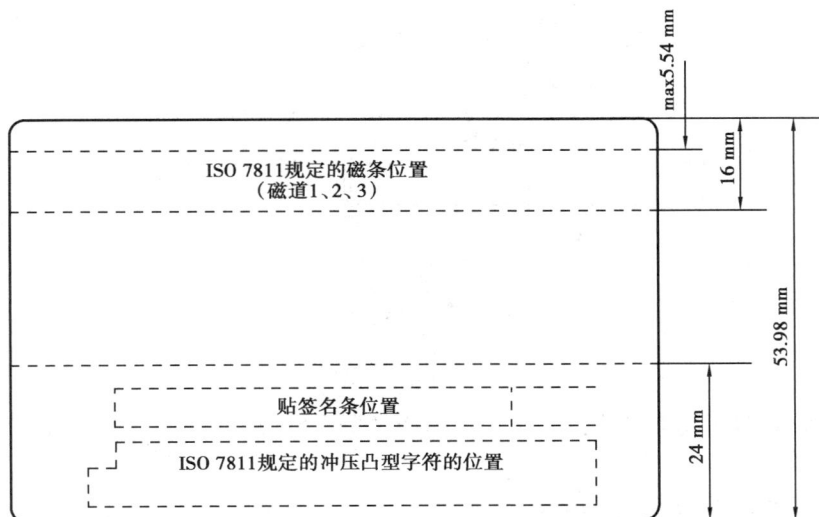

图 2.25　磁卡平面分布图

电流成比例的磁场,于是磁卡票与空隙接触部分的磁性体就被磁化。如果记录信号电流随时间而变化,则当磁卡票上的磁性体通过空隙时(因为磁卡票或磁头是移动的)便随着电流的变化而不同程度地被磁化。磁卡票被磁化之后,离开空隙的磁性层就留下相应于电流变化的剩磁。

如果电流信号(或者说磁场强度)按正弦规律变化,那么磁卡票上的剩余磁通也同样按正弦规律变化的,记录信号就以正弦变化的剩磁形式储存在磁卡票上。

磁条上记录的信息采用调频制编码技术,具有自同步能力。在每个时钟周期,磁通至少变化一次,在每个周期中间产生磁通变化表示逻辑"1",如无磁通变化表示逻辑"0"。

2.3.4　磁卡票的工作原理

磁卡票上面的剩余磁感应强度在磁卡票工作过程中起着决定性作用。磁卡票以一定的速度通过装有线圈的工作磁头时,磁卡票的外部磁力线切割线圈,在线圈中产生感应电动势,从而传输了被记录的信号。

磁头是用高导磁率的软磁材料制成的铁芯,上面缠有绕组线圈。磁头前面有一条很窄的缝隙,可以看成两个并联的有效磁阻,空隙的有效磁阻远大于工作磁头铁芯的磁阻,所以磁卡票上磁通量的绝大部分输入到磁头铁芯,并与工作磁头上线圈绕组发生交连,因而感应出电动势。工作磁绕组中所感应的电动势正比于磁通的变化率。

2.3.5　磁卡票的优缺点

磁卡票由高强度、耐高温的塑料或纸质涂覆塑料制成,能防潮、耐磨,且有一定的柔韧性,携带方便,使用较为稳定可靠,读写相对简单容易。它采取自动售检票的方式,使用比较方便,可以重复使用。

但是,磁卡票的保密性和安全性较差,磁条上的信息比较容易读出,非法修改磁条上的内容也较容易;磁卡票的磁条如果受压、被折、长时间磕碰、暴晒、高温或者划伤等,均可能导致

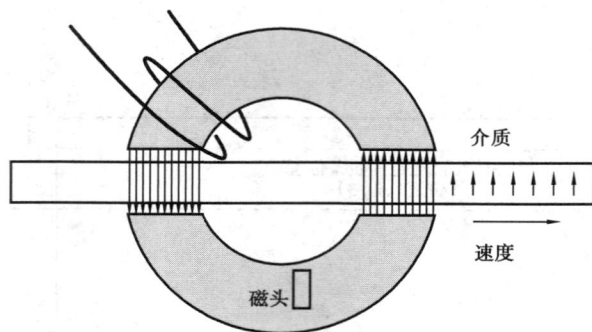

图 2.26　磁卡票工作原理

无法正常使用,也容易被其他磁场干扰而使得磁卡票失效。

【任务实施】

理解磁卡票与纸票售检票方式的区别。

在掌握磁卡票的工作原理基础上,理解其在售检票方式上与纸票相比的优越性;阐述磁卡票与纸票的售检方式区别,以及各自的优缺点。

【效果评价】

评价表

项目名称	城市轨道交通车票	学生姓名	
任务名称	任务 2.3　磁卡票	分　数	
项　目		分　值	考核得分
1.磁卡票的相关知识、图片的搜集、整理		15	
2.磁卡票分类的认知情况		10	
3.磁卡票的记录和工作原理的掌握情况		20	
4.磁卡票与纸票和 IC 卡票相比,其优缺点以及售检票方式区别的掌握情况		30	
5.编制学习汇报报告情况		20	
6.基本素养考核情况		5	
总体得分			
教师简要评语: 　　　　　　　　　　　　　　　　教师签名:			

任务 2.4　IC 卡票

【活动场景】

票卡、多媒体设备课件、示教板。

【任务要求】

掌握 IC 卡的分类与应用。

【知识准备】

随着射频技术的不断发展,且 AFC 系统对于安全性要求越来越高,以磁卡为介质的卡片渐渐从 AFC 系统中被取代,取而代之的是以 IC 卡为介质的卡片。

2.4.1　IC 卡的定义与由来

IC 卡是集成电路卡(Integrated Circuit Card)的英文简称,有些国家也称之为智能卡、智慧卡、微芯片卡等;在亚洲,特别是中国香港、台湾地区,多称为"聪明卡""智慧卡""智能卡"等,英文简称为"Smart Card""IC Card"等。它是将一个专用的集成电路芯片镶嵌于符合 ISO 7816 标准的 PVC(或 ABS 等)塑料基片中,封装的外形可以为卡片,或是纽扣、钥匙、饰物等特殊形状。

1970 年,法国人罗兰德·莫瑞诺第一次将可进行编程设置的 IC 芯片放于卡片中,使卡片具有更多的功能。这样就诞生了世界上第一张 IC 卡。1976 年法国布尔(Bull)公司首先创造出 IC 卡产品,并将这项技术应用到金融、交通、医疗、身份证明等多个行业。它将微电子技术和计算机技术结合在一起,提高了人们生活和工作的现代化程度。1984 年,法国的 PTT (Posts,Telegraphs and Telephones)将 IC 卡用于电话卡,由于 IC 卡良好的安全性和可靠性,获得了意想不到的成功。随后,国际标准化组织与国际电工委员会的联合技术委员会为之制订了一系列的国际标准、规范,极大地推动了 IC 卡的研究和发展。

在此后的 30 多年里,随着超大规模集成电路技术、计算机技术以及信息安全技术等的发展,IC 卡种类更加丰富,技术也更趋成熟,已在国内外得到了广泛的应用。IC 卡较之以往的识别卡,具有以下特点:一是可靠性高——IC 卡具有防磁、防静电、防机械损坏和防化学破坏等能力,信息可保存 100 年以上,读写次数在 10 万次以上,至少可用 10 年;二是安全性好;三是存储容量大;四是类型多。

2.4.2　IC 卡在城市轨道交通系统中的应用

目前在城市轨道交通系统中,使用的 IC 卡普遍为非接触式 IC 卡。它又称射频卡,由 IC 芯片、感应天线组成,封装在一个标准的 PVC 卡片内,芯片及天线无任何外露部分,是世界上最近几年发展起来的一项新技术。它成功地将射频识别技术和 IC 卡技术结合起来,解决了无源(卡中无电源)和免接触这一难题,是电子器件领域的一大突破。卡片在一定距离范围(通常为 5~10 mm)靠近读写器表面,通过无线电波的传递来完成数据的读写操作。

目前国内在地铁中使用的票卡主流技术都是采用非接触式 IC 卡技术,但其中使用的芯片却不尽相同,有作为单程票使用的 UL 卡(存储卡),也有作为一卡通车票使用的 CPU 卡。

2.4.3　IC 卡的特点与分类

IC 卡体积小,便于携带,存储量大,可靠性高,使用寿命长,保密性强,安全性高,网络要求不高。相比磁卡而言,它对读写机构的要求更简单、可靠、造价便宜、易于推广且维护简单。

下面将从不同的角度对 IC 卡进行详细分类和分析:

(1)根据镶嵌芯片来划分

①存储卡:卡内芯片为电可擦除可编程只读存储器 EEPROM,以及地址译码电路和指令译码电路,为了能把它封装在 0.76 mm 的塑料卡基中,特制成 0.3 mm 的薄型结构。存储卡属于被动型卡,通常采用同步通信方式。这种卡片存储方便、使用简单、价格便宜,在很多场合可以替代磁卡。但该类 IC 卡不具备保密功能,因此一般用于存放不需要保密的信息。例如医疗上用的急救卡、餐饮业用的客户菜单卡等。

②逻辑加密卡:该类卡片除了具有存储卡的 EEPROM 外,还带有加密逻辑,每次读/写卡之前要先进行密码验证。如果连续几次密码验证错误,卡片将会自锁,成为死卡。从数据管理、密码校验和识别方面来说,逻辑加密卡也是一种被动型卡,采用同步方式进行通信。该类卡片存储量相对较小,价格相对便宜,适用于有一定保密要求的场合,如食堂就餐卡、电话卡、公共事业收费卡等。

③CPU 卡:内部包含微处理器单元(CPU)、存储单元(RAM、ROM 和 EEPROM)和输入/输出接口单元。其中,RAM 用于存放运算过程中的中间数据,ROM 中固化有片内操作系统COS(Card Operating System),而 EEPROM 用于存放持卡人的个人信息以及发行单位的有关信息。CPU 管理信息的加/解密和传输,严格防范非法访问卡内信息,发现数次非法访问时将锁死相应的信息区(也可用高一级命令解锁)。CPU 卡的容量有大有小,价格比逻辑加密卡要高,但良好的处理能力和上佳的保密性能使其成为 IC 卡发展的主要方向。CPU 卡适用于保密性要求特别高的场合,如金融卡、军事密令传递卡等。

④超级智能卡:在 CPU 卡的基础上增加键盘、液晶显示器、电源,即成为超级智能卡,有的卡上还具有指纹识别装置。VISA 国际信用卡组织试验的一种超级卡即带有 20 个健,可显示 16 个字符,除有计时、计算机汇率换算功能外,还存储有个人信息、医疗、旅行用数据和电话号码等。

目前城市轨道交通选用的 IC 卡有两种:一种是逻辑加密卡,另一种是 CPU 卡。选择这两种卡片兼顾了安全性和成本的综合考虑,对于使用价值较低的票卡一般采用逻辑加密卡,而对于使用成本较高且安全性要求较高的卡片大多选择 CPU 卡。

(2)根据卡与外界数据交换的界面来划分

①接触式 IC 卡:通过 IC 卡读写设备的触点与 IC 卡的触点接触后进行数据的读写。其表面可以看到一个方形镀金接口,共有 8 个或 6 个镀金触点,用于与读写器接触,通过电流信号完成读写。读写操作(称为刷卡)时须将 IC 卡插入读写器,读写完毕,卡片自动弹出或人为抽出。接触式 IC 卡刷卡相对慢,但可靠性高,多用于存储信息量大、读写操作复杂的场合。国际标准 ISO 7816 对此类卡的机械特性、电器特性等进行了严格的规定。

②非接触式 IC 卡:该类卡与 IC 卡设备无电路接触,而是通过非接触式的读写技术进行读写(如光或无线技术)。其内嵌芯片除了 CPU、逻辑单元、存储单元外,增加了射频收发电路,在一定距离内即可收发读写器的信号,因此和读写设备之间无机械接触。这种 IC 卡常用

于身份验证、电子门禁等场合。卡上记录信息简单,读写要求不高,卡型变化也较大。因此,这种卡不但可以存储大量信息,具有极强的保密性能,并且抗干扰、无磨损、寿命长。国际标准 ISO 10536 系列阐述了对非接触式 IC 卡的规定。该类卡一般用在使用频繁、信息量相对较少、可靠性要求较高的场合。

③双界面卡:将接触式 IC 卡与非接触式 IC 卡组合到一张卡片中,操作独立,但可以共用 CPU 和存储空间。双界面卡有两个操作界面,对芯片的访问即可以通过接触式的触点,也可以相隔一定距离(一般在 10 cm 内),以射频方式来访问芯片。它方便、安全、灵活,支持多应用。

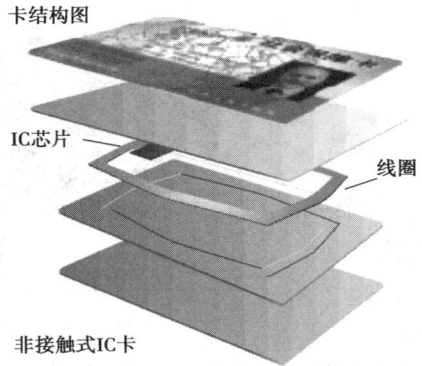

图 2.27　非接触式 IC 卡票的结构图

图 2.28　双界面 IC 卡票

(3)根据卡与外界进行交换时的数据传输方式不同来划分

①串行 IC 卡:IC 卡与外界进行数据交换时,数据流按照串行方式输入输出,电极触点较少,一般为 6 个或者 8 个。由于串行 IC 卡接口简单、使用方便,目前使用量最大。国际标准 ISO 7816 所定义的 IC 卡就是此种卡。

②并行 IC 卡:IC 卡与外界进行数据交换时以并行方式进行,有较多的电极触点,一般为 28~68 个。它主要具有两方面的好处,一是数据交换速度提高,二是现有条件下存储容量可以显著增加。

2.4.4　IC 卡的外形与设计

(1)筹码型 IC 卡

筹码型 IC 卡的英文名称叫 token,由塑料材料制作,圆形,比一元钱硬币稍大,其中装有芯片,射频为 13.56 MHz,通信距离为 50 mm(在 RC-S441C 读写器上),通信速度为 212 kbit/s,外形尺寸为直径 30 mm,厚度为 3 mm,封装材料为 PC/ABC 塑料,如图 2.29 所示。它还具有不易损坏、使用寿命长、读卡能力强等优点,如图 2.29 所示。

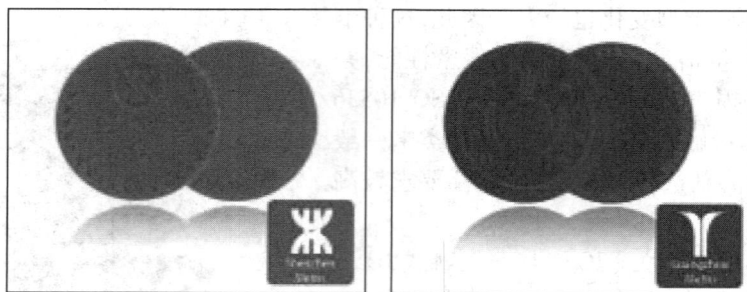

图 2.29 深圳地铁与广州地铁的单程票(筹码型 IC 卡)

TOKEN 形式单程票的使用寿命长,重复使用次数多,从而降低了运营成本。相应的自动售票机和自动检票机的内部结构也相对简单,降低了设备制造成本,且维护维修成本也较低。

(2)方卡

方形 IC 卡又称为标准 IC 卡。通常,方形 IC 卡的外观为长方形,它的尺寸约为 85.5 mm×54 mm×0.76 mm。这种卡片大小适中、携带方便,广泛应用于各个领域。各地铁的单程票或储值票多选用这种外形,只不过单程票与储值票相同外形下配置的芯片不同,如图 2.30 所示。

图 2.30 西安地铁单程票(方卡)

(3)异形卡

由于个性的需求且印制不受尺寸的限制,导致了在世界各国出现不少形形色色的"怪异"卡,诸如长方形、正方形、三角形、椭圆形等几何形卡,人们称之为"非标准卡",也称它为异形卡,如图 2.31 所示。

图 2.31 地铁异形卡

这种卡片虽然形状特殊,样式能够充分体现个性化的要求,且方便携带,但是这类卡片受到卡面面积和形状的制约,导致卡片内的天线形状和大小受到限制,且外部封装工艺不同,最终导致卡片制作工艺复杂,且感应距离相比标准卡片较差。

2.4.5 IC 卡在城市轨道交通系统单程票中的选择与应用

单程票是地铁 AFC 系统正常运转的基石,也是乘客乘坐地铁的有效凭证之一。同时,单程票的使用也存在着大量的流失与一定的损坏。因此,选用何种封装形式的单程票,既降低单程票的流失与损坏比例,又不增加 AFC 系统设备的生产、运营及维护成本,就成为地铁运营者首要考虑的问题之一。

单程票指的是仅供乘客一次性乘车使用,可通过自动售票机和半自动售票机出售并在出站时回收的有效车票。由于单程票往往票价较低,而车票制作成本较高,因此单程票的选型需要考虑以下几方面:外形尺寸、车票成本、安全机制以及 IC 卡读写器的兼容性等。

当一次旅程的平均车资远远高于车票媒体本身的成本时,单程票可考虑采用抛弃式;如果一次旅程的车资过于低,运营商无法承受车票仅仅被使用一次,则单程票必须要采用回收式。这一点人们已达成广泛的共识。那么回收式的单程票是采用圆形筹码(TOKEN)形式还是方形卡式,一直是一个在新开线路值得讨论的话题。

(1)选择筹码型 IC 卡

筹码型 IC 卡形式的单程票为一种非接触式 IC 卡,它采用 PC/ABC 塑料材料封装成一枚 1 元硬币大小。筹码型 IC 卡坚固且不易变形,可长期重复使用,降低了每次的使用成本;可使用与采用同种芯片的方形卡读写器进行读写,降低了 AFC 系统的复杂度;在自动检票机内回收时采用自由落体的入票方式,其在票箱内无须堆叠,采用后可使自动检票机的结构简化、体积减小、易于维护;可采用无腐蚀性液体刷洗,便于管理,安全性高。但是,自动售票机的出票机构较为复杂,易出现卡票现象;它与读写器天线之间的工作距离较短,通常要求最大读写距离不小于 4.0 cm,对乘客持票刷卡操作要求较高,并且不适于商业广告。

另外,由于这种形式的单程票外观小巧,且为圆形,乘客喜欢放在手中玩耍,容易丢失;也有部分乘客处于好奇而收藏,因此,筹码型 IC 卡形式的单程票丢失量较大,所以采用方形卡也可作为一种地铁单程票封装的解决方案。

(2)选择方卡

方形卡式封装的单程票,在目前有两种标准,一种为符合 ISO 7811—1 标准,厚度为 0.76 mm,称为"厚卡";另一种是介于 ISO 7810 与 ISO 7816 之间的,其厚度约为 0.5 mm,称为"薄卡"。

就薄卡而言,其与读卡器天线之间的工作距离较筹码型 IC 卡单程票长,通常要求其最大读写距离不小于 6.5 cm;使用薄卡的自动售票机的出票机构较使用筹码型 IC 卡的出票机构结构简单,车票处理速度较快;另外,在薄卡的表面可以印刷商业广告,以增加运营收入,从而降低运营成本;薄卡亦可采用无腐蚀性液体清洁。

但是,薄卡的使用寿命较筹码型 IC 卡短,易折弯或变形,甚至断裂。变形的薄卡在自动售票机的出票机构内或自动检票机的回收装置内易造成卡票,从而导致设备故障;另外,使用薄卡的自动检票机的票卡回收机构较筹码型 IC 卡的回收机构复杂,票卡在票箱内需要整齐堆叠摆放,并且票箱的体积较大,从而导致自动检票机内可用空间狭小。

方形卡与筹码型 IC 卡并不是两个对立的技术,而是可以相辅相成的。在实际选时,应结合当地城市居民的使用习惯以及既有线路的实际情况进行选择。

目前,方形卡的单程票主要应用于法国、英国地铁,国内在西安、大连、上海、重庆和北京等地铁使用。筹码型 IC 卡主要应用于新德里地铁,国内在广州、深圳、南京、武汉和天津等地铁内使用。

【任务实施】

购买单程票 IC 卡,通过在车站的使用,思考所在车站采取该类 IC 卡为单程票的原因并阐述处理过程。

【效果评价】

评价表

项目名称	城市轨道交通车票		学生姓名	
任务名称	任务 2.4　IC 卡票		分　数	
项　　目			分　值	考核得分
1.IC 卡票的相关知识、图片的搜集、整理			10	
2.IC 卡票在城市轨道交通中应用的掌握情况			20	
3.IC 卡票的分类以及运作模式的掌握情况			20	
4.IC 卡票在中国主要城市的应用的认知情况			25	
5.编制学习汇报报告情况			20	
6.基本素养考核情况			5	
总体得分				
教师简要评语: 　　　　　　　　　　　　　　　　　教师签名:				

任务 2.5　一卡通及手机支付

【活动场景】

票卡、多媒体设备课件、示教板。

【任务要求】

掌握一卡通与手机支付的技术原理,了解各地一卡通的现状以及手机支付的应用情况。

【知识准备】

2.5.1　一卡通的理念概述

所谓"一卡通",就是在同一张卡上实现多种不同功能的智能管理。随着科学技术的推广运用,现代社会几乎各个行业的众多部门都引进了 IC 卡智能管理系统,城市居民手中各种用途的 IC 卡也越来越多,多卡合一的需求也就应运而生。

一卡通系统最根本的需求是"信息共享、集中控制",因此系统的设计不应是各单个功能的简单组合,而应从统一网络平台、统一数据库、统一的身份认证体系、数据传输安全、各类管理系统接口、异常处理等软件总体设计思路的技术实现考虑,使各管理系统、各读卡终端设备综合性能的智能化达到最佳系统设计。

城市一卡通系统除了包含公共交通运输支付的功能,还包含小额消费支付、停车场自动收费应用、各场所门禁管理和企业员工考勤管理等功能,应用范围概括为门禁、考勤、消费支付、运输收费、设施收费、停车场收费等。目前,比较流行的实现方式是将一卡通用于支付公车、地铁、渡轮等交通工具的费用和小额的消费支付,如在一些快餐店、博物馆、图书馆、超市、自动售货机等场所,顾客用手上的一卡通即可代替现金方便地完成消费支付。

2.5.2 我国各城市一卡通简介

目前,开通地铁的城市都在开通前或开通后将一卡通的应用领域扩展到地铁系统。城市一卡通在地铁的应用可以极大地方便乘客乘坐地铁,不但省去了排队购票的时间,而且也省去了准备在地铁自动售票机上购票时需要自备零钱的烦恼,同时扩大了一卡通的发行量。

地铁系统允许一卡通应用带给地铁的好处就是减少了 TVM 设备的使用率,但是同时也会带来地铁公司收益与一卡通公司收益清算的问题。持一卡通乘坐地铁时,只限于持卡人使用和享受优惠,一人一卡,不允许代人刷一卡通;进站刷卡,出站扣费。

全国现已发行的一卡通卡一般包括租用和售卖两种方式,两种方式都可反复充值使用。充值点多种多样,如公交售卡点、地铁各站、银行、商户等网点均可办理充值。由于一卡通的便利性,全国地铁还是普遍接受了一卡通的使用,并且在一定程度上给予乘客乘车优惠和便利。

(1)羊城通

"羊城通"由广州羊城通有限公司发行,如图 2.32 所示。"羊城通"的应用面覆盖广州"十区两市"的 22 000 多台公交车、公交汽(电)车、轮渡、地铁各站以及部分电信业务,还拓展到连锁便利店、菜市场、电影院、饼屋等商务小额消费领域。从 2001 年 12 月 30 日投入试运行至今,"羊城通"的总发行量已经突破 500 万张,日刷卡消费突破 220 万人次。

图 2.32 广州地铁羊城通普卡

广州"羊城通"规定乘客在一个月内使用一张卡,乘坐公交和地铁达到 15 次之后,按 6 折优惠。这里的 15 次,可以是单独乘坐公交的总次数,或单独乘坐地铁的次数,也可以是乘坐两种交通工具次数之和。前 15 次乘坐公交,不优惠;乘坐地铁按 9.5 折优惠,每月累计次数不跨月计算。

另外,"羊城通"对学生、老人发行特种票卡,分别为学生卡和老人卡。使用学生卡乘坐公交、地铁可享 5 折优惠;使用老人卡则是 60~65 岁半价,65 岁以上免费乘坐公交、地铁。

(2)深圳通

"深圳通"是由深圳通有限公司发行的一款既可乘坐深圳市的公交车,也可以乘坐深圳地铁的一种储值卡,如图 2.33 所示。深圳市深圳通有限公司于 2004 年 12 月 13 日注册成立。深圳市深圳通有限公司由深圳市地铁有限公司、深圳巴士集团股份有限公司、深圳运发实业有限公司和深圳深港实业(集团)有限公司投资组建。经营宗旨是通过投资建设并管理深圳市电子交易收费系统("深圳通"卡),提高交易效率,方便市民,降低企业运营成本。2004 年底,"深圳通"的业务范围只覆盖到地铁。2006 年初,巴士集团所属的 38 路公交车上安装了首批"深圳通"设备,标志着"深圳通"卡已经实现了地面公交与地铁的互通,市民手持"一张卡"乘坐地铁、地面公交车辆的目标已经实现。

图 2.33　深圳通学生卡

使用"深圳通"搭乘公交后的乘客,在公交刷卡 5 min 后,90 min 内换乘深圳地铁时,可享受地铁票价 9.5 折优惠,另可再优惠 0.40 元/次。

①持"深圳通"学生优惠票可享 5 折优惠。

②持"深圳通"残疾人储值票,可免费乘坐地铁。

③一名成年乘客可以免费带一名身高不足 1.1 m 的儿童乘车。超过一名的,按超过人数购成人全票。

(3)长安通

"长安通"即西安"城市一卡通",如图 2.34 所示。西安"城市一卡通"于 2009 年 12 月 1 日开通运行。一张卡就能乘公交、出租车,还具有缴纳水气热费等小额支付等功能。公交 IC 卡发售数量已达 340 万余张,每月新增 5 万张左右。"长安通"卡发行后,不再发行公交 IC 卡,原发行的公交 IC 卡可使用至西安地铁开通时,地铁开通后公交 IC 卡不再使用。"长安通"卡的充值额为 10 元的整数倍,卡内余额最多不超过 2 000 元。

"长安通"卡发行价格采用销售或者出租的方式收取。其发行类型包括普通卡、老年卡、学生卡、纪念卡。其中普通卡的发行销售按工本费每卡收取 18 元,售出后不再退还;质保期为一年,一年内出现非人为因素故障,可免费更换,卡内余额可以退还。

"长安通"卡出租按成本预收租金每卡 22 元,月租金 0.50 元,从租卡次月起扣租金,不足一个月按照一个月计算。租期满 44 个月后,卡片归持卡人所有。这种卡适合短期在西安居住、工作、打工的群体。预计使用将不足 36 个月,合计租金少于售价 18 元的人可考虑。

图 2.34　"长安通"异形卡

持"长安通"普通卡的乘客乘坐西安地铁的票价实行 7 折优惠。中小学生持"长安通"学生卡可享受票价的 5 折优惠。持"长安通"老年卡的 70 周岁及以上老年人在 7:00—9:00 和 17:00—19:00 之外的非高峰时段可以免费乘车,在高峰时段凭有效地铁车票乘车。

地铁开通后,广大市民可在地铁站内购买长安通卡并且在自动售票机上自助完成充值服务。

"长安通"卡换卡仅适用于质保期内的销售普通卡,质保期为一年。卡面完好而卡不可读时,在质保期内的,免费更换新卡,原卡内余额转移到新卡上;在质保期外的,按退资业务办理。卡面号无法识别且卡不可读使信息无法读取的,换卡将不予受理。

(4) 金陵通

"金陵通"是江苏省南京市城市通卡品牌,是由南京公用事业 IC 卡有限公司发行的具有现金支付功能的储值卡,如图 2.35 所示。截至 2008 年,"金陵通"卡的发卡总量已达到了 380 万张。

图 2.35　"金陵通"普卡

南京通卡系统始建于 1999 年,该系统遵循建设部 IC 卡应用中心"统一规划、统一标准、统一管理、统一发卡、一卡多用"的原则,成立了专门从事通卡项目投、建、运、管的可以代表各运用业主利益的独立法人实体——南京公用事业 IC 卡有限公司。2001 年 1 月 1 日,南京公交通卡系统投入运营,当时采用了符合 ISO 14443B 标准的 MOTOLOLA MM4000L TO 型 SLE66CL160S 逻辑加密卡。2005 年进行了卡种升级,南京公用事业 IC 卡有限公司将符合 ISO 14443A 标准的 PHILIPS Desfire FM3ICD40 CPU 卡定义为"金陵通"卡的主流卡种。"金陵通"卡升级换代后,其主流卡种分为"金陵通"记名卡和"金陵通"不记名卡两类。"金陵通"记名卡卡面以南京市市花——梅花为主图案,可记名、可挂失;"金陵通"不记名卡分为普通卡、纪念卡、异型卡,不记名,不挂失,其中普通卡卡面以南京市市标——辟邪为主图案。

"金陵通"在成功完成城市公交、轮渡、出租、地铁四大交通领域全覆盖,实现城市交通

"一卡通"后,在巩固优化南京城市交通"一卡通"核心市场的基础上,加快推进生活小额消费支付应用市场拓展。领域拓展方面,突出行业应用试点,向旅游景点,超市,汽车租赁、停车场等与车辆相关的领域拓展,由城市交通"一卡通"向城市"一卡通"转变,为"金陵通"卡向高端VIP卡发展打了下基础;地域拓展方面,积极推进"南京都市圈"和"长三角"区域互通,以南京通卡技术标准为基础,分别推动了芜湖及扬州的通卡开通形成了"南京都市圈"内两省三市互联互通态势,南京通卡技术标准升级为南京区域互通标准,为"南京都市圈"乃至"长三角地区"的交通一卡通奠定了坚实基础。

"金陵通"卡发卡量之大,使用领域之广,服务之便捷,使"金陵通"卡成为南京700多万市民出行的主要支付手段。

(5)北京市政交通一卡通

北京市政交通一卡通于2006年5月正式启用,市民可以持该卡在开通"一卡通"功能的线路上刷卡享受打折的优惠,如图2.36所示。后来,商家为了竞争,便提供使用一卡通消费的方便服务,从2007年9月下旬起,市民持该卡即可去部分地方刷卡消费。

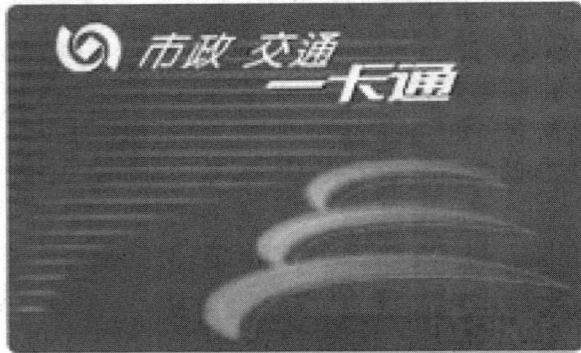

图2.36 北京市政交通一卡通普卡

北京市政交通一卡通是一张集成电路卡。每张卡内只有高科技芯片,该芯片具有电子钱包及其他功能,可储存多次付款记录,亦可反复充值使用。2006年4月1日起,北京市政交通一卡通开始预售。2006年5月10日起,一卡通全面正式启用,全面替代目前的公交地铁纸质月票。

(6)八达通

"八达通"是香港通用的电子收费系统,如图2.37所示。芯片内置在信用卡大小的塑胶卡片上,替卡片充值后放在接收器上即能完成付款过程。"八达通"在1997年9月1日开始使用,最初只应用在巴士、铁路等公共交通工具上,后来陆续扩展至其他行业,包括商店、食肆、停车场等业务,也用作学校、办公室和住所的通行卡。充值的方法也由最初的充值机充值扩展至商店付款处充值和以信用卡、银行账户自动转账。

(7)武汉通

"武汉通"全称武汉城市一卡通,如图2.38所示。武汉通是由发卡单位统一发行,用于武汉城市一卡通系统电子收费的一种非接触式智能IC卡,是一种电子储值钱包。武汉通将于2010年2月1日正式发行,从而取代公交IC卡、"楚天通"。"武汉通"的发行将逐步实现"一城一卡,一卡通用",方便市民生活。武汉城市一卡通将在公汽、轮渡、地铁(轻轨)、电影、电

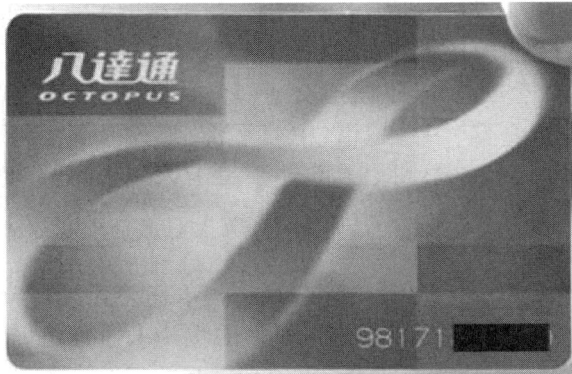

图 2.37　"八达通"普卡（莫比乌斯带）

视、超市、药店及机场公路等 8 个领域使用,其中乘车、看电影等方面均有打折优惠。持"武汉通"乘坐分段计价的公共交通工具（如轨道交通）时,只限于持卡人使用和享受优惠,一人一卡,不允许代人刷卡,此时卡内数据尤其是钱包的安全性便凸现出来。非接触 CPU 卡除满足上述应用需求外,对卡内的钱包也提供了更加安全的保障,现在主要的应用是城市与城市间的一卡通行。

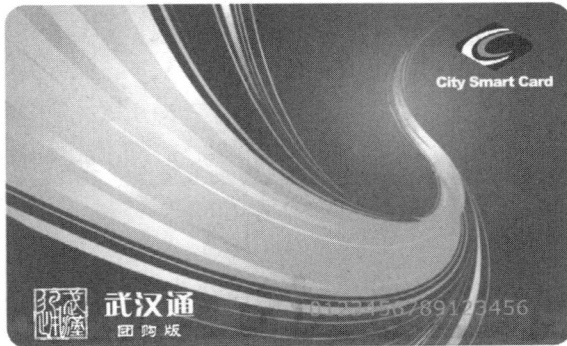

图 2.38　"武汉通"普卡

武汉通卡包括但不限于以下六种,均可反复充值使用。

①租用版普通卡:属于不记名卡,不可挂失;押金 20 元,可按规定退卡及余额。

②租用版学生卡:属于不记名卡,不可挂失;押金 20 元,可按规定退卡及余额。（目前暂未发卡）

③团购卡:面向单位、团体发售,属于不记名的销售卡,不可挂失;售价 20 元,不可退卡及卡内余额,质保期 3 个月。

④纪念卡:发卡单位限量发行的具有纪念意义和收藏价值的销售卡,属于不记名卡、不可挂失,无押金,不可退换,质保期为 3 个月。

⑤个性化卡:指根据客户需要特别制作并在卡面打印个性化信息、图案的销售卡,属于记名卡,无押金,可挂失、不可退换,质保期为 3 个月。（目前暂未发卡）

⑥联名卡:发卡单位与其他单位联合发行的卡。

租用版卡每张卡需收取押金 20 元;每卡 0.40 元/月的租金(不足 1 个月按 1 个月计),自办理之日起计算。租金从押金中扣除,使用期超过 50 个月后不再收取。退卡手续费:使用不足 12 个月(含 12 个月)的,退卡时收取 2 元手续费;使用超过 12 个月时,退卡免收手续费。

"武汉通"首次充值最低限额为 30 元,每次充值额为 10 元整数倍,储值额最高不得超过 1 000元。持卡人可在全市公交售卡点、轨道交通(轻轨)各站、武汉通客服中心以及贴有"武汉通"标志的商户(如中百仓储、中百超市、中商平价、邮政报刊零售点)等网点办理充值。"武汉通"不记名不挂失(记名的个性化卡除外),持卡人应根据自身需要适量充值并妥善保管。

(8) 天津城市卡

天津城市卡是天津的城市一卡通,由天津城市一卡通公司发行,可反复充值使用,如图 2.39所示。它按卡种分为普通卡和纪念卡等,纪念卡按一卡通公司规定的面额限量发行,不办理退卡,其功能和普通卡相同,可正常消费和充值。目前可在地铁、轻轨、出租汽车、市内公交汽车、塘沽公交、自来水、燃气、"天津之眼"摩天轮上使用,并将由京津一卡通实现京津两地刷卡。

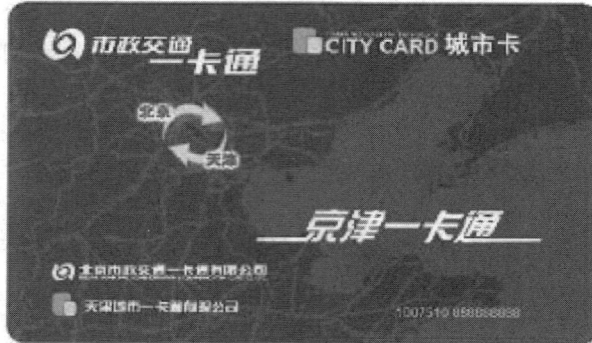

图 2.39 天津城市卡普卡

(9) 洪城一卡通

"洪城一卡通"是江西南昌的城市"一卡通"工程,在整个城市中使用统一规范的智能 IC卡,实现与银行系统的联网,可替代现金结算,使市民能任意乘坐公共汽车、出租小汽车等交通工具,并实现自来水、燃气、小区物业以及公共娱乐场所的消费、商场购物等,如图 2.40所示。

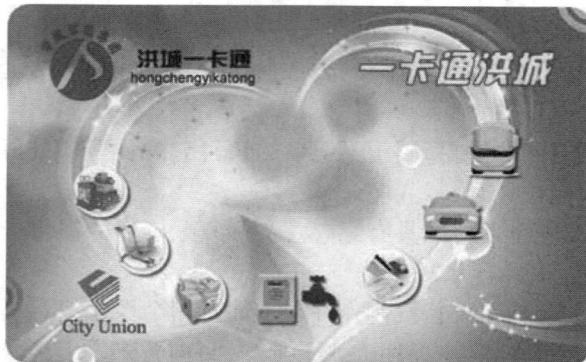

图 2.40 "洪城一卡通"普卡

"洪城一卡通"于 2010 年 12 月 1—3 日进行试运行,2011 年 1 月 20 日正式发行。最初只开通了公交车的刷卡乘车功能,2011 年内陆续开通水费缴纳、气费缴纳、出租车刷卡消费、一些大型商场消费以及部分行业的刷卡消费功能。同时,"洪城一卡通"使南昌与上海、嘉兴、湖州、绍兴等四个城市成为全国首批城市一卡通互联互通试点城市。

"洪城一卡通"目前分为普通卡、月票卡、纪念卡三种。普通卡适合乘车出行及小额消费支付,它无须照片,分为不记名卡与记名卡两种。不记名卡可在任意购卡网点购买,不记名卡不挂失、不退卡;记名卡可在"洪城一卡通"客户服务中心及指定网点购买,可挂失、可退卡。月票卡用于公交月票持卡人以及新增学生月票用户。月票卡为记名卡,通过对月票卡进行充值实现乘坐公交月票线路功能,也可通过电子钱包实现乘坐非月票线路及其他小额支付功能。月票卡办理及使用严格按照南昌市公共交通总公司月票相关管理条例执行。纪念卡(含异形卡等)主要适合对卡片外观要求多样化的用户。它根据卡片形状及材质不同收取不等工本费。此卡为一次性销售,不记名、不挂失、不退卡。

2.5.3　手机支付的基本概念

手机支付也称为移动支付(Mobile Payment),是指允许移动用户使用其移动终端(通常是手机)对所消费的商品或服务进行账务支付的一种服务方式。继卡类支付、网络支付后,手机支付俨然成为新宠。2009 年中国手机支付市场规模已达到 19.74 亿元。此外,手机支付用户规模也早在 2009 年内增长到 8 250 万人。2010 年以来,国内的三家移动通信运营商都加大了在手机支付上的投入力度,又由于地铁的便民性,因此运营商都看准了手机支付在地铁应用的这块领域,着力发展地铁领域的手机支付业务。

手机支付有三种支付方式。第一种途径:费用通过手机账单收取,用户在支付其手机账单的同时支付了这一费用。在这种方式中,移动运营商为用户提供了信用,但这种代收费的方式使得电信运营商有超范围经营金融业务之嫌,因此其范围仅限于下载手机铃声等有限业务,交易额度受限(手机话费支付方式)。第二种途径:费用从用户的开通电话银行账户(即借记账户)或信用卡账户中扣除。在该方式中,手机只是一个简单的信息通道,将用户的银行账号或信用卡号与其手机号连接起来,如果更换手机号则需要到开户行进行变更(指定绑定银行支付)。第三种途径:无绑定手机支付,个人用户无须在银行开通手机支付功能即可实现各种带有银联标识的借记卡进行支付,采用双信道通信方式进行通信,非同步传输,更加安全快捷。相对而言,此种方式最为简单、方便、快捷(即称银联快捷支付)。

手机支付这项个性化增值服务,强调了移动缴费和消费,可以实现众多支付功能。当人们在为找不到硬币而着急时,手机支付可以很容易地解决这个问题。当客户身处外地,手机支付将真正让手机成为随身携带的电子钱包。

目前,移动支付技术实现方案主要有三种:NFC,e-NFC 和 SIM Pass-单芯片 NFC 移动支付解决方案。其中,SIMPASS 方案是目前在国内应用最多的方案,SIMPASS 卡如图 2.41 所示。

图 2.41　手机支付 SIMPASS 卡

SIMPASS 卡是一张双界面的多功能应用智能卡,具有非接触和接触两个界面。接触界面上可以实现 SIM 应用,完成手机卡的通信功能;非接触界面可以同时支持各种非接触应用。

以北京手机"天翼交通一卡通"为例,可以将天翼交通一卡通整体分为射频天线、连接引线和卡体 3 个部分,如图 2.42 所示。卡体放入手机的 UIM 卡槽内,然后折叠连接引线,将射频天线紧贴在手机后盖内表面后,如图 2.43 所示,盖上手机后盖开机进入"天翼交通一卡通"菜单,激活后即可进行正常的刷卡和充值。

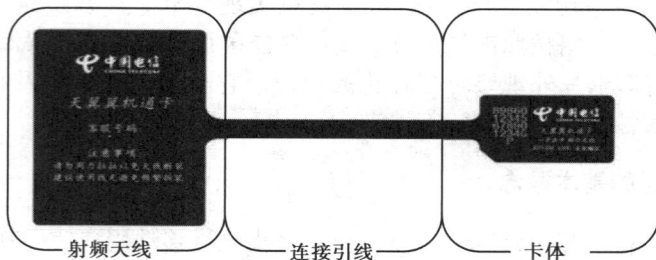

图 2.42 北京"天翼交通一卡通"手机支付卡

图 2.43 北京"天翼交通一卡通"手机支付卡在手机中的位置

2.5.4 手机支付的现状

手机支付是支付方式发展的一种必然趋势。手机支付的推广和应用对于商户、服务提供商和消费者具有以下三点作用:对于商户而言,手机支付将为自身业务的开展提供没有空间和时间障碍的便捷支付体系,在加速支付效率、减低运营成本的同时也降低了目标用户群的消费门槛,有助于进一步构建多元化的营销模式,进一步提升整体营销效果。从服务提供商角度来看,在完成规模化推广并与传统以及移动互联网相关产业结合后,手机支付所具备的独特优势和广阔的发展前景将为服务提供商带来巨大的经济效益。

对许多消费者来讲,手机支付使得支付资金携带更加方便,消费过程更加便捷简单,消除了支付障碍之后,可以更好地尝试许多新的消费模式,同时如果配以适当的管理机制和技术管控,支付资金的安全性也会得到进一步提高。尽管手机支付优势明显,应用前景非常广阔,但据调研数据显示,由于对安全问题的担忧和缺乏吸引力较强的支付应用,用户目前对手机支付业务的使用率还处于较低水平,为进一步推进手机支付产业的迅速发展,相关服务提供商必须在手机支付业务的资金安全、产业链构建和商业模式等多个方面进行优化改进。

三大移动通信运营商对于手机支付业务的部署已由 2009 年的局部试点逐步过渡至规模商用。目前来看,各个运营商对手机支付业务的类型选择既有相似又有不同。严格来讲,手机支付其实是支付卡、网上银行、代收费、第三方支付等多种电子支付融合发展之后的一种集成支付方式,相比传统的支付,手机支付的优点非常明显。首先是目前手机用户已经突破7.5亿,就家庭渗透率而言,早已达到95%以上,与用户对支付的需求性相当一致。其次是手机具备终端和联网的双重属性,可以充分满足未来用户、商户各个支付相关产业对近距和远程相统一进行随时便捷支付的需求。再次是手机支付可与手机号码进行捆绑,如果配合适当的管理机制和技术管控,随身携带的资金安全会得到进一步提高。最后是手机支付操作便捷简单。

图 2.44　手机支付在各行业的应用

2.5.5　手机支付在城市轨道交通系统中的应用

目前,全国一些地铁城市已经开通了手机支付业务,如深圳、广州、北京、西安等,手机不仅可以打电话、发短信、拍照片、玩各种应用,还可以坐公交车、地铁、出租车,采用手机支付方式非常便捷、非常方便。市民只要为手机更换一张 RFID-SIM 卡,乘车时把手机在地铁闸口或公交车的刷卡机上轻碰一下,即可轻松完成付费过程,如图 2.45 所示。

图 2.45　手机支付在城市轨道交通中的应用

"手机深圳通"给地铁族带来更多的便捷。首先,办理"手机深圳通",可换卡不换号;其次,多种充值方式延续传统优惠,市民成功开通"手机深圳通"业务后,需为账户进行充值,充值成功后即可在公交、地铁刷手机进行支付(手机需处于开机状态才可使用)。目前,乘客可以通过空中充值方式或者到指定服务网点进行人工现金充值。每次充值的金额最低为 50 元,每次充值额必须是 50 元的整数倍,储值额最高不得超过 1 000 元。"手机深圳通"还延续了普通深圳通卡的刷卡打折和换乘优惠。再次,账户扣费独立进行,账目一目了然,用户可通过手机菜单随时随地查看余额和交易记录,掌握自己"手机深圳通"账户的情况。

北京"天翼交通一卡通"业务也使得用手机乘坐地铁、公交变为实现。"天翼交通一卡通"业务通过为用户提供一张特殊的射频手机 UIM 卡,将中国电信的 3G 移动通信功能和市政交通一卡通刷卡功能有机融合在手机卡上,用户只需要携带手机就可以轻松实现刷卡乘坐公交、地铁,商家刷卡消费,网点电子钱包充值,手机空中电子钱包充值等服务。

"天翼长安通卡"是利用天翼 3G 技术和智能卡技术,将天翼手机卡信息化应用与"长安通"卡进行深度融合,是天翼手机卡与"长安通"卡的联合卡。它由天翼手机卡和"长安通"卡两部分组成,具有天翼手机卡与"长安通"卡应具备的所有功能和服务。客户无须换号,仅需将不同手机卡更换为专用射频卡后即可享受该服务。"天翼长安通卡"包含天翼卡和长安通卡两类业务,两个客户账户。天翼业务由中国电信向用户独立提供服务;"长安通"业务由西安城市一卡通有限责任公司向用户独立提供服务。两个账户之间彼此独立,即天翼话费账户与长安通支付账户彼此独立,不能互相使用。

【任务实施】

分析一卡通与手机支付在城市轨道交通中的应用和前景,掌握一卡通与手机支付在应用中的原理和区别。

【效果评价】

评价表

项目名称	城市轨道交通车票		学生姓名	
任务名称	任务2.5 一卡通及手机支付		分 数	
项 目			分 值	考核得分
1.一卡通与手机支付的相关知识、图片的搜集、整理			10	
2.一卡通应用的认知情况			20	
3.一卡通各个城市应用的掌握情况			25	
4.手机支付的现状和应用的掌握情况			20	
5.编制学习汇报报告情况			20	
6.基本素养考核情况			5	
总体得分				
教师简要评语:				
			教师签名:	

项目小结

城市轨道交通车票是运营管理的重要信息载体,它关系着客流、收益、人员信息等各项内容,是整个票务运作乃至运营系统的重要部分。它随着乘客对不断快捷方便的需求,其主要流通票卡经历了不带条码的纸质车票、含识别条码的车票、磁卡票、IC卡的变迁史。

纸介质车票分为普通纸票和条形码纸票。普通纸票将车票的相关信息印制在票面上,由票务人员视读确认。在现今的地铁票卡使用中,普通纸票仍被用作辅助车票,如应急票、大客流专用票、广告票和试乘票等;条形码车票的信息是通过条形码编码实现的,车票票面在印有基本票务信息外,还有以条码标志供自动售检票系统使用的信息,在安全性上优于普通纸票。

磁卡票是一种磁记录介质卡片,主要分为磁介质纸卡和磁介质PVC(聚氯乙烯)卡。它利用磁性载体记录信息,一面印刷有说明提示性信息,另一面则有磁层或磁条,通过卡上磁条的磁场变化来记录有关信息数据,当读卡设备的磁头掠过磁条时,可对磁条进行读写操作。

　　IC 卡分为接触式、非接触式和双界面卡,目前在城市轨道交通系统中使用的 IC 卡普遍为非接触式 IC 卡,由 IC 芯片、感应天线组成,封装在一个标准的 PVC 卡片内,芯片及天线无任何外露部分。它将射频识别技术与 IC 卡技术相结合,与纸票和磁卡票相比,具有高安全性和信息量存储大等特点。

　　城市一卡通在地铁的应用可以极大地方便乘客乘坐地铁,省去了排队购票的时间和自备零钱的烦恼,同时扩大了城市一卡通的发行量。对于地铁系统来说,允许一卡通的应用,可以减少 TVM 设备的使用率,延长备件使用寿命,但存在与一卡通的清分问题。

　　手机支付是目前新兴的支付方式,除手机本身通信功能外,增添了公共交通业务的支付功能。使用者在乘车时手机在地铁闸口或公交车的刷卡机上轻碰一下,即可轻松完成付费过程。

　　在本章的学习中,必须要了解不同介质票卡的构成、分类和特点,不同介质票卡的技术运作原理和使用要求,以及一卡通和手机支付在城市轨道交通中的应用情况。

思考与练习

1.简述我国重要城市轨道交通车票发展史(如北京、上海)。

2.简述城市轨道交通车票发展的改变原因。

3.简述纸质车票、磁卡票、IC 卡票的分类及售检票方式。

4.简述现今地铁发行纸质车票的目的和用途。

5.试述磁卡票的记录原理。

6.试述 IC 卡票在交通系统单程票中的选择与应用。

7.简述一卡通和手机支付的基本理念。

8.简析西安城市一卡通的概况。

9.试述手机支付在城市轨道交通中的应用。

项目 **3**
售检票系统以及设备操作

【项目描述】

售检票系统扮演着售票员、检票员、会计、统计员、审计员等角色。整个系统以票卡为基础，利用计算机管理购票、检票、计费、收费、统计的全部过程，可减少票务管理人员的投入，减少人为造成的差错，加快售检票速度，也为乘客带来了便捷。本项目全面介绍了售检票系统的设备组成、基本功能、工作原理、简单故障处理方法以及日常维护方法，以便初学者对售检票系统进行认识，了解系统设计思路，掌握 AFC 系统主要设备和主要技术指标，为以后从事相关工作打好坚实的理论基础。本项目重点讲述售检票系统的组成，自动售票机、半自动售票机、自动检票机以及自动验票机的相关知识。

由于生产自动售检票设备的厂商较多，各个厂商生产的设备都不完全相同，本项目以西安地铁 2 号线为例进行讲解，本项目提及的票卡种类的定义参见项目 2。

【学习目标】

1.掌握车站售检票系统设备的组成；

2.掌握车站售检票系统的基本功能；

3.掌握车站售检票系统的工作原理；

4.掌握车站售检票系统简单故障的处理方法。

【技能目标】

1.能掌握售检票系统的功能原理；

2.能进行售检票系统设备的简单操作；

3.能掌握售检票系统设备常见故障处理方法。

任务 3.1　自动售票机

【活动场景】
城轨实训室或理实一体化教室。
【任务要求】
1.掌握自动售票机的内部组成；
2.掌握自动售票机的工作原理；
3.掌握自动售票机常见故障的处理方法。
【知识准备】

3.1.1　自动售票机(TVM)介绍

自动售票机(TVM)安装在车站非付费区内，
由乘客自己操作,自动发售地铁车票及对城市"一卡通"进行充值。自动售票机具备模拟显示线路的乘客显示屏和方便乘客操作的触摸屏,同时可显示票价和投币信息。

3.1.2　自动售票机(TVM)操作说明

自动售票机的一般规格见表3.1。

表 3.1　自动售票机的一般规格

序号	项　目	说明概要
1	外形尺寸	高度：1 750 mm 宽度：900 mm 进深：750 mm
2	设备净重	约 460 kg(参考值)
3	使用电源	电压：AC220 V−15%,+10% 频率：50×(1±4%)Hz
4	功率	600 W 以下
5	漏电过电保护	设有漏电·过电·短路保护兼用断路器。
6	绝缘电阻	5 MΩ 以上(用 DC500 V 绝缘电阻计对电源插头与机壳间进行测定)
7	绝缘强度	AC1 000 V(在电源插头与机壳之间,施加 1 min,无异常发生)
8	停电对策	在瞬间停电时,可以用 UPS 来确保 TVM 电源。 当检测到 TVM 停电时,自动进行停电处理。
9	环境条件	工作温度：0~40 ℃ 工作湿度：10%~85%RH(相对湿度,无结露现象)

续表

序号	项　目	说明概要
10	设置场所	屋内且离开地面（避免雨水，阳光直射的场所）
11	防尘，防水	机壳保护结构不会因通常的灰尘及地面洒水而出现故障
12	维修用 AC 插座	1 个 AC220 V
13	其他	干扰音端子电压：IEC61000-6-4 CLASS A 抗震性：55 Hz 以下 抗撞击性：150 m/s^2

3.1.3　TVM 内部主要部件及功能简介

（1）自动售票机的结构

自动售票机主要由主控单元（ECU）、单程票发售模块、储值票处理模块、乘客显示器、触摸屏、运行状态显示器、维修面板、硬币处理模块、纸币处理模块、纸币找零器、银行卡读写器与密码键盘（预留）、单据打印机、电源模块、不间断电源（UPS）及机壳等模块及组件构成，如图 3.1 所示。

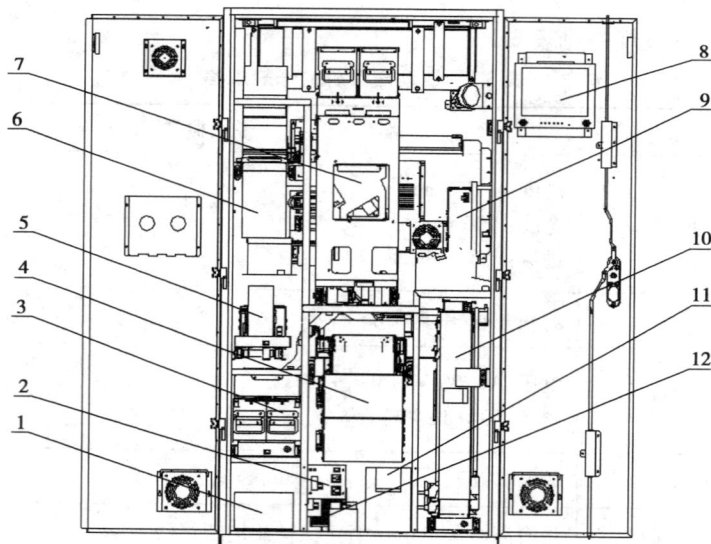

图 3.1　自动售票机内部结构图

结构说明如表 3.2 所示。

表 3.2　自动售票机内部结构说明

序　号	项　目	功　能
1	主电源	直流开关电源,为内部各模块提供直流供电
2	配电箱	包括漏电保护开关、保护装置、维修插座、接线端子等

续表

序　号	项　目	功　能
3	硬币回收箱	收纳乘客投入的购票硬币 执行清空硬币操作时,收纳设备内所有硬币
4	纸币找零器	发放找零纸币
5	单据打印机	打印充值交易凭证及运营维护信息
6	纸币处理模块	识别并接收购票或充值的纸币,逐张插入,一起返还(最大 15 张)
7	硬币处理模块	接收乘客投入的购票硬币及实现硬币找零
8	维修面板	操作员登录接口,通过其实现设备检测维修及运营结账
9	主控单元(ECU)	运行控制、车票处理、现金处理、数据处理、通信、状态监控等
10	单程票发售模块	对单程票进行赋值、发放,单次最大张数可设定
11	不间断电源(UPS)	外部供电异常时保证最后一笔交易的完整性
12	交换机安装位(预留)	为车站局域网络提供网络交换机的安装空间

（2）自动售票机的模块组成

自动售票机内部各模块的逻辑连接如图 3.2 所示。

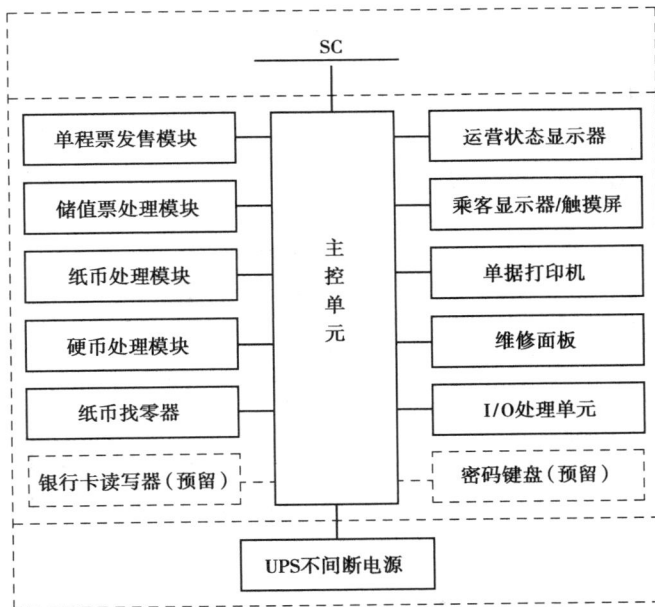

图 3.2　TVM 内部逻辑连接

（3）硬币处理模块介绍

硬币处理模块及其内部结构说明见图 3.3 和表 3.3。

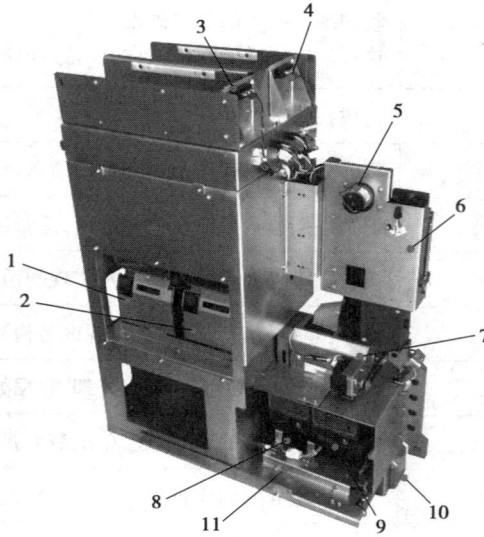

图 3.3　硬币处理模块

表 3.3　硬币处理模块内部结构说明

序　号	名　　称
1	主找零器 1
2	主找零器 2
3	电子 ID-1
4	电子 ID-2
5	凸轮模块
6	硬币接收器
7	暂存器
8	缓存找零器 1
9	缓存找零器 2
10	换向器 1
11	换向器 2

3.1.4　日常运营操作

（1）软件安装与升级

1）软件安装

TVM 首次使用前，必须运行安装文件，进行软件安装操作。

2）软件升级

软件安装完成后,首次启动程序,后台会检测当前程序是否是最新版本,如果不是最新程序,系统将进行软件升级。软件升级有两种实现方式:在线升级、本地导入升级。

①在线升级。

TVM 在线状态下,若车站计算机(SC)有新版软件发布,TVM 会自动检测并从 SC 上下载升级文件,实现 TVM 软件的在线升级。

②本地软件导入升级。

TVM 在离线状态下,若确实需要升级,可通过维护界面下的软件导入功能实现。

（2）设备配置

1）参数配置

完成软件安装后,需登录到设备的维护界面对 TVM 进行参数配置。

2）日期时间设置

同时检测 TVM 的日期、时间时,如与当前时间不一致,需进行设置。

3）设备信息设置

需设置本机所在的车站编号、站内编号、组号及组内编号等参数信息。

4）网络设置

网络设置包括设置 SC 的 IP 地址、端口号,以及设置本机的 IP 地址、子网掩码及默认网关等参数信息。

（3）密钥（SAM）

为使 TVM 能够提供正常服务,需在 TVM 的单程票读写器及储值票读写器中分别装入对应的充值密钥（ISAM）卡。安装方法如下:

1）单程票读写器中 ISAM 卡的安装方法

单程票读写器位于票卡单元的侧面。打开单程票读写器上的金属盖板,在卡槽相应的位置装入 ISAM 卡,如图 3.4 所示。

图 3.4　单程票读写器中 ISAM 卡安装位置

2）储值票读写器中 ISAM 卡的安装方法

储值票读写器固定于 TVM 的前面板,乘客显示器的正上方。打开单程票读写器上的金属盖板,在卡槽相应的位置装入 ISAM 卡,如图 3.5 所示。

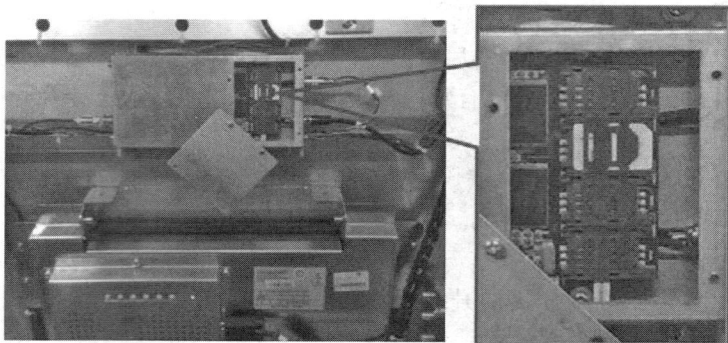

图 3.5 储值票读写器中 ISAM 卡安装位置

(4)TVM 开关机

1)开启电源

打开 TVM 后维修门,依次开启设备内部的断路器、UPS 开关、直流电源开关,以保证 TVM 的正常供电。各开关的具体位置如图 3.6 所示。

图 3.6 TVM 电源开关位置

2)启动系统

开启电源后,TVM 通常会自动启动操作系统,运行应用软件。若设备在电源开启的状态下未自动启动,可按下工控机前面板上的启动按钮,手动启动操作系统及 TVM 应用软件。

①TVM 应用软件的启动过程包括硬件初始化、与 SC 通信、检查程序版本、检测参数、读写器授权等步骤。

②若检测到有新的软件版本将重新启动并执行软件升级。

③若在 TVM 应用软件启动的过程中,与 SC 的通信处于中断状态,则设备会尝试有限次数的重复连接,可能会造成在与 SC 通信步骤上停留时间过长。

3.1.5 简单故障排除

1)系统无法启动

①原因:系统损坏;主板相关连接线或硬件故障,如屏幕信号、电源线松动或屏幕故障;主板松动;工控机电源电压不稳等。

②处理方法:重装系统;拆除单个硬件,定位故障点,插拔屏幕信号线和电源线;更换工控机供电模块。

注意:若主控单元能进入系统,一定是系统引导文件丢失或无法找到,需要重新安装程序文件。

2）设备蓝屏、花屏

①原因：视频接口 VGA 接触不良或者工控机故障。

②处理方法：检查接口线缆是否松动，首先从备件或者临近的设备拆下显示屏换上，以确定是否由乘客显示屏导致花屏；如果故障由主控机导致，只能更换主控单元。

3）运营状态显示器（LED）无法正常更新状态

①原因：LED 条屏与工控机串口接触松动而使通信中断或 LED 屏主控板出现故障。

②处理方法：插拔 LED 通信数据线，断电重启设备；更换 LED 内部控制板。

4）硬币模块初始化报错

①原因：硬币模块控制板的通信线及电源线未接上。

②处理方法：接上硬币模块控制板的通信线及电源线的连接。

5）读不到加币箱

①原因：硬币模块电子标志读写器故障；加币箱触点接触不良或氧化；电子标志信号线插头松动。

②处理方法：将加币箱换到其他设备上验证是否正常；重新插拔电子标志信号线插头。

6）补币过程中，加币扣自动回落

①原因：硬币拉板位置传感器出现故障或脏污；传感器位置偏远。

②处理方法：更换或清洁传感器；校正偏移的传感器位置。

7）缓存找零器清不空

①原因：传感器脏或者变形的硬币卡在找零器中；找零器中有异物。

②处理方法：清洁传感器后重新操作；手动取出卡在找零器中的变形硬币或异物。

8）不接受硬币

①原因：硬币接收器故障或卡币；暂存器位置偏移；硬币钱箱满；无硬币钱箱；投币口卡币；硬币传送通道故障；硬币闸门故障。

②处理方法：清理卡币及更换硬币接收器；重新调整暂存器位置；更换新钱箱；放入硬币钱箱；手动清除投币口硬币；检查硬币传送通道是否异常；检查硬币闸门是否异常。

9）接收硬币时，硬币闸门无法打开

①原因：硬币闸门通信线、电源线接触不良；闸门马达损坏或者硬币闸门控制板损坏；硬币闸门打开、关闭有阻碍。

②处理方法：重新插拔通信线及电源线；更换马达及控制板；调整闸门与面板之间的空隙或检查是否有其他异物阻碍。

10）少找零或找零失败

①原因：主找零器或缓存找零器卡币；送币通道有故障；设备中记录的硬币数量跟实物不一致；硬币模块没有推到位。

②处理方法：清理卡币并检查各找零器出币是否异常；检查送币通道是否异常（如币卡在通道或通道传感器故障）；建议结账，重新补充数据及硬币；把模块推到位。

11）单程票模块无法正常发售单程票

①原因：票箱里面有异物导致无法正常出票；单程票发卡通道卡票；发卡模块刮卡区皮带脱落导致无法正常发售单程票；传感器故障；单程票控制板故障；单程票模块线缆损坏；单程

票模块无通信或电源;单程票模块没到位。

②处理方法:取出票箱里面的异物;清理发卡通道卡住的单程票;重新固定好皮带;更换损坏的传感器;更换控制板;更换通信线或电源线;把模块推到位。

12)不接收纸币

①原因:纸币模块卡币;纸币钱箱容量满;无硬币找零;纸币机芯故障。

②处理方法:取出卡住的纸币(如进钞口、暂存器、退钞口);更换新钱箱;补充硬币;初始化纸币机芯,检查出具体故障位置再维修。

13)找零纸钞未能掉到找零口

①原因:纸钞找零机芯出钞口处静电毛刷变形或位置过低,造成出钞时摩擦过大而无法自动落到找零口;

②处理:将静电毛刷片左右两头两个螺丝拧松,用一张较新纸钞从出钞口转入一半,将毛刷片调到毛刷末端刚好与纸钞面接触时,拧紧毛刷两端的固定螺丝。

14)纸币找零器无法找零

①原因:纸币找零器通道卡币;纸币钱箱里面的钱摆放不整齐;拾钞模块故障;同步齿形皮带脱落;控制板故障;纸钞过新,建议使用六至八成新的纸钞。

②处理方法:清理卡在纸币找零模块通道内的纸币;重新摆放钱箱内的纸币;更换拾钞模块;重新固定好同步齿形皮带或更换新的皮带;更换纸币找零模块控制板。

【任务实施】

1.严格按照标准操作流程完成 TVM 加币操作。

2.对 TVM 卡币引起的故障进行排除。

【效果评价】

评价表

项目名称	售检票系统以及设备操作		学生姓名	
任务名称	任务 3.1　自动售票机		分　数	
项　目			分　值	考核得分
1.自动售票机的相关知识、图片的搜集、整理			10	
2.是否有小组计划			5	
3.自动售票机内部组成的认知情况			20	
4.自动售票机工作原理及常见故障的认知情况			50	
5.编制学习汇报报告情况			10	
6.基本素养考核情况			5	
总体得分				
教师简要评语:				
			教师签名:	

任务 3.2　半自动售票机

【活动场景】

城轨实训室或理实一体化教室。

【任务要求】

1.掌握半自动售票机的内部组成；

2.掌握半自动售票机的工作原理；

3.掌握半自动售票机常见故障的处理方法。

【知识准备】

3.2.1　半自动售票机(BOM)介绍

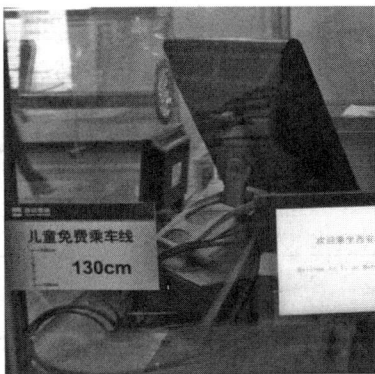

BOM 设置于票务中心,由票务人员操作,应能处理地铁车票和城市"一卡通"车票。操作员可通过 BOM 对车票进行发售、分析、充值、退款、交易查询等处理。通过 BOM,可对发售预赋值车票进行记录,对票务管理/行政收款进行记录。

票房售票机由主控单元、操作员显示器、乘客显示器、外置读写器、单程票发售模块、操作及输入设备、单据打印机、不间断电源和网络设备等组成。

BOM 的主要技术参数见表3.4。

表 3.4　BOM 的主要技术参数

项　　目	规　　格
使用电源	电压:220×(1±15%)V
	频率:50×(1±4%)Hz
消耗电量	工作时:约 300 W(参考值)
绝缘电阻	使用 DC 500 V 绝缘电阻仪对电源插头与箱体间进行测量,测量值在 5 MΩ 以上
抗绝缘能力	在电源插头与机壳间,保持 1 min 以上无异常 AC 1 000 V
漏电·过电保护	设有漏电·过电·短路保护兼用断路器。
上位接口	通信方式:以太网 电缆连接器:RJ45 通信速度:100 Mbit/s

续表

项 目		规 格
环境条件	温度	工作时 5~35 ℃
		保存时 −5~40 ℃
	湿度	工作时 20%~80% RH
		保存时 20%~80% RH
设置	场所	放置在防潮、无阳光直射的室内(BOM 室)
	方法	放置于地板上
噪声		45 dB 以下(待机时、距离机器 1.5 m 远的位置)
防尘·防水		不会因尘埃导致动作异常。但是,功能所需的开口部分除外

3.2.2 BOM 内部主要部件及功能简介

(1)设备平面布置图

由于组成 BOM 的部件较多,为了更好地满足票务人员的各项操作,将 BOM 设备布置如图 3.7 所示。

(2)设备构成

1)BOM 结构图

BOM 结构如图 3.8 所示。

2)BOM 的设备构成

BOM 设备构成见表 3.5。

表 3.5 BOM 设备构成

项 目	数 量
主控单元	1 台
操作员显示器	1 个
乘客显示器	2 个
外置读写器	1 个
单程票发售模块	1 个
键盘	1 个
鼠标	1 个
打印机	1 台
UPS	1 台

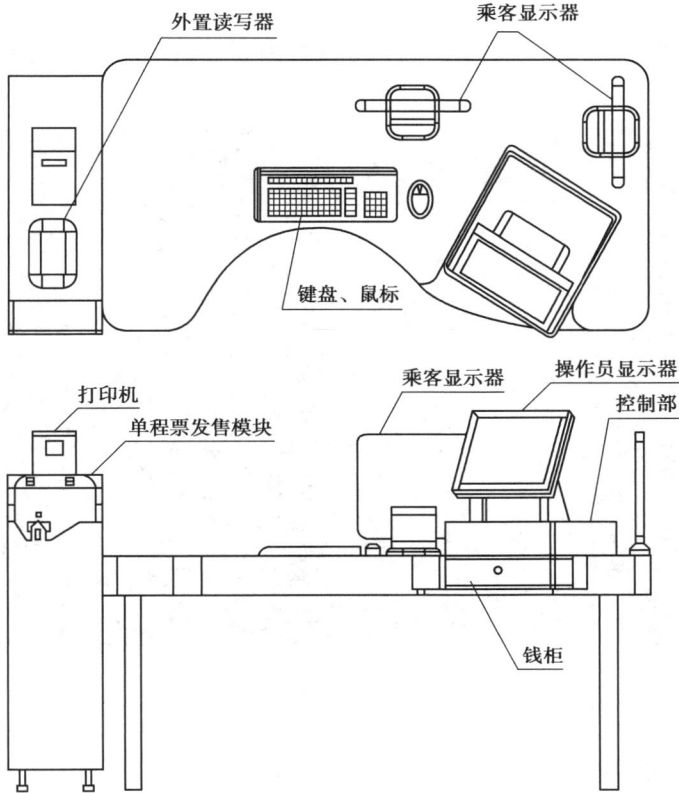

图 3.7　设备平面布置

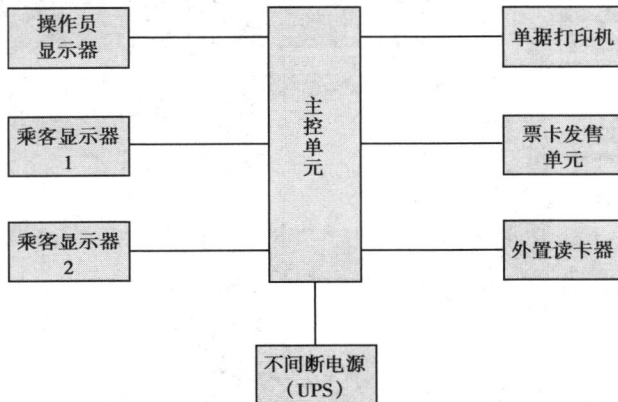

图 3.8　BOM 结构

3.2.3　日常运营操作

(1)开启 BOM 系统

1)开启方式

开启 BOM 主控单元电源开关,进入 Windows 系统启动画面,系统启动后自动运行 BOM 系统程序。

61

2）初始化系统

BOM 系统启动时，操作员屏幕显示初始化系统画面如图 3.9 所示。乘客屏幕显示暂停服务画面。

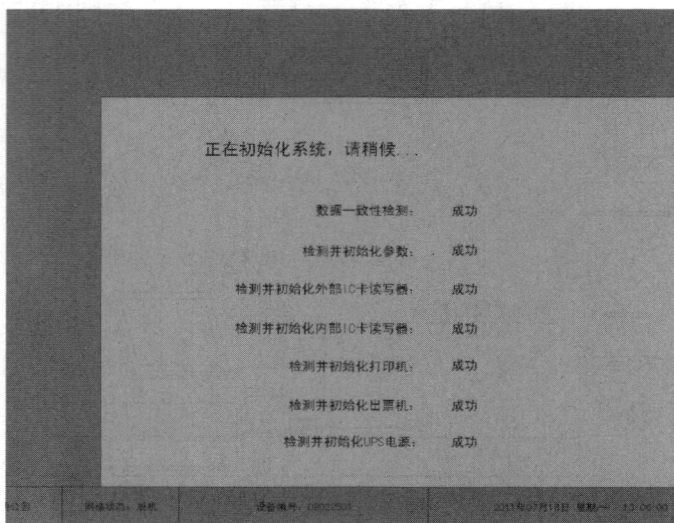

图 3.9　启动界面

（2）登录

系统初始化成功后进入登录画面如图 3.10 所示。

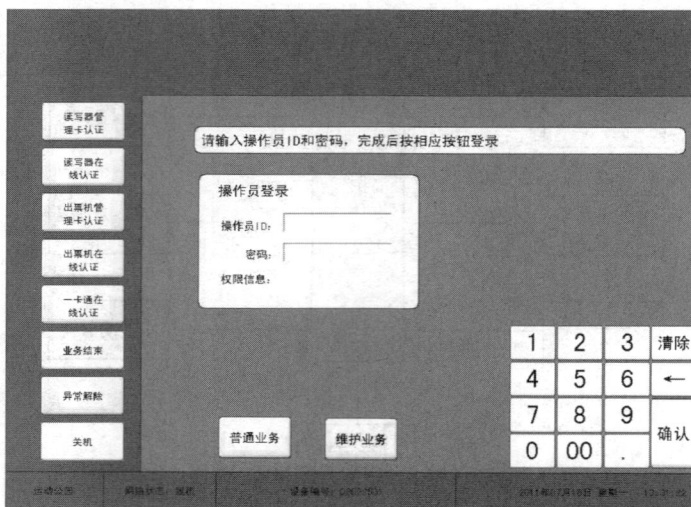

图 3.10　登录主页面

操作权限不同，进入的画面也就不同。输入操作员 ID，在权限信息处显示对应的权限并使登录按钮变成可点击状态。

（3）普通业务

1）售票

在售票画面可进行售票业务操作，乘客画面显示欢迎光临的画面。

2）单程票

点击［售票］→［单程票］，进入售单程票画面，如图 3.11 所示。在售单程票画面可以发售以当前站为起始站、任意站为终点站的单程票。如当前站为运动公园，可发售运动公司到会展中心的一张单程票，收款 4 元。

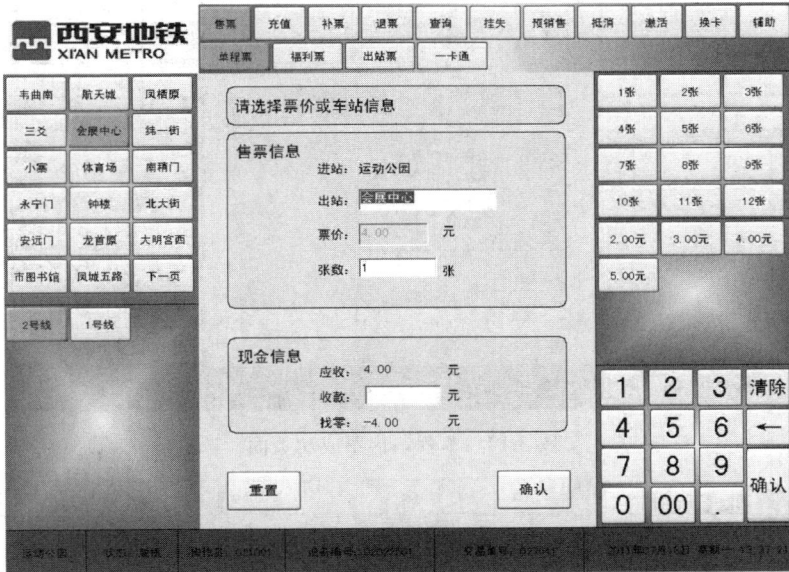

图 3.11　单程票售票页面

①选择出站信息：在线路选择区选择"2 号线"，在车站选择区选择"会展中心"；

②票价信息：在选择出站信息后，票价自动显示在票价文本框内或在票价选择区选择票价信息；

③设置张数信息：选择张数文本框，用数字软件盘输入张数或点击张数选择区选择对应张数；

④设置收款信息：选择收款文本框，用数字软件盘输入金额；

⑤点击［确认］按钮；

⑥打开钱箱；

⑦点击［确认］按钮，钱箱弹出，发售的单程票由发票模块发出，操作画面返回售票完成画面，如图 3.12 所示。

3）出站票

点击［售票］→［出站票］按钮，进入售出站票画面如图 3.13 所示。在售出站票画面可发售当前车站的出站票。

如发售当前车站为"运动公园"的一张出站票，操作如下：

①输入售票信息如图 3.14 所示。

②点击［确认］按钮，钱箱弹出，出站票由发票模块发出，操作画面返回售票完成画面。

4）一卡通发售

点击［售票］→［一卡通］按钮，进入出售一卡通画面如图 3.15 所示。

注意：

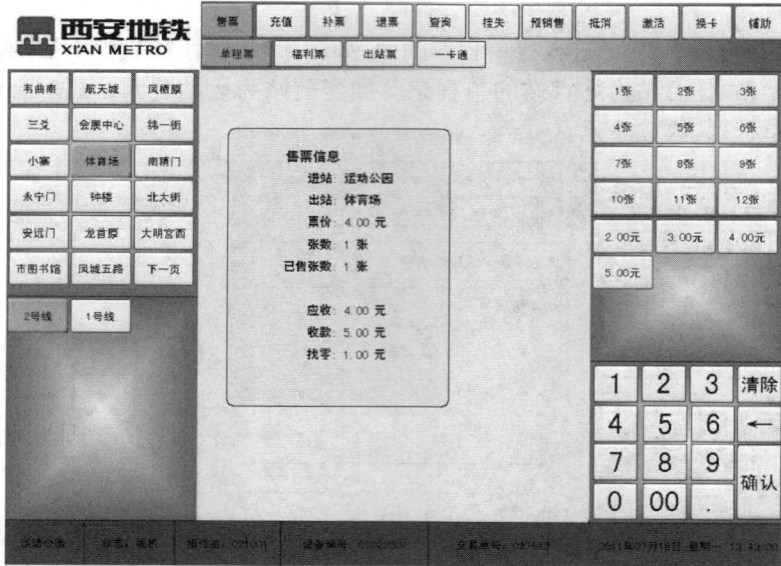

图 3.12 单程票售票成功页面

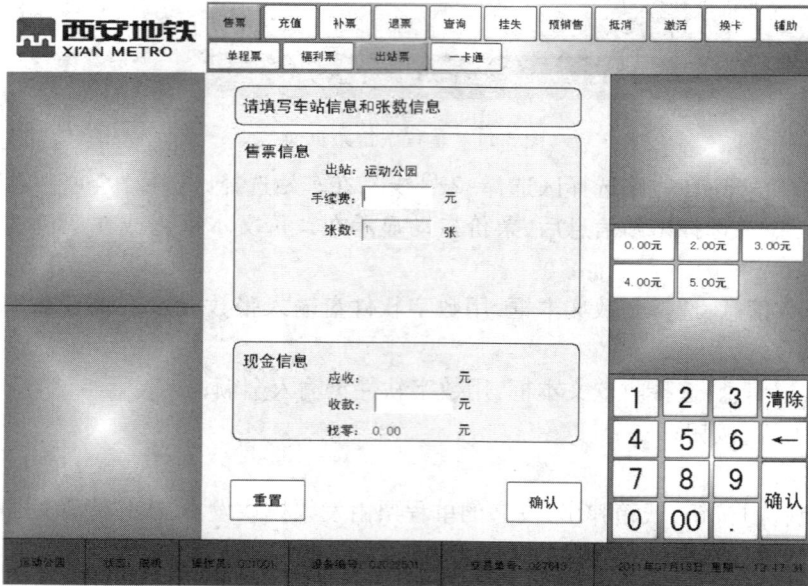

图 3.13 出站票发售页面

①发售的一卡通票卡状态为'未启用'并且票卡余额为0。

②充值金额必须大于等于首次最小充值金额；

③充值金额必须小于等于最大充值金额；

④充值金额为充值金额基数的整数倍；

⑤卡片押金为0时不打印发卡凭证。

如发售一张押金为15元、充值金额为100元的不记名成人卡,操作如下:

①将一张未锁定不记名成人卡放置在外部读写器上。

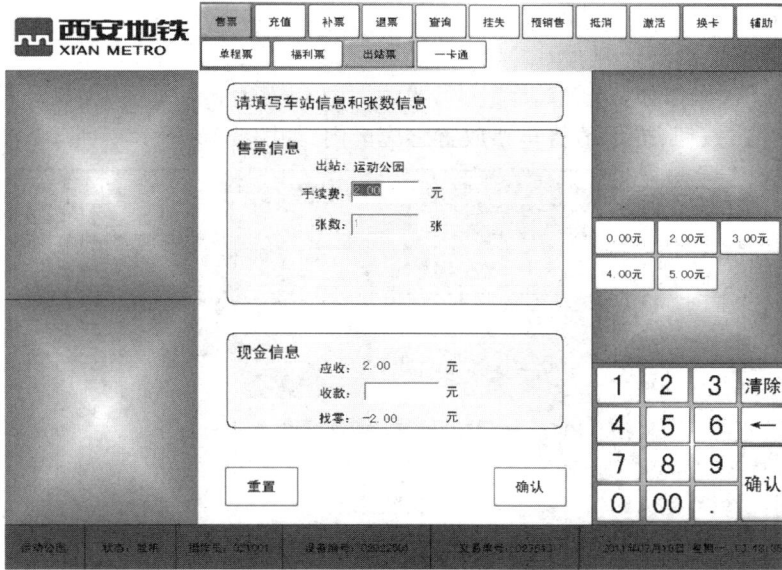

图 3.14　发售指定金额的出站票页面

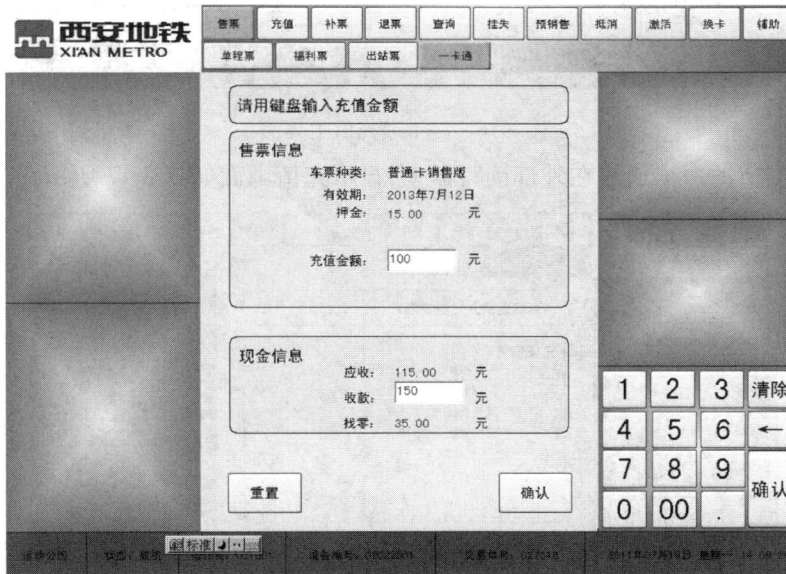

图 3.15　一卡通售票界面

②输入售票信息如图 3.15 所示。

③点击[确认]按钮,钱箱弹出,打印普通储值卡发卡凭证及充值凭证,操作画面返回售票完成画面。

5)一卡通充值

一卡通充值要遵循以下原则:

①充值后的票卡余额小于等于票卡内最大余额;

②充值金额为充值金额基数的整数倍;

③充值金额必须小于等于最大充值金额；

④充值金额小于授权金额。

如一卡通充值，操作如下：

①点击[充值]按钮，提示请将车票放置感应区内，如图 3.16 所示。

图 3.16　一卡通充值主界面

②将需要充值的一卡通放在外部读写器上，显示充值画面如图 3.17 所示。

图 3.17　一卡通充值读卡成功界面

③用小键盘输入充值金额及收款金额，完成充值信息填写，如图 3.18 所示。

④点击[确认]按钮，弹开钱箱，打印充值凭证，操作画面返回完成充值画面，如图 3.19 所示。

图 3.18　一卡通充值信息填写界面

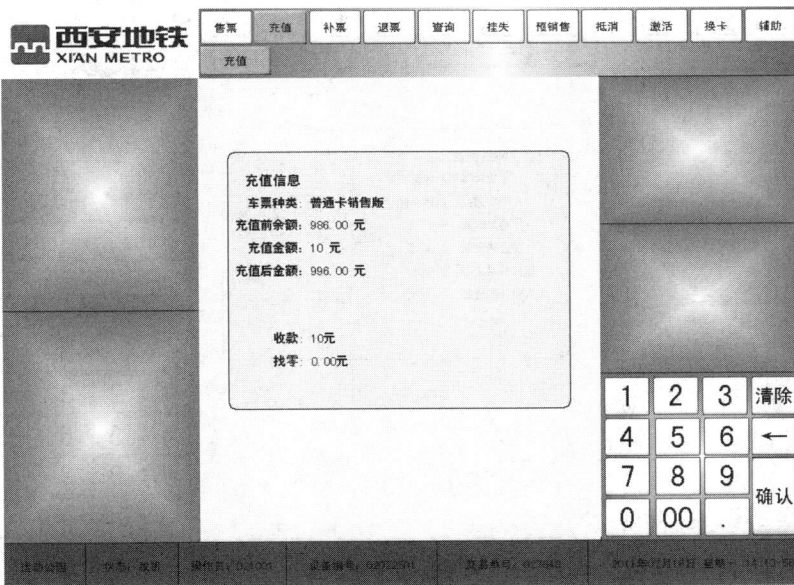

图 3.19　一卡通充值成功界面

6）付费区补票

点击［补票］→［付费区补票］按钮，进入付费区页面，如图 3.20 所示。在付费区补票可以分为补进站、超时、超程和短程八种情况，乘客画面显示补票信息。

如对进站未刷卡的单程票进行补进站操作，步骤如下：

①在读卡器上放单程票。

②输入补票信息。

③点击［确认］按钮，弹开钱箱，提示补票成功，如图 3.21 所示。

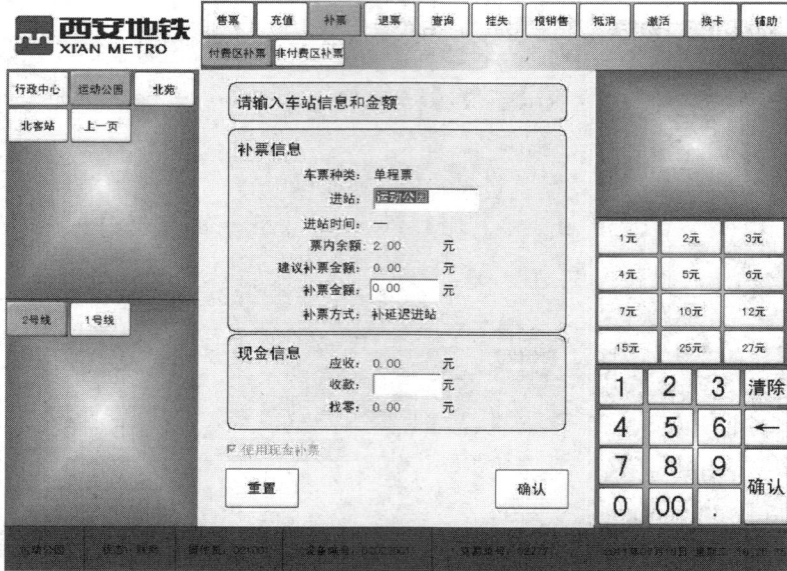

图 3.20 付费区补票操作界面

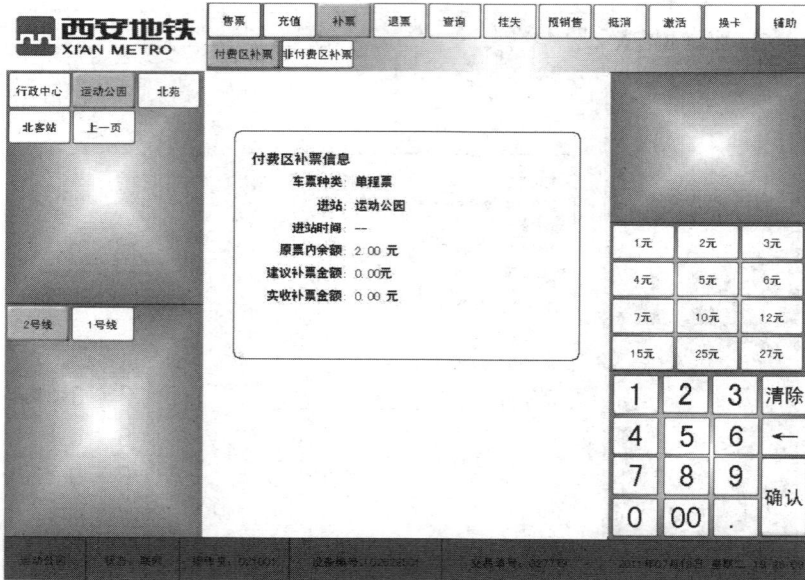

图 3.21 付费区补票成功界面

7)非付费区补票

点击[补票]→[非付费区补票]按钮,进入非付费区补票画面,如图 3.22 所示。

在非付费区可以对出站未刷卡的票卡补出站,如对旅程状态为进站的销售普通卡补出站,操作步骤如下:

①在外部读写器上放旅程状态为出站的销售普通卡。

②点击[补票]→[非付费区补票]按钮。

③输入补票信息。

图 3.22　非付费区补票主界面

④点击［确认］按钮，弹开钱箱，操作画面返回补票完成画面，如图 3.23 所示。

图 3.23　非付费区补充成功界面

8）退卡

点击［退票］→［退卡］按钮，进入退卡画面。这里根据票卡余额大小可分为即时退卡和延期退卡。如果退卡的票卡余额小于最大退款余额，为即时退卡；退卡的票卡余额大于等于最大退款余额，为延期退卡。

例如一票通的最大退款余额为 20 元，要对卡内余额为 3 元的单程票退卡，操作步骤如下：

①将单程票放置于外部读卡器处。

②点击[退票]→[退卡]按钮,显示退票信息,如图 3.24 所示。

图 3.24　即时退卡主界面

③点击[即时退卡]按钮,弹开钱箱,打印退卡凭证,操作画面返回退票完成画面,如图 3.25所示。

图 3.25　即时退卡成功界面

9)退资

点击[退票]→[退资]按钮,进入退资画面。这里根据票卡余额大小可分为即时退款和延期退款。如果退款的票卡余额小于最大退款余额,为即时退款;退款的票卡余额大于等于最大退款余额,为延期退款。

例如假定一卡通的最大退款余额为 500 元,要对卡内余额为 310 元的普通销售卡退款,操作步骤如下：

①将普通销售卡放置于外部读卡器上。

②点击[退票]→[退款]按钮，显示退票信息。

③点击[即时退款]按钮，弹开钱箱，打印退资凭证，操作画面返回退票完成画面。

10) 查询

点击[查询]→[查询]按钮，进入查询画面，如图 3.26 所示。查询业务可以分析所有票卡信息，乘客画面显示查询的票卡信息。

图 3.26　票卡查询

如对一张 34 元的定值纪念票进行查询，查询出的信息如图 3.27 所示。

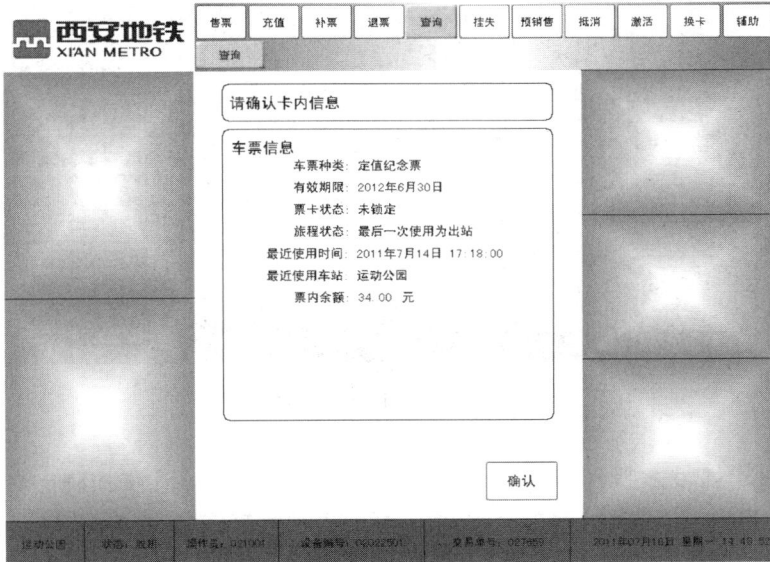

图 3.27　定值纪念票查询界面

11）预销售

点击［预销售］→［预销售］按钮，进入预销售画面，乘客画面显示欢迎画面信息。在预销售画面可以发售以当前站为起点、任意站为终点的预销售票，如图3.28所示。单击［确认］按钮后出票机发售出1张票，界面提示操作结果如图3.29所示。

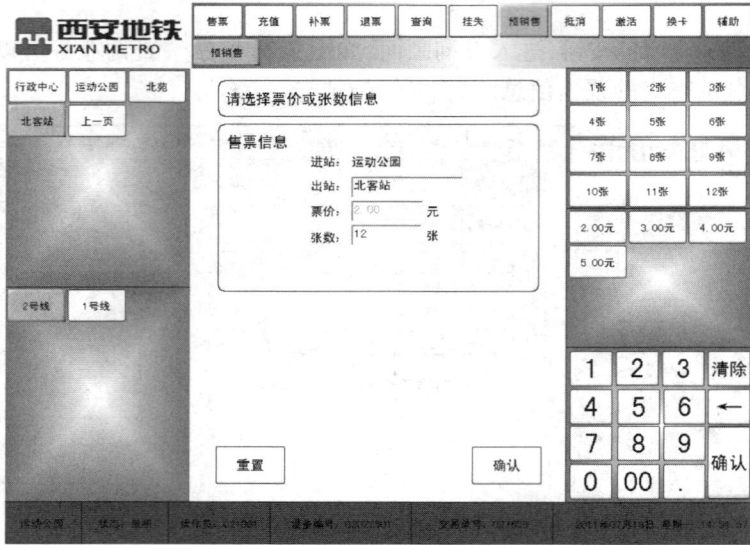

图3.28　预销售界面

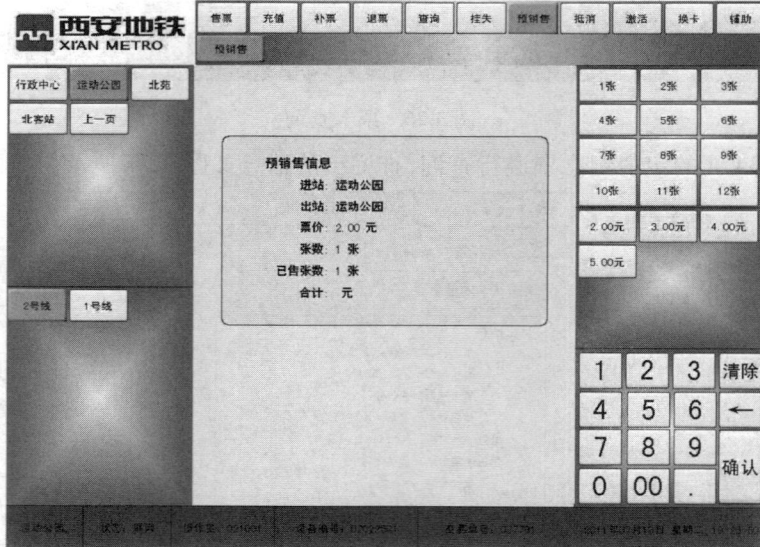

图3.29　预销售车票操作结束界面

12）抵消

点击［抵消］→［抵消］按钮，进入抵消画面如图3.30所示。在抵消画面只能对本站发售的当天未使用的预销售票进行抵消操作，乘客画面显示暂停信息。操作步骤是：

①在桌面读写器上放置预销售票。

②点击［预销售］按钮。

③点击[确认]按钮,信息提示区显示抵消成功,如图 3.31 所示。

图 3.30　抵消查询确认界面

图 3.31　抵消结束界面

13)TVM 故障退款

点击[辅助]→[TVM 故障退款]按钮,进入 TVM 故障退款画面,如图 3.32 所示。该画面可以对因 TVM 故障原因需要退款时,在此进行退款操作。

14)票箱更换

点击[辅助]→[票箱更换]按钮,进入票箱更换画面,如图 3.33 所示。在该画面可以查看票箱信息,点击[更换开始]按钮,出现票箱更换中的界面。

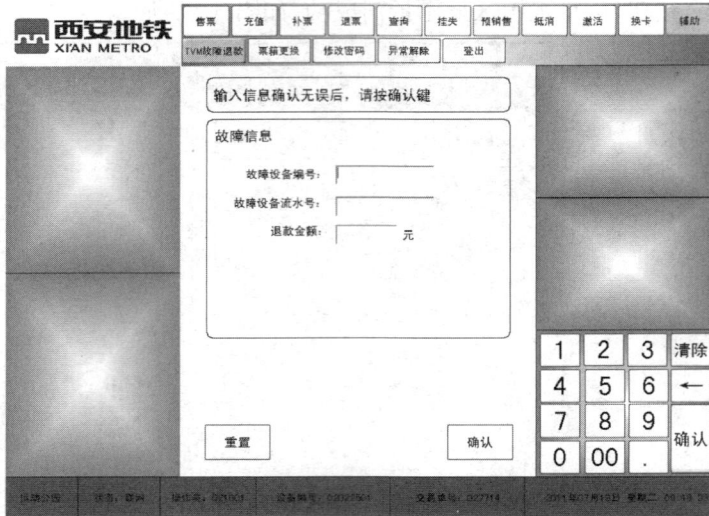

图 3.32　故障退款操作界面

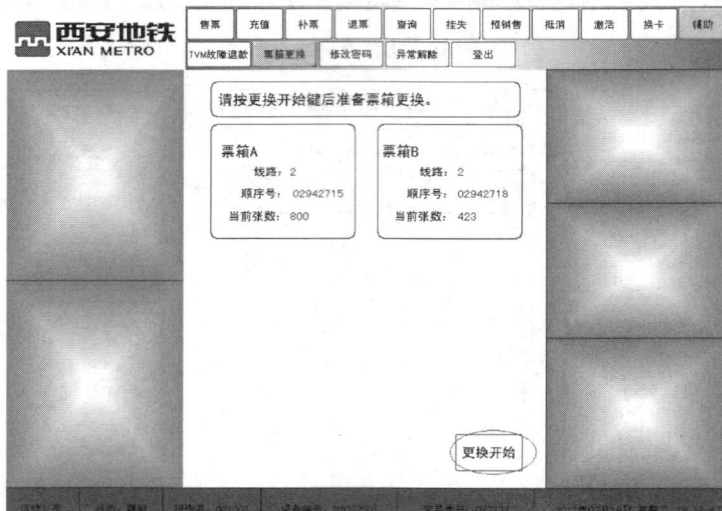

图 3.33　票箱更换开始界面

此时进行票箱更换操作,更换结束后,点击图 3.34中的[更换结束]按钮,完成票箱更换,如图 3.35 所示。

15)修改密码

点击[辅助]→[修改密码]按钮,进入修改密码画面,如图 3.36 所示。在该画面中可修改当前操作员密码,但只能在与上位网络连接正常情况下才能进行密码修改。

图 3.34　票箱更换中界面

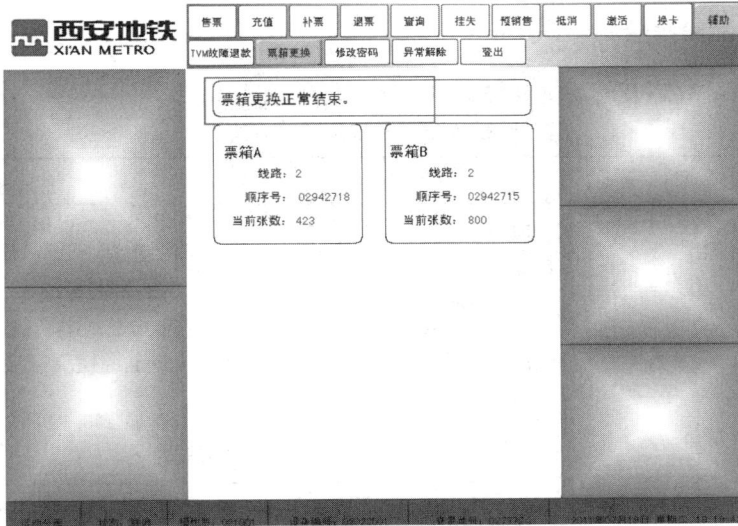

图 3.35　票箱更换结束界面

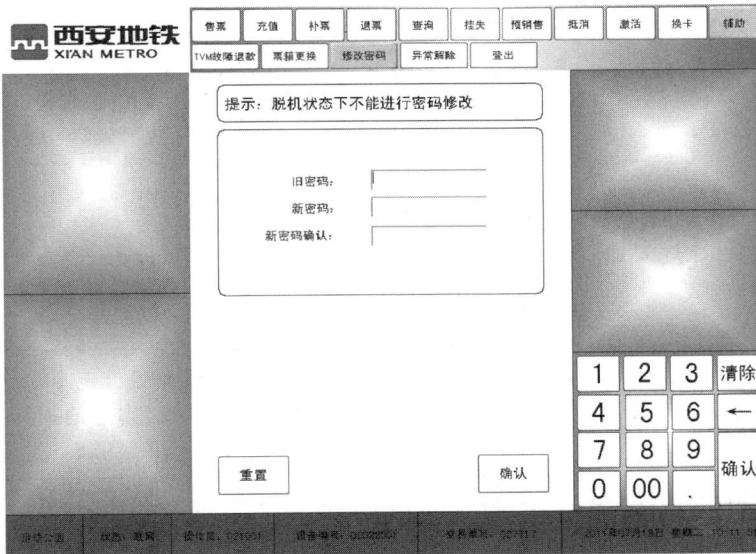

图 3.36　密码修改主界面

(4) 参数及程序下载

1) 参数更新

上位下发参数版本更新命令时,BOM 系统收到有新参数需要更新的提示信息,点击[确认]按钮,注销登录画面,再次登录时更新 TPU 参数。

2) 程序更新

上位与本地的程序版本不一致时,BOM 机下载完新程序后重新启动,启动后更新新程序。

3.2.4 简单故障排除

BOM 系统简单故障及解决方法如表 3.6 所示。

表 3.6 简单故障及解决方法

部件	故障现象	故障分析	解　决
乘客显示屏	显示屏黑屏	ECU（主控单元）的系统出现问题	需要重新制作系统
	显示屏蓝屏	电源连接不良，无 12 V 电源	检查 12 V 电源线是否正常，无电源检查电源模块保险丝是否烧毁
		VGA 信号线松掉	检查显示屏内部的信号连接线是否脱落
		显示屏损坏	若以上检查都没有问题，则 LCD 屏损坏，应更换 LCD 屏
	显示屏颜色不正常	VGA 信号线松动	检查信号线连接接插件是否松动，是否和插针接触不良
		信号线内部有断线，信号不完整	若上面的检查没有问题，则信号线损坏，应更换信号线
UPS	启动 UPS 后蜂鸣器间歇鸣叫，绿灯闪烁，UPS 不转市电	电源插头松动，或接触不良	检查电源插座和插头，可靠插入插座
		过流保护弹开	检查后面板过流保护器，如弹开将其复位
	停电时 UPS 立即关机，电池模式供电失败	电池损坏	给 UPS 充电 10 个小时以上，若故障重现，则电池损坏或充电电路损坏，应更换 UPS
	UPS 的红灯闪烁，蜂鸣器每 2 s 鸣叫 3 次	充电电路故障或电池寿命已到	更换 UPS
	UPS 红灯亮，蜂鸣器长鸣	UPS 输出短路或其他故障	更换 UPS
	UPS 开机时红灯亮，蜂鸣器长鸣或自动关机	电池电压不足	给 UPS 充电 10 h 以上，如故障重现则电池损坏，应更换 UPS
ECU（主控单元）	无法启动	电源供电出现问题	检查 ECU5 电源是否正常
		系统盘出问题	重新更换系统盘
		内存条松动	重新对内存条进行安装

续表

部件	故障现象	故障分析	解　决
读卡器	读写器不能通信	电源线连接不良,无12 V电源	先检查电源保险丝,若保险丝完好则检查电源线,若电源线完好则检查读写器的电源,最终使读写器正常供电
		通信线连接松动,没有连接好	检查通信线连接是否有松动,使通信线连接牢固
		工控机通信端口损坏	检查以上电源和通信线都没有问题时,应检查工控机通信端口是否有问题,有问题则更换ECU
		读卡器损坏	若没有以上问题,则读写器损坏,直接更换读写器
	读写器不能读SAM卡	SAM卡没有安装好	重新安装一次SAM,进行测试
		SAM卡安装插槽坏	以上操作没问题,则SAM卡安装插槽坏,更换读写器
打印机	ERROR指示灯显红色	打印纸没有装好或没装	打开打印机的安全门检查,检查打印纸是否装好,否则应重新安装好打印纸
		打印机的安全门没有关好	检查打印机的安全门,将打印机的安全门重新关到位;如果安全门关好打印机ERROR指示灯会显示绿色,说明打印机工作正常
	打印机不能打印	电源开关没有打开	检查打印机电源开关是否打开,若没有则打开开关,直到状态指示灯正常
		通信线没有连接好	电源和打印机状态正常,则检查通信线,排除通信线的问题
		没有安装驱动程序	检查驱动是否安装,并且驱动程序是否正确
		驱动程序没有安装好	检查驱动程序是否正确并能正常工作
	没有电源	电源线没有连接好	检查打印机的电源线连接是否完好,若损坏则更换电源线
		保险丝损坏	若电源连接没有问题,应检查电源的保险丝是否熔断,熔断则更换新保险丝

续表

部件	故障现象	故障分析	解 决
发售模块	不能通电,电源指示灯不亮	电源线没有连接好	检查发卡机的电源线连接是否完好,若损坏则更换电源线
		保险丝损坏	若电源连接没有问题,应检查电源的保险丝是否熔断,熔断则更换新保险丝
		电源损坏,没有输出或输出不稳定	若以上检查都没故障,则是电源模块出现故障,应更换电源模块

【任务实施】

1.半自动售票机出现显示屏不亮故障的处理。

2.半自动售票机读卡器无法正常读写的处理。

3.半自动售票机无法正常启动的处理。

【效果评价】

评价表

项目名称	售检票系统以及设备操作		学生姓名	
任务名称	任务 3.2　半自动售票机		分　数	
项　目			分　值	考核得分
1.半自动售票机的相关知识、图片的搜集、整理			10	
2.是否有小组计划			5	
3.半自动售票机内部组成的认知情况			20	
4.半自动售票机工作原理及常见故障的认知情况			50	
5.编制学习汇报报告情况			10	
6.基本素养考核情况			5	
总体得分				
教师简要评语: 　　　　　　　　　　　　　　　　　　　　教师签名:				

任务 3.3　自动检票机

【活动场景】

城轨实训室或理实一体化教室。

【任务要求】

1.掌握自动检票机的内部组成；

2.掌握自动检票机的工作原理；

3.掌握自动检票机常见故障的处理方法。

【知识准备】

自动检票机(AGM)布置于付费区与非付费区的交界处,能够对乘客持有的城市"一卡通"及地铁专用非接触 IC 卡车票进行检票验证,验证通过,乘客可以正常进出站;验证失败,乘客禁止通行。

(1)自动检票机技术规格

自动检票机技术规格如表 3.7 所示。

表 3.7　自动检票机技术规格

模　块	项　目		规　格
检票机外壳	检票机尺寸	标准通道	1 100 mm×280 mm×1 900 mm(L×W×H)
		宽通道	1 100 mm×300 mm×1 900 mm(L×W×H)
	通道宽度	标准通道	550 cm
		宽通道	900 cm
输入电源	直流电压		220×(1±15%) V
输入电源	频率		50×(1±4%) Hz
功率			≤600 W
断路器			AC 220 V 10 A 脱扣时间不大于 30 ms(符合 IEC 61009 标准)
维修插座			1 个 AC 220 V,AG 无须开机也可使用
处理速度	车票处理速度		≤0.3 s/张(包括检查、编码、校验等)
	车票回收处理速度		≤0.5 s/张(包括检查、编码、校验、无效退出等)
	扇门完全打开时间		≤0.5 s(从检查车票有效后)

续表

模　　块	项　　目	规　　格
乘客通过能力	无回收车票情况下（每通道）	≥60 人/min
	全部需回收情况下（每通道）	≥40 人/min
	可检测乘客间距	≥300 mm
设备可靠性	MCBF	≥100 000 次
	MTTR	≤30 min
通信能力	通信正常的情况下,交易和状态上传到 SC 的时间	≤3 s
	通信中断恢复后,自动向 SC 上传未传送的数据,所有数据完成传送时间	≤2 min
	通信速率	100 MB/s

（2）自动检票机的结构

1）双向自动检票机

双向自动检票机具有双向检票的功能,其维护键盘位于出站侧右手边维修门内,如图3.37所示。

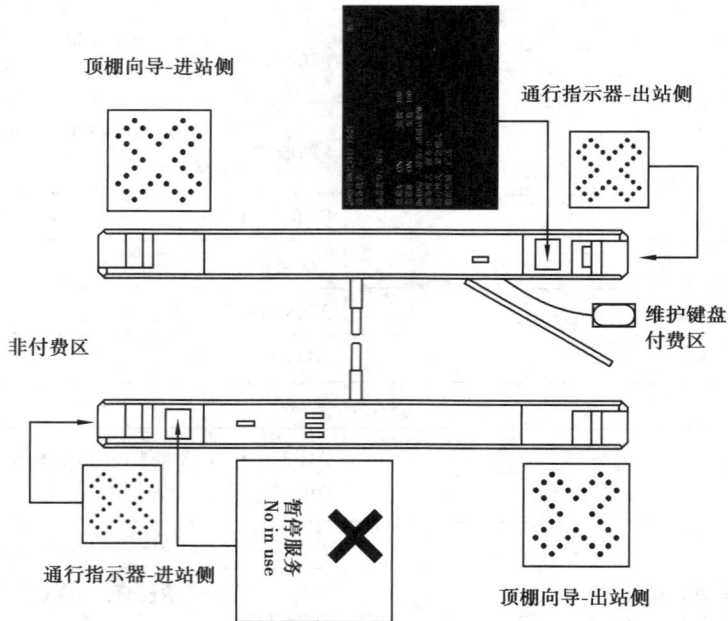

图 3.37　双向自动检票机维护示意图

2）进站自动检票机

进站自动检票机只具有进站检票的功能,其维护键盘位于进站侧右手边维修门内,如图3.38 所示。

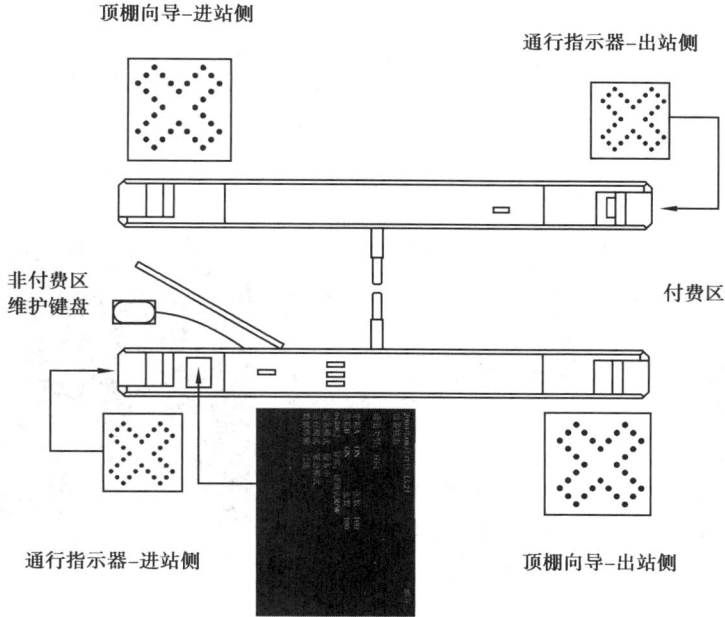

图 3.38　进站自动检票机维护示意图

3）出站自动检票机

出站自动检票机只具有出站检票的功能,其维护键盘位于出站侧右手边维修门内,如图 3.39 所示。

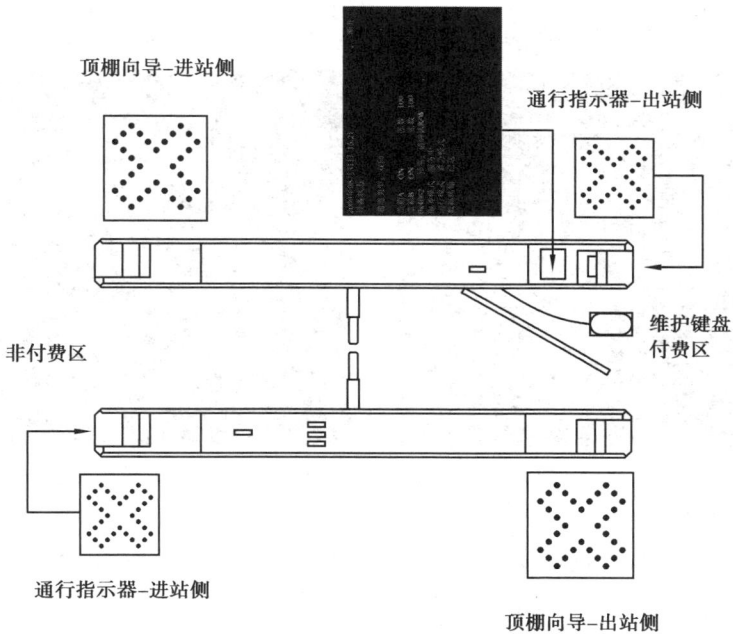

图 3.39　进站自动检票机维护示意图

(3)后台维护操作说明

1)系统自检

AGM 启动时,通过与各部位通信来检测是否存在异常。如果所有部件均没有异常,则 AGM 能够正常启动。如发现异常,AGM 将进入降级模式或暂停服务模式。供电后,设备自动启动程序。

2)系统状态

打开 AGM 维修门后,AGM 乘客显示屏显示设备基本状态信息,操作员无须登录可直接查看。可查看的内容包括:系统时间、网络状态、通道类型、票箱安装状态、数量状态、废票箱安装状态、服务模式、运营模式、数据传输、故障信息等。打开维修门,启动系统状态界面如图 3.40 所示。

在维护操作键盘上按[Enter]键,即可进入管理员账户界面。关闭维修门,返回原来模式或新设定的模式。

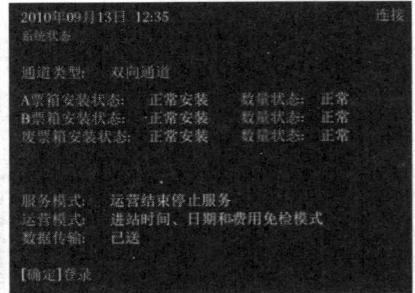

图 3.40　系统状态界面示意图

3)系统登录

①管理员账户界面。

管理员账户界面用来接收管理员账号输入并判断是否为合法账号,管理员在此界面输入管理员账号,并点击[确定]按钮登录,在账号匹配的情况下,界面将切换到管理员密码界面,否则出现用户 ID 无效的报错信息。

界面示意图如图 3.41 和图 3.42 所示。按[返回]键返回系统状态界面。按[确定]键,若判断为有效账户,进入管理员密码界面;若无效,则进入管理员账号无效界面。

图 3.41　管理员账户登录界面示意图

图 3.42　管理员账户登录失败界面示意图

②管理员密码界面。

管理员密码界面用来接收管理员密码输入并判断是否为合法密码,管理员在此界面输入管理员密码,并点击[确定]按钮登录,在密码合法的情况下,界面将切换到相应的主界面,具有站员管理权限和维护管理权限的人员将进入管理主界面,只具有站员管理权限的工作人员将进入站员管理界面,否则密码无效。

界面示意图如图 3.43 和图 3.44 所示。按[返回]键返回系统状态界面。按[确定]键,如判断为密码有效,进入管理主界面;若无效,则进入管理员密码无效界面。

图 3.43　管理员密码输入界面示意图

图 3.44　管理员密码输入无效界面示意图

4)管理界面

①管理主界面。

管理主界面结构如图 3.45 所示。当工作人员输入有效账号和密码,且此账号同时具有站员管理和维护管理两种权限时,进入管理主界面;若此 ID 具有站员管理的权限则直接进入站员管理界面;若此 ID 具有维护管理的权限则直接进入维护管理界面。

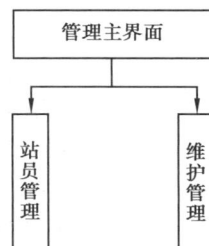

图 3.45　管理主界面结构示意图

在管理员账号界面按[确定]键,管理员账号同时具有站员管理权限和维护管理权限则进入此界面。界面示意图如图 3.46 所示。按数字键进入相应界面,按[返回]键返回系统状态界面。

②站员界面。

在管理员账户登录界面,工作人员输入有效账号和密码时,此账号只允许具有站员管理权限的人进入站员管理界面。

界面示意图如图 3.47 所示。按数字键进入相应界面,按[返回]键返回系统状态界面。

图 3.46　管理主界面示意图

图 3.47　站员管理界面示意图

③维护界面。

在管理员账户登录界面,工作人员输入有效账号和密码时,且此账号只具有维护管理权限则进入维护管理界面。

界面示意图如图 3.48 所示。按数字键进入相应界面,按[返回]键返回系统状态界面。

5)站员管理

①站员管理界面。

站员管理界面提供一些常用功能项,可以用来查看设备信息、修改模式、设置设备等如图 3.49 所示。工作人员在管理员账户登录

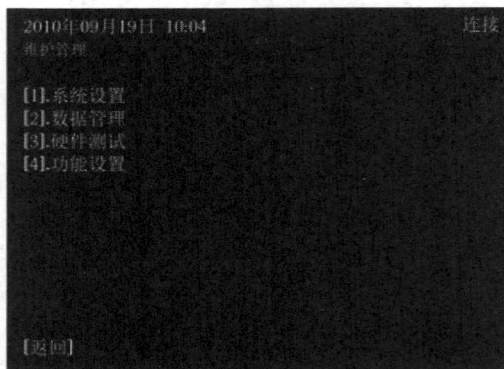

图 3.48　维护管理界面示意图

界面所用的账户具有站员管理和维护管理权限,则在管理主界面按数字键[1]进入站员管理界面。如果该管理员账户只具有站员管理权限,则会直接进入站员管理界面,然后根据相应的数字键进行功能选择,进入相应的功能界面操作。

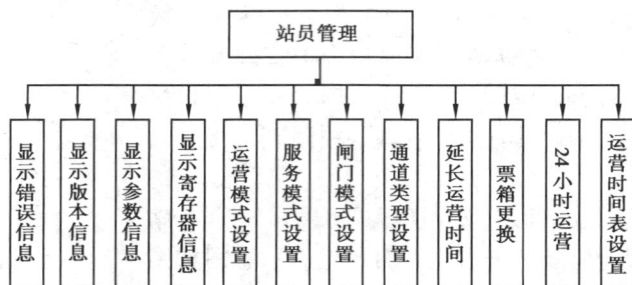

图 3.49　站员管理组成示意图

界面示意图如图 3.50 和图 3.51 所示。按翻页键到上一页或下一页,按数字键进入相应功能界面,按[返回]键返回系统状态界面。

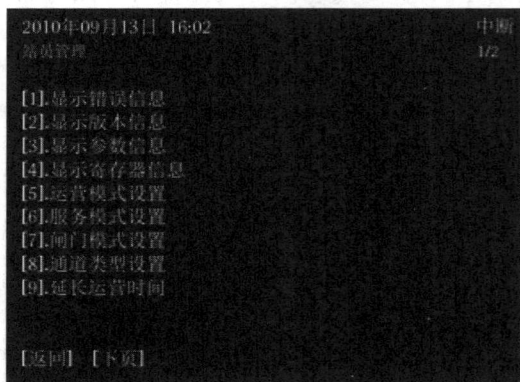

图 3.50　站员管理界面示意图

图 3.51　站员管理界面示意图

②显示错误信息。

显示错误信息界面以列表的形式显示最近发生的错误信息,每页最多显示 10 条,最多共10 页。在站员管理界面中按相应数字键启动该功能界面。

界面示意图如图 3.52 和图 3.53 所示。按翻页键到上一页或下一页,按[返回]键返回站员管理界面。

图 3.52　显示错误信息界面示意图 1/10

图 3.53　显示错误信息界面示意图 2/10

③显示版本信息。

显示版本信息界面用来查询设备各部件版本信息,在站员管理界面中按相应数字键启动该功能界面。

界面示意图如图 3.54 和图 3.55 所示。按数字键进入相应界面,按返回键返回站员管理界面。

图 3.54　显示版本信息界面示意图 1/2

图 3.55　显示版本信息界面示意图 2/2

6)显示参数信息

显示参数信息界面用于查询设备的参数信息,在站员管理界面中按相应数字键启动该功能界面。

【任务实施】

1.设置自动检票机 24 h 运营。

2.描述自动检票机处理车票流程。

【效果评价】

评价表

项目名称	售检票系统以及设备操作		学生姓名	
任务名称	任务 3.3　自动检票机		分　数	
项　目			分　值	考核得分
1.自动检票机的相关知识、图片的搜集、整理			10	
2.是否有小组计划			5	
3.自动检票机内部组成的认知情况			20	
4.自动检票机工作原理			50	
5.编制学习汇报报告情况			10	
6.基本素养考核情况			5	
总体得分				
教师简要评语： 教师签名：				

任务 3.4　自动验票机

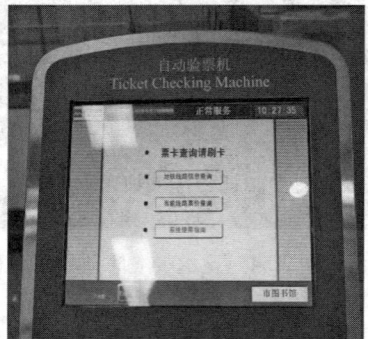

【活动场景】

城轨实训室或理实一体化教室。

【学习目标】

1.掌握自动验票机的内部组成；

2.掌握自动验票机的工作原理。

【知识准备】

3.4.1　自动验票机(TCM)介绍

自动验票机(TCM)安装在地铁车站非付费区,供在轨道交通内使用的地铁专用票及城市"一卡通"的自动查询验票及发布地铁通知信号等服务。自动验票机操作界面采用触摸屏操作方式。

TCM 由主控单元、乘客显示器、触摸屏、电源供电单元、读写器、维修键盘、UPS、电源模块、维修插座组成。

TCM 系统结构图如图 3.56 所示。

3.4.2　系统功能介绍

自动验票机启动后,自动进入系统的主界面。

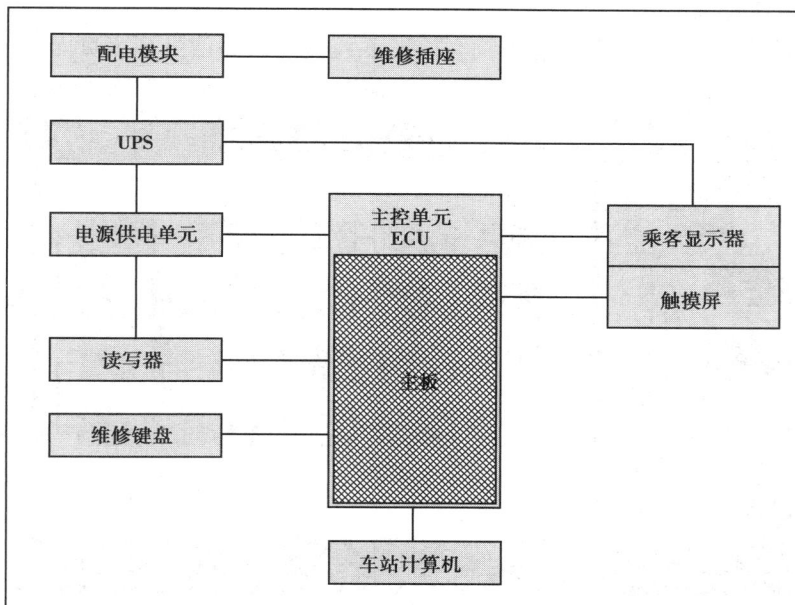

图 3.56　TCM 系统结构图

主界面中:显示当前设备所在线路名称;显示当前设备服务状态;显示当前设备的当前时间;显示当前设备的网络连接状态。

设备主要功能包括:票卡查询、地铁线路信息查询、当前线路票价查询、系统使用指南。下面分别进行描述。

（1）车票信息查询

把一卡通或地铁专用票放在读卡器上边小于 10 cm 的范围内,系统则自动显示此卡的详细信息。注意:车票信息查询完以后则应把卡挪开,否则系统会不断读取卡片内信息。

关于车票信息的显示方式如图 3.57 所示。注意:乘车明细信息显示最近几次乘车记录。

图 3.57　车票信息查看界面

(2)线路信息查询

点击主界面上的[地铁线路信息查询]按钮,系统跳到线路信息列表页面。如果系统支持的线路多于 8 条,则系统自动产生线路的列表界面。线路列表如图 3.58 所示。

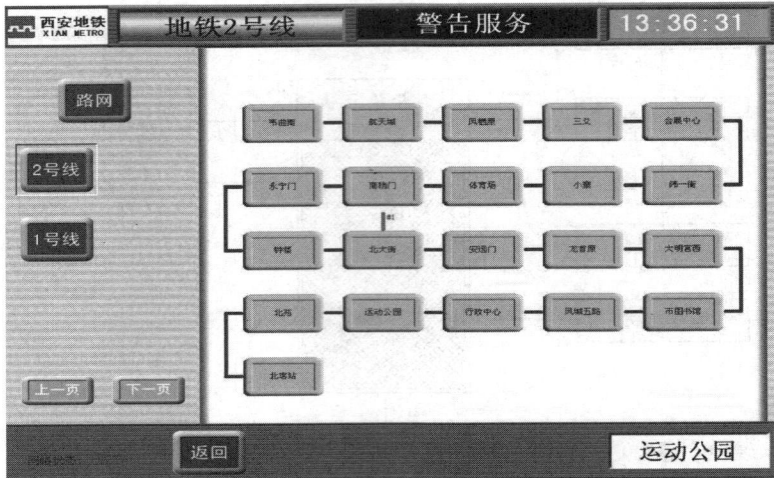

图 3.58 线路选择界面

(3)当前线路票价信息查询

点击主界面上的[当前线路票价查询]按钮,系统跳到票价信息功能列表页面,票价信息包括本线路票价和任意站票价。

(4)票价表

本线路票价会以图表显示,如图 3.59 所示。

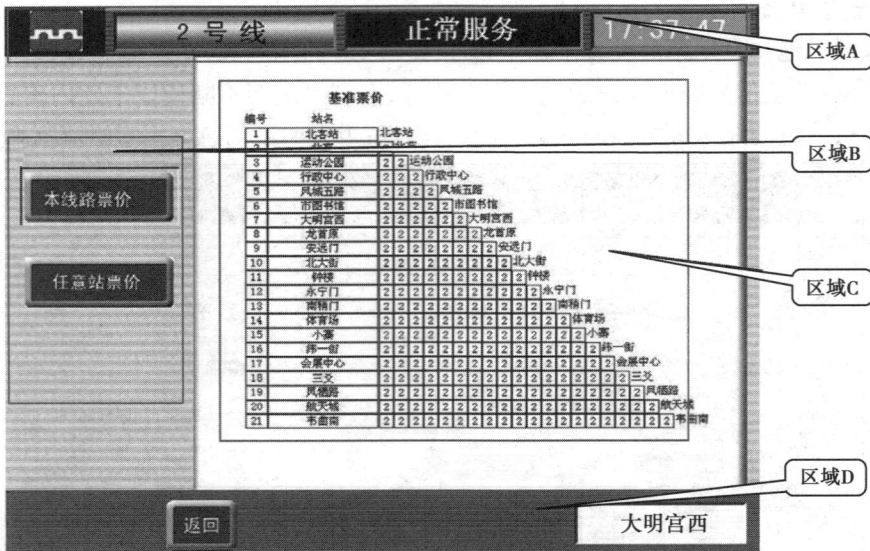

图 3.59 本线路票价信息页面

图中各区域及说明如表 3.8 所示。

表 3.8　本线路票价查询页面各区域及说明

名　称	说　明
区域 A	显示 LOGO、当前线路的状态及时间
区域 B	显示功操作按钮
区域 C	显示本线路票价信息
区域 D	显示返回功能按钮,当前车站名称

（5）票价模式表

在票价信息列表功能中选择"任意站票价",则显示结果如图 3.60 所示。

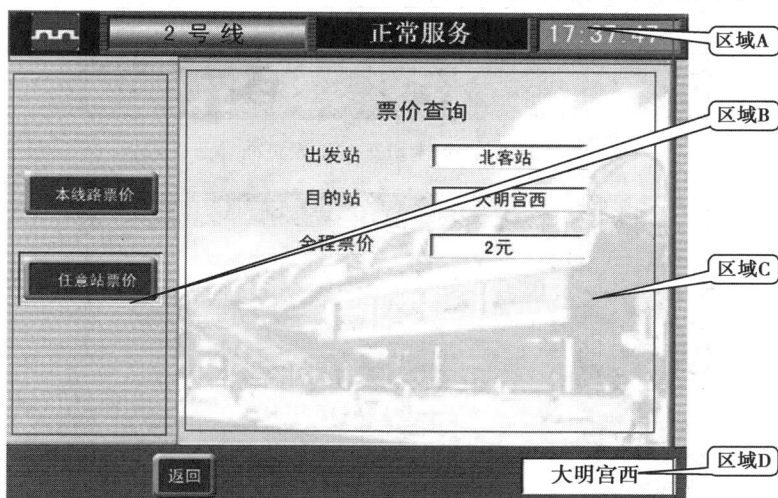

图 3.60　任意站票价信息页面

图中各区域说明如表 3.9 所示。

表 3.9　任意线路票价查询页面各区域及说明

名　称	说　明
区域 A	显示 LOGO、当前线路的状态及时间
区域 B	显示功操作按钮
区域 C	显示任意两站票价信息
区域 D	显示返回功能按钮、当前车站名称

在该页面中点击[出发站]或[目的站]按钮,选择相应的出发站（目的站）后,全程票价则自动显示。

（6）系统使用指南

点击主界面上的[系统使用指南]按钮,系统跳到线路信息功能列表页面,如图 3.61 所示。

此时可查询各线路和各车站的首末车时刻表。点击[上一页][下一页]按钮可切换线路。对于线路上各车站显示不全的,可拉动右侧滚动条查看。

点击[乘客须知]按钮,详细的注意事项即完整地显示出来,如图 3.62 所示。

89

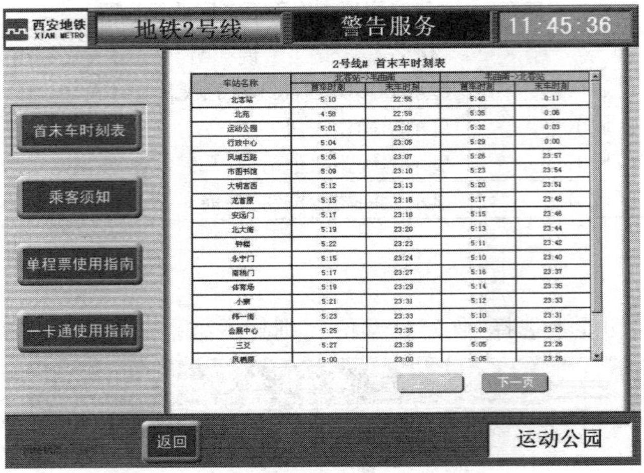

图 3.61 首末班车时刻表页面

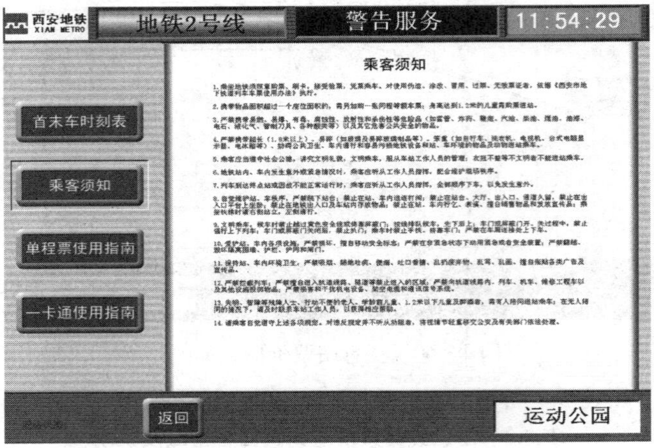

图 3.62 乘客须知

点击[单程票使用指南]按钮,可显示单程票购买和使用方法,如图 3.63 所示。

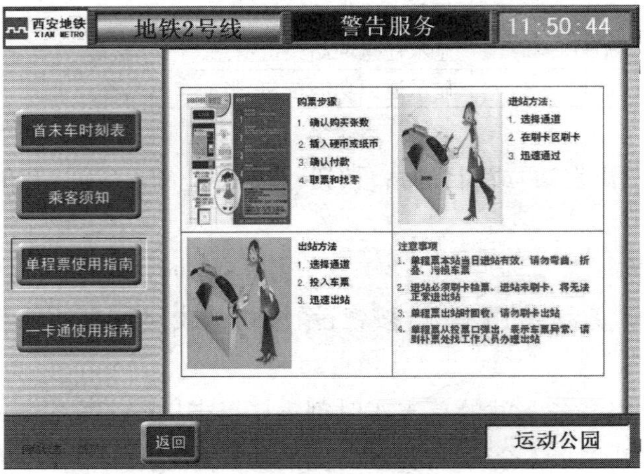

图 3.63 单程票使用指南

点击[一卡通使用指南]按钮,可显示一卡通充值和使用方法,如图 3.64 所示。

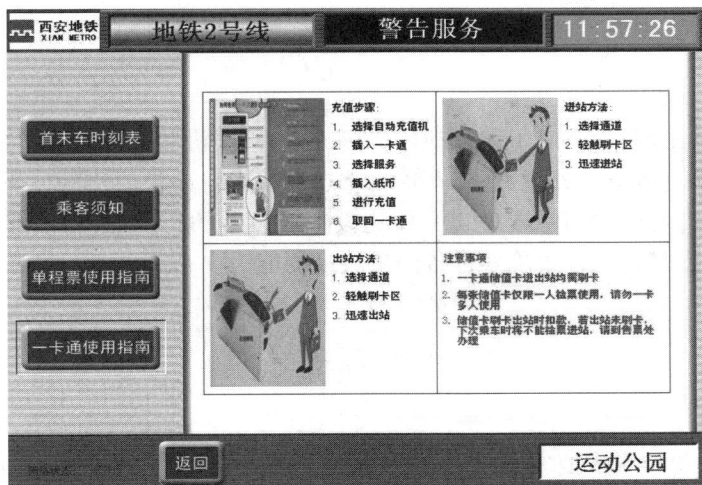

图 3.64　一卡通使用指南

【任务实施】

1.自动验票机如何查询车票。

2.自动验票机简单的后台操作方法。

【效果评价】

评价表

项目名称	售检票系统以及设备操作		学生姓名	
任务名称	任务 3.4　自动验票机		分　数	
项　目			分　值	考核得分
1.自动验票机的相关知识、图片的搜集、整理			10	
2.是否有小组计划			5	
3.自动验票机内部组成的认知情况			20	
4.自动验票机工作原理			50	
5.编制学习汇报报告情况			10	
6.基本素养考核情况			5	
总体得分				
教师简要评语:　　教师签名:				

项目小结

通过本项目的学习,学生应了解自动售票机、自动检票机和自动验票机的基本原理,掌握内部模块构成及常见故障的处理方法,本项目重点介绍半自动售票机的使用方法及面向乘客的各种功能,通过在城轨实训室或理实一体化教室对设备的实际操作,能够进一步熟练使用售检票设备,使学生具备处理售检票设备简单故障的能力。

思考与练习

1.为什么自动售票机需要安装密匙卡,密匙卡在整个售检票系统中的作用是什么?

2.你认为自动售检票系统的 IP 地址应该如何规划?

3.为什么自动售票机每次启动前都要检测程序版本是否为最新?

4.为什么半自动售票机要区分付费区补票和非付费区补票?

5.如果有一台售检票设备的时间与中央计算机系统的时间不一致,会出现什么问题?

6.请说出组成自动售票机的各个模块名称。

7.说出自动检票机的工作原理。

项目 4
车站日常票务作业

【项目描述】

  票务作业作为车站日常工作的重要组成部分，是城市轨道交通运营企业向乘客提供售检票服务、完成收益结算及实现财务管理的重要环节，是运营管理工作的组成部分。票务作业包括：运营开始前的准备工作；运营日内车站对票款的管理及车票发售、循环使用管理；运营结束后的钱箱清点及票款收缴作业。车站员工要完成票务作业，就需要较好地掌握票务政策、售检票模式、车票和现金管理等票务基础知识，熟练运用售检票作业、报表填写和 AFC 设备操作等基本业务技能。本项目重点讲述售检票作业、退票的相关规定，钱箱更换及现金的收缴作业等知识。

【学习目标】

1.掌握售检票及退票作业；

2.掌握钱箱更换及钱箱内现金清点作业；

3.掌握票款收缴作业方法；

4.掌握车票及现金、钥匙管理方法。

【技能目标】

1.掌握售检票及退票作业流程；

2.清楚钱箱更换及钱箱内现金清点作业流程和基本要求；

3.会进行票款收缴作业；

4.会进行车票、现金、钥匙交接、保管作业。

任务 4.1　运营前准备作业

【活动场景】

在地铁车站票务室现场教学,或用多媒体教室进行展示。

【任务要求】

掌握运营前 TVM 作业流程;掌握车站开展程序;掌握售票员上岗及开窗售票程序。

【知识准备】

4.1.1　TVM 运营前作业流程

在城市轨道交通企业运营前,各车站需要将各项准备工作完成。车站票务准备工作主要包括 TVM 的钱箱和票箱准备妥当,售票员配票工作完成以及做好开窗售票准备。

(1)票箱压票工作流程

客运值班员必须为每个票箱手工压入规定张数的单程票。

(2)钱箱补币操作流程

①客运值班员需要在硬币补币钱箱加入硬币。以西安地铁设备操作为例,具体流程:登录 TVM 维护功能主菜单 →选择更换钱票箱 →更换硬币箱 →添加硬币 →输入添加的硬币枚数 →插入硬币箱 →拉开拉板释放硬币 →推回拉板 →取下硬币箱 →安装回收箱 →将取下的硬币箱装入硬币回收箱位置。

②客运值班员还需要在纸币找零钱箱加入的 5 元纸币。以西安地铁设备操作为例,具体流程:将纸币找零箱和废钞箱安装到位→登录 TVM 维护功能主菜单 →更换钱票箱 →更换纸币找零箱 →加钞 →输添加张数及钞箱 ID 号。

(3)TVM 开启操作流程

在运营开始前,行车值班员在车控室 SC 上远程操作唤醒 TVM,使其处于正常运营服务状态。必要时,还可以手动开启 TVM,以西安地铁设备操作为例具体操作流程:打开 TVM 后维修门→开启断路器→开启 UPS 开关→开启直流电源开关→开启工控机开关。各开关的具体位置如图 4.1 所示。

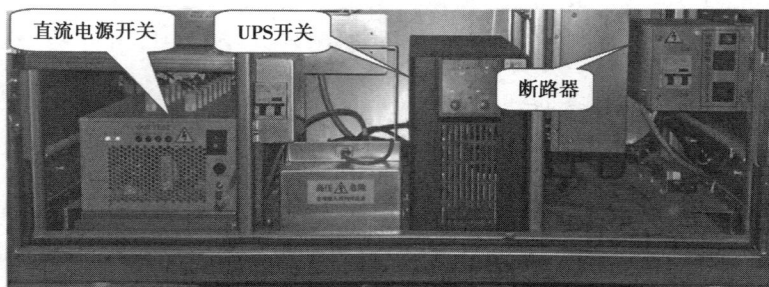

图 4.1　TVM 各操作开关

4.1.2　开站作业流程

国内轨道交通企业目前尚不提供 24 h 运营的运营服务。在末班车开出后,各车站依次关站,停止运营服务。一般在第二天首班载客车到达 5~10 min 前开站,对外进行运营服务。

车站在开站前具体准备工作:在首班车到站前 30 分钟左右,车站行车值班员(简称行值)对道岔进行测试,开启环控系统并检查其运行状况,安排人员测试屏蔽门功能、检查站台和线路出清情况,并向行车调度汇报检查结果。售票员需前往车站票务管理室领取票务用品,与客运值班员(简称客值)核对配置的车票和现金,核对无误后,准备开窗售票。车站值班站长巡视全站以及各个出入口。

在首班车到站前 10 min 左右,行车值班员打开全部车站照明开关,开启车站 AFC 设备,值班站长将各出入口大门以及电扶梯打开,站台工作人员领齐备品到岗准备接发车。首班载客车到达车站后,车站正式开始运营服务。

4.1.3 售票员上岗及开窗工作流程

(1)售票前的准备工作

售票员在客运值班员处领取各种车票、备用金,并与相应的《车站售票员结算单》上的数量核对无误后,在《车站售票员结算单》上签收。签收完毕后,售票员还需领取车站票务中心钥匙,并做好相关登记。

(2)开窗售票

售票员售票前使用自己的密码、操作号登录 BOM。售票时必须遵守"一收、二唱、三操作、四找零"的步骤;车票在交给乘客之前,必须使用 BOM 进行分析,确保每一张车票的有效性,并通过显示屏请乘客确认。若售票员中途离开车站票务中心时可不退出 BOM,但必须在视线范围内,且随时监控车站票务中心情况。BOM 不在视线范围内时,如上厕所,则必须将BOM 退出,且厅巡在该端站厅处引导乘客,报车控室后方可离开。若车票、备用金不足时,售票员必须及时通知客运值班员,要求补充,并在《车站售票员结算单》《客运值班员交接班本》注明,做好交接工作。

需要有人顶岗时,不允许借用车票、现金,顶岗人必须使用自己的密码、操作号登录 BOM。售票员必须将本班所有现金、车票、报表放入上锁的售票盒中。

"一收"指收取乘客票款;"二唱"指讲出票款金额,重复乘客要求的购票张数和车票类型;"三操作"指检验钞票真伪,在半自动售票机 BOM 上选择相应功能,处理或出售车票;"四找零"指清楚讲出找零的金额和返还给乘客的车票张数,将找零和车票一起交给乘客。

【任务实施】

1.运营前需要对车站 TVM 进行补币 1 000 元、补找零纸币 1 000 元操作,请简单说出补币操作流程。

2.分别组织两组学员扮演售票员和乘客,使用不同面额的钞票分别购买 2 元、3 元、4 元的车票。要求按照售票员"一收、二唱、三操作、四找零"的步骤进行车票出售。

【效果评价】

评价表

项目名称	车站日常票务作业		学生姓名	
任务名称	任务 4.1　运营前准备作业		分　数	
项　目			分　值	考核得分
1.是否有小组计划			5	
2.运营前 TVM 操作流程的熟练掌握情况			20	
3.对于车站开站程序的认知情况			20	
4.售票员上岗及开窗售票程序的掌握情况			40	
5.编制学习汇报报告情况			10	
6.基本素养考核情况			5	
总体得分				
教师简要评语： 教师签名：				

任务 4.2　运营期间票务作业

【活动场景】

在地铁车站票务室现场教学,或用多媒体教室进行展示。

【任务要求】

掌握售票员配票以及结账作业流程;掌握售检票及退票流程;掌握轨道交通常见的乘客事务处理流程。

【知识准备】

4.2.1　售票员配票及结账作业流程

(1)配票前客运值班员准备工作

①将《乘客事务处理表》《特殊车票退款表》(视车站情况配相应张数)放在售票盒底部;

②清点备用金:硬币装入钱袋,袋口收扎好;纸币装在票盒内,按大小金额放置;

③根据硬币及纸币金额,客运值班员填写《车站售票员配票及结账现金明细表》日期、班次及各面值配备数量;在《客运值班员交接班本》中配出纸币以及硬币进行记录;在《售票员结算单》对备用金配备情况进行登记;

④客运值班员在《售票员结算单》和《客运值班员交接班本》中对于行李票及其他车票配备情况进行登记。

（2）客运值班员给售票员配票

①当日首班售票员在行车值班员处领取车站票务中心及 BOM 钱箱钥匙,并做好钥匙借用登记。

②售票员到车站票务室打开售票盒,按照《售票员结算单》备用金及各种车票配备数量,逐一清点。

③清点无误后,售票员及客运值班员分别在《车站售票员配票及结账现金明细表》"售票员""客值"处盖章;售票员及客运值班员分别在《客运值班员交接班本》"售票员"及"值班员"处盖章;售票员及客运值班员分别在《售票员结算单》配备用金金额后面盖章,共同确认配备现金及车票正确无误。

④售票员领齐售票盒挂锁和钥匙后,将售票盒放入上锁的手推车中,由客运值班员陪同上岗。

（3）客运值班员给售票员结账

①清点所有的现金后,客运值班员将各面值回收数量填写在《车站售票员配票及结账现金明细表》,并在《客运值班员交接班本》中记录本班回收纸币和硬币的情况,在《售票员结算单》中记录实收总金额(实收总金额＝清点金额＋预收款金额－配备用金金额－备用金追加增配金额)。

②逐一清点各票种并对于"关窗张数""售出张数""废票张数"及"售出金额"进行记录;按充值金额不同,清点充值次数和充值次数累加记录,金额及次数相乘之和为充值总金额。

③上交单据:售票员结账时需要将交通卡充值小单、票箱卸载/更换小单、正常情况下单程票退票小单等一并上交客运值班员。

④加封上交车票:

a.当日需上交的回收箱中储值票、执法过程中的弃置储值票、车站在票务运作中发现已折损或变形的单程票等,由客运值班员用小信封按规定加封归整放入"废票钱袋";

b.当日需上交的乘客事务的车票、特殊情况下的单程票退票、正常单程票退款、发售不成功储值票等与其对应小单,由售票员与客运值班员用小信封按规定加封归整放入"退款钱袋";

c.随报表上交的车票与相应的报表装订到一起。

⑤客运值班员填写《车站营收日报表》。

4.2.2 售票及退票作业

城市轨道交通运营企业采用的售票模式主要由自身客流情况、设备采购以及发展阶段等因素决定。现阶段一般轨道交通企业采用的是自动售票模式为主、人工售票模式为辅的作业模式。

（1）自动售票机自助购买普通单程票

城市轨道交通采用 AFC 系统,实现了高度自动化,自动售票机正常启动并进入服务界面后,乘客可自助在 TVM 上进行购票、找零、取票等售票作业。如西安地铁的乘客购票界面如图 4.2 所示。

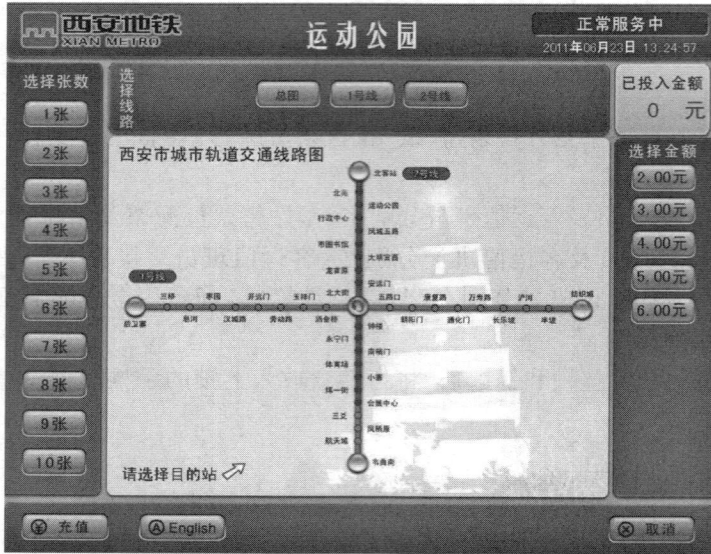

图 4.2　购票主界面

1）购票方式

①按目的站购票。

在西安地铁 TVM 购票界面中,乘客首先通过点击相应的线路按钮或直接点击屏幕上的相应线路的线路图,进入车站选择界面,如图 4.3 所示。

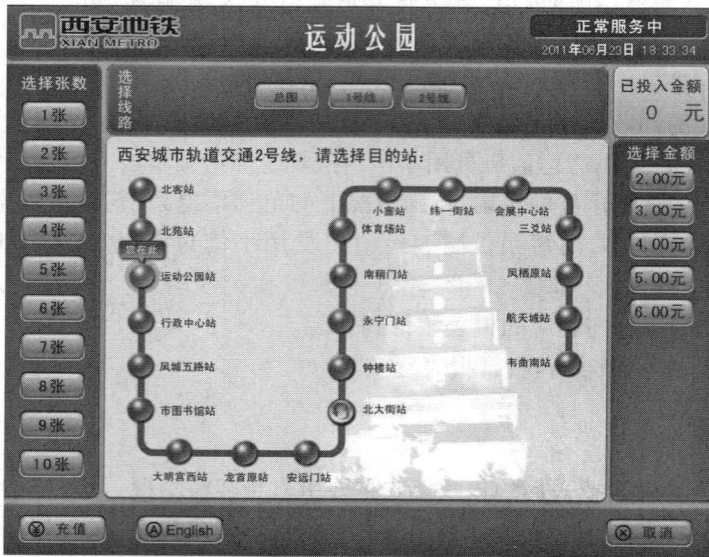

图 4.3　选择目的站

选取目的车站后,购票界面中会出现选定的信息,包括目的站,本站到目的站的车票单价、选定张数等。西安地铁的购票信息界面如图 4.4 所示。

②按票价购票。

若乘客能够确定本站到目的站的票价,也可通过点击票价按钮直接选择购票信息界面。

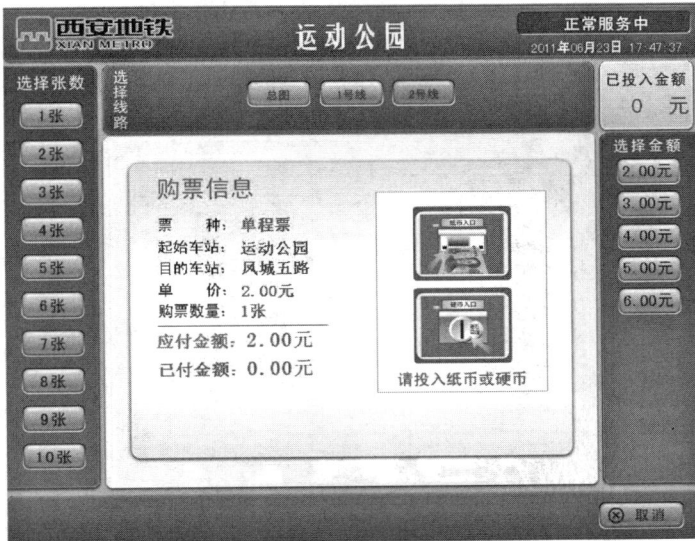

图 4.4　购票信息界面

西安地铁的按票价购票界面如图 4.5 所示。

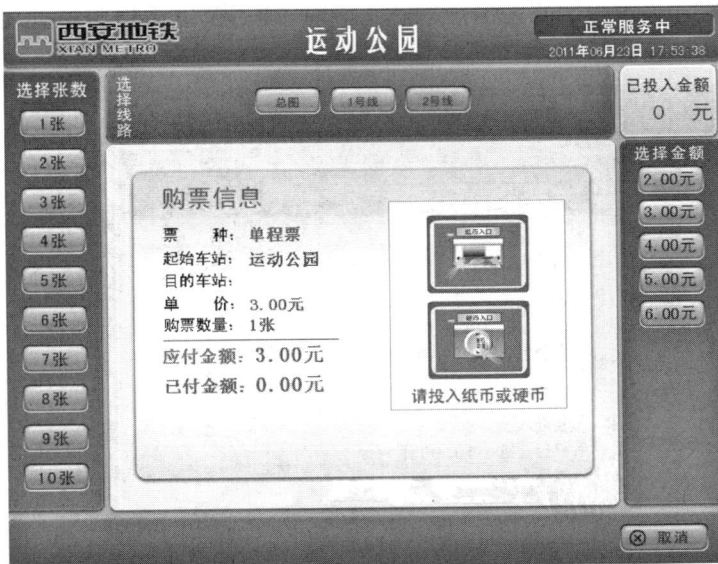

图 4.5　按票价购票界面

2）投币

目的站与购票张数确定后,乘客可以开始投币。正常模式下,TVM 支持以下投币方式:

①只投硬币购票;

②只投纸币购票,并找零;

③硬币与纸币混合投放。

乘客所投入的现金会在界面上累积显示,如图 4.6 所示。

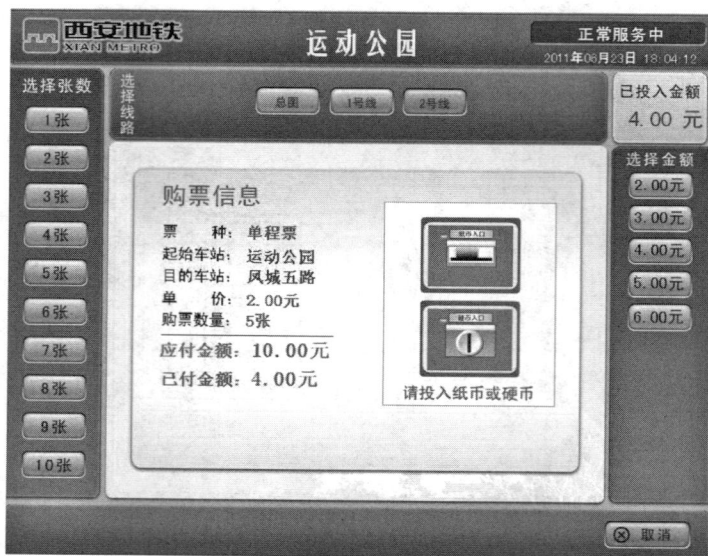

图 4.6 投币界面

3）购票确认

当所投入的现金总量等于或大于购票总金额时，硬币及纸币投币口关闭，同时操作界面会提示乘客进行购票确认，如图 4.7 所示。

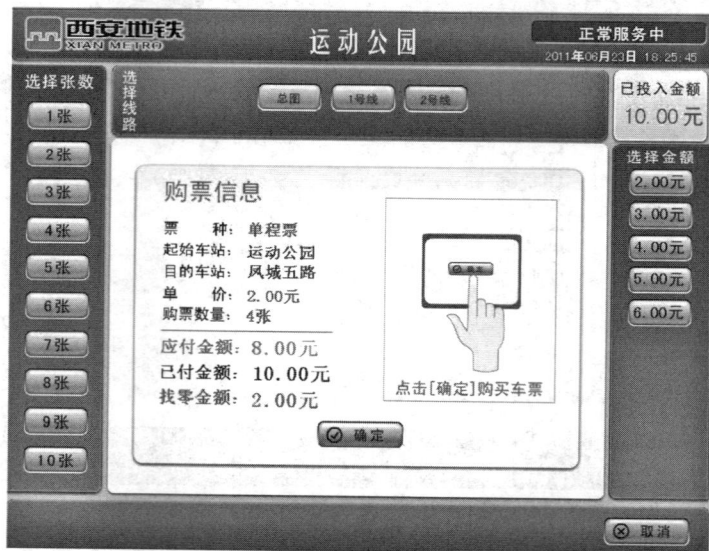

图 4.7 购票确认界面

4）出票、找零

当乘客按下[确定]按钮后，设备开始出票，如西安地铁 TVM 的出票界面如图 4.8 所示。

如需找零，系统会在成功出票后找出相应的零钱，西安地铁的 TVM 购票成功界面如图4.9 所示。

5）购票取消

一般地，在未确认购票前的任何一个操作界面，乘客都可以通过点击屏幕上的[取消]按

图 4.8 出票提示界面

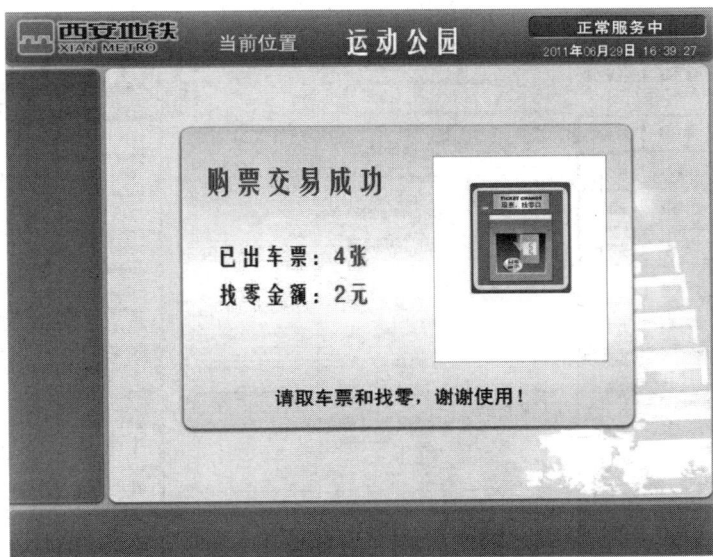

图 4.9 购票交易成功提示界面

钮来取消当前交易。取消交易时,若有现金投入,则所投入的现金会退还给乘客。

(2)车站人员在半自动售票机发售普通单程票

在日常工作中,站务人员也会根据需要,在半自动售票机上进行车票发售。AFC 系统为每个操作员设定了唯一的操作员号和密码,操作员在进行相应操作前,必须要进行登录,西安地铁的站务人员登录 BOM 的界面,如图 4.10 所示。登录完成后,站务员即可在单程票售票界面发售以当前站为起始站、任意站为终点站的单程票。售票界面发售的车票可在售票后既定时间内退票。

下面以西安地铁 BOM 上的售票功能为例,说明发售车票具体操作流程(图 4.11)。

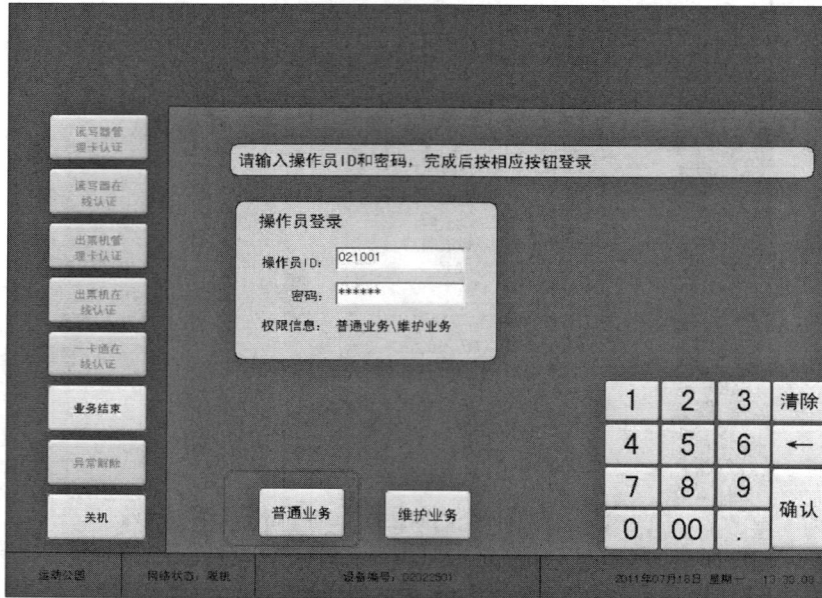

图 4.10　普通业务登录

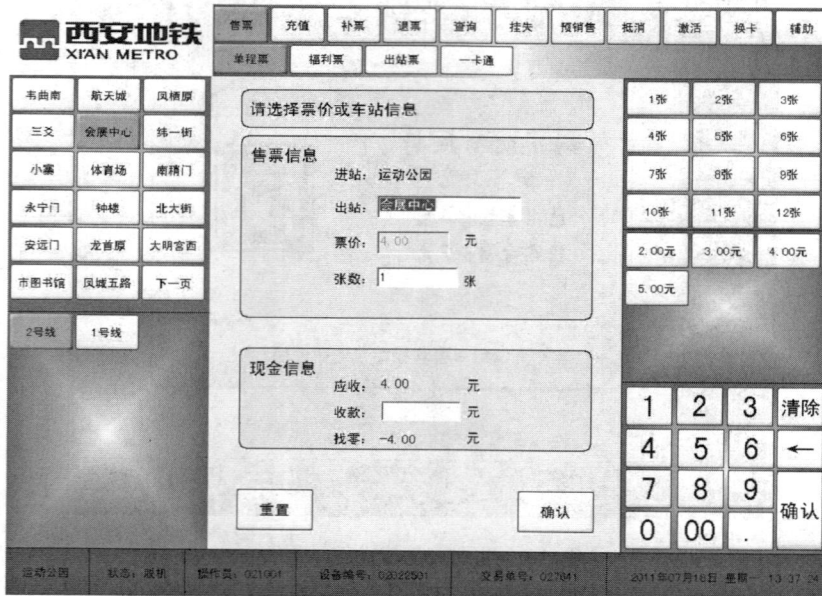

图 4.11　单程票售票页面

①选择出站信息:在线路选择区选择相应线路以及目的地站;

②票价信息:在选择出站信息后,票价自动显示在票价文本框内;

③设置张数信息:选择张数文本框,选择相应张数;

④设置收款信息:选择收款文本框,点击数字软键盘数字键;

⑤点击[确认]按钮;

⑥打开钱箱;

⑦发售的单程票在出票机口发出。

操作完成后的画面显示:

操作完成后,钱箱会弹出,发售的单程票在出票机口发出,操作员画面返回售票完成画面,显示如图 4.12 所示。此时,站务员将发出的车票交给乘客即完成了一次售票操作。

图 4.12　单程票售票成功页面

(3)人工售卖车票

一般地,轨道交通运营企业可通过人工售票方式发售的车票包括预制单程票、行李票和应急纸票。

1)行李票售卖

城市轨道交通票务政策从体积、质量、大小三个方面规定了乘客可免费携带以及因影响运营安全拒绝进站的行李,对处于两项标准之间的行李实行收费乘车。行李票在票务中心或临时票务中心人工发售。

2)预制单程票售卖

预制单程票售卖采用与单程票相同的票价制。在 TVM 故障或运营能力不足的情况下,预制单程票在票务中心或临时票务中心由人工进行发售。

3)应急纸票售卖

应急纸票在票务中心或临时票务中心由人工进行发售,适用于以下情况:

①因停电导致车站无法出售单程票;

②TVM 故障或大客流情况下,在预制单程票将售完时,乘客经车站员工引导后,客流仍未缓解;

③整条线路大客流情况下,TVM 发售单程票的能力不足或其他特殊情况时。

(4)自动检票流程

自动检票机包括进站检票机、出站检票机和双向检票机,用于隔离车站付费区与非付费区。所有车站都会设置自动检票机控制乘客进入及离开付费区,也可满足地铁线路换乘的需求。

乘客持单程票在验票区验证成功后,可进站或出站,如图 4.13 所示。

图 4.13 乘客持票出站

(5)人工检票流程

①便携式验票机(PCA)是一种离线式验票设备,由车站站务人员手持并在不同区域(付费区/非付费区)之间为乘客提供车票的有效性进行分析并在显示器显示查询结果等验票服务。它可以读轨道交通的专用票和一卡通票的数据。

②车站所有进站闸机、出站闸机或所有闸机全部故障时,采用人工对应急纸票进行检票。具体如下:

a.乘客进站时,需撕下乘客应急纸票的副券 1。

b.乘客出站时,需核查乘客所持应急纸票上的站名、日期章以及应急纸票票价无误后,撕下乘客应急纸票的副券 2。

行李票人工检票流程同应急纸票。

(6)退票作业流程

普通单程票退票分为两种情况。

①单程票正常情况下退款:一般地铁对售出当天规定时间内未曾使用、卡内信息可以读取的单程票,可在购票车站按车票余值办理退票,由站务人员办理。

②由地铁原因导致的普通单程票退票:需经两名以上站务人员共同确认后在车站票务中心办理。

4.2.3 交接班作业

(1)售票员交接班作业流程

①交接时,交班售票员将"暂停服务"牌摆在乘客对讲窗口;期间如发生乘客事务,应请乘客稍等,或引导乘客去另一票亭。

②交班售票员整理好报表、单据(装入信封)、问题车票(单独装入信封),收齐现金装入票盒,退出 BOM 并将售票盒上锁。

③客运值班员与交班售票员双方确认收齐所有的现金、单据、报表、问题车票,BOM 钱箱

内无遗留硬纸币现金,且已退出 BOM。

④交接班售票员根据《票务中心票务钥匙备品表》逐一交接,确认无误后双方在《票务中心票务备品交接班本》"交班人"及"接班人"处签字。

（2）客运值班员交接班作业流程

1）现金交接

接班客运值班员应依据《客运值班员交接班本》上的记录,在监控范围内与交班客运值班员当面清点车站票务管理室内所有现金,核对封包数量及金额等,确认无误后进行签收。

客运值班员交接班或打包返纳,发现交接现金金额与《客运值班员交接班本》不一致时,应立即通知值班站长到现场,共同对车站票款、备用金进行清点。若实点金额比报表金额小,经调查属实,则由交班人员补缴相应差额,交接双方在《客运值班员交接班本》和《车站营收日报表》上做好记录说明;若实点金额比报表金额大,则多出金额记入《车站营收日报表》的"客值交接长款"栏,由接班人员计入营收,交接双方在《客运值班员交接班本》和《车站营收日报表》上做好记录,并由值班站长确认,及时上报站长。

2）车票交接

接班客运值班员应依据《客运值班员交接班本》上的记录与交班客运值班员当面清点车站票务管理室内所有车票的数量以及编号、当日的车票上交单、车票配送单,确认无误后进行签收。交接时,若发现车票数量或信息有误,及时报当班值班站长,当班值班站长到车站票务管理室确认,按实际数量进行签收。车站由接班客运值班员在《客运值班员交接班本》和《车站车票库存日报表》记录相关情况,交班客运值班员、接班客运值班员和当班值班站长三方签字确认,并将情况立即上报上级管理部门,管理部门应及时组织调查并将调查情况进行反馈。

3）钥匙交接

未加封的票务钥匙应逐条当面清点钥匙种类、数量,已加封并未破封的按加封数清点,确认无误后双方办理交接手续。出现不符时,需及时报当班值班站长,车站应及时组织调查并上报分部,同时在《票务钥匙交接清单》记录相关情况;已加封或破封的钥匙开封发现有误时,使用人应及时报当班值班站长到场确认。车站及时组织调查并上报站务分部,同时在《钥匙交接清单》记录相关情况。

4）备品及其他方面交接

①票务备品包括:钱箱、票箱、库包、点钞机、验钞机、保险柜、票柜、配票箱、车票回收箱、手推车、点币机、补币箱、纸币清分机、扎钞机、点票机、售票盒、硬币盘等。交接时,查看数量及性能良好、定位摆放。

②交接台账、报表填写情况;交接票务最新通知及文件;交接票务方面未完事宜。

③特殊工作卡当面交接,在《特殊工作卡使用登记表》《客运值班员交接本》上做好交接记录。

【任务实施】

某年 9 月 23 日 12:25,车站全部自动售票机 TVM 故障,无法出售车票,而半自动 BOM 售票速度太慢,该车站应如何处理?

要求:(1)要求各学员能说出相应的应急处理措施。

(2)要求各学员简述纸制车票的检票程序。

某年 3 月 6 日 9:45,一名乘客在车站 TVM 购票时,投入一张 10 元纸币后,TVM 既没有出票和找零,也没有退出乘客投入的纸币,车站工作人员该如何处理?

要求:各学员能叙述该事件处理流程。

2011 年 10 月 15 日,A 站客运值班员(工号:010121)给早班(上岗时间:7:00—15:00,操作 BOM01)售票员(工号:010332)配票。配票情况如下:计次票(50 元/30 次)20 张;纪念票(50 元)10 张;日票(20 元)5 张;预制单程票 2 元 100 张;预制单程票 3 元 200 张;2 元行李票 10 张;2 元应急纸票 50 张;3 元应急纸票 50 张;长安通 20 张(押金 18 元);配备用金 1 875 元。

要求:(1)要求学员在下表中做好数据登记。

(2)要求学员简述客运值班员配票流程。

表 4.1　车站售票员结算单

XDY/BB-PW-02-101　　　　　　　　　　　　　　　　　　　　流水号:000001

_____站　　　　　　　　　　　　　　　　　　　　　_____班

_____年___月___日

时间				BOM 编号	
配备用金金额	¥			¥	
预收款金额	¥			¥	
实收总金额(1)	¥			BOM 票款(2)	¥

	票　种	票　价	开窗张数	关窗张数	售出张数	废票张数	售出金额
营销车票		¥					¥
		¥					¥
		¥					¥
		¥					¥
	小计(3)						¥

	票　价	开窗张数	关窗张数	售出张数	售出金额
预制单程票	¥				¥
	¥				¥
	¥				¥
	小计(4)				¥

	票　价	开窗张数	关窗张数	售出张数	售出金额
行李票	¥				¥
	¥				¥
	¥				¥
	小计(5)				¥

续表

应急纸票	票　价	开窗张数	关窗张数	售出张数	售出金额
	¥				¥
	¥				¥
	¥				¥
	小计(6)				¥

长安通卡	类　型	开窗张数	关窗张数	充值次数	售出张数	押　金	售/充金额
	充值	——	——		——	——	¥
	售卖	¥				¥	¥
		¥				¥	¥
	小						¥

备注	发售不成功计次票＿＿＿张,ID＿＿＿ 发售不成功纪念票＿＿＿张,ID＿＿＿ 发售不成功长安通卡＿＿＿张,＿＿＿ 预发售单程票＿＿＿张,＿＿＿	＿＿＿＿＿＿＿＿ ＿＿＿＿＿＿＿＿ ＿＿＿张,＿＿＿元
售票员	员工号	员工号

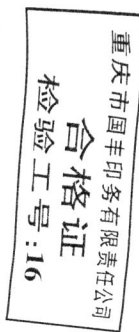

（重庆市国丰印务有限责任公司 合格证 检验工号:16）

备注:(2)=(1)-(3)-(4)-(5)-(6)-(7)
第一联——票务室 第二联——车站

【效果评价】

评价表

项目名称	车站日常票务作业	学生姓名	
任务名称	任务4.2　运营期间票务作业	分　数	
项　目		**分　值**	**考核得分**
1.对售票员配票及结账作业流程的掌握程度		15	
2.是否有小组计划		5	
3.对车站售检票及退票作业流程的掌握程度		30	
4.车站日常票务工作中常见事务处理流程的掌握程度		20	
5.对车钻票务岗位交接作业流程的掌握程度		15	
6.编制学习汇报报告情况		10	
7.基本素养考核情况		5	
总体得分			
教师简要评语:			
教师签名:			

任务4.3　票务现金及车票日常作业流程

【活动场景】

在地铁车站票务室现场教学,或用多媒体教室进行展示。

【任务要求】

掌握售票员配票以及结账作业流程;掌握售检票及退票流程;掌握轨道交通常见的乘客事务处理流程。

【知识准备】

4.3.1　现金日常作业流程

(1)现金的交接

车站进行现金交接时,交接双方必须做好交接记录。

1)纸币

在监控范围内,双方当面清点纸币金额后,进行签名确认交接。

2)硬币

在监控范围内,对已加封的硬币交接时,确认加封正确完好后可凭加封金额交接;对零散硬币按实点数交接。

客运值班员之间的现金交接必须按照以下流程进行交接,交接双方必须共同确认,确保车站现金交接准确无误。

①接班客运值班员应依据《客运值班员交接班本》上的记录,在监控范围内与交班客运值班员当面清点车站票务室内所有现金,核对封包数量及金额等,确认无误后进行签收。

②客运值班员交接班或打包返纳,发现交接现金金额与《客运值班员交接班本》不一致时,应立即通知值班站长到现场,共同对车站票款、备用金进行清点。若实点金额比报表金额小,则由交班人员补交相应差额,交接双方在《客运值班员交接班本》和《车站营收日报表》上做好记录说明;若实点金额比报表金额大,则多出金额在《车站营收日报表》中做好记录,由接班人员计入营收。交接班双方必须在《客运值班员交接班本》和《车站营收日报表》上做好记录,并由值班站长确认。

③车站对账实不一致情况应由值班站长立即上报票务管理的相关工作人员,及时组织调查并将调查情况。

(2)现金的加封

车站所有现金的加封均需双人负责加封。现金可用钱袋、信封、砂纸加封,加封后必须保证一经破封就无法复原。

1)钱袋加封

加封前,先在砂纸上注明加封金额、加封车站、加封人和加封日期。加封时,将钱袋口用绳子缠绕扎紧后再用砂纸缠绕加封。纸币需用钱袋加封时,应先用砂纸加封或信封加封后再放入钱袋内加封。

2) 信封加封

加封前,先在票务信封的正面注明加封金额、加封车站、加封人、加封日期。加封时,先将信封口封住,再用砂纸将信封背面的接缝处封住,最后在信封背面砂纸骑缝处及封面上签名,如图 4.14 所示。放入信封加封的纸币仅限于同一面额数量不足 100 张的,按面额大小归整后放入信封内进行加封。

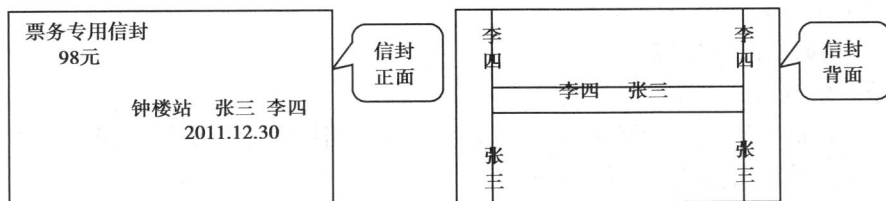

图 4.14 信封加封示意图

3) 砂纸加封

同一面额的纸币每满 100 张需用砂纸加封。加封时,用砂纸缠绕归整后的纸币中部加封,砂纸上注明加封车站、加封人、加封日期。加封方法如图 4.15 所示。

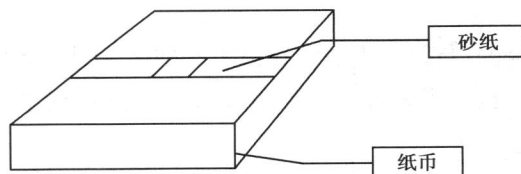

图 4.15 砂纸加封示意图

(3) 假钞的处理

当车站收取假钞时,处理原则遵循"谁收取,谁补还"的原则,具体处理情况如下:

①售票员在进行票款清点打包或结账时,发现钱款有明显的失真特征或可通过验钞机识别为假钞的,由客运值班员或以上人员共同确认,并在《客运值班员交接班本》上登记,由该售票员当场补足票款。

②客运值班员清点 TVM 钱箱时,发现钱款有明显的失真特征或可通过验钞机识别为假钞的,应将假钞对准摄像头,在值班站长监督下用信封将假钞单独封装,封口上由客运值班员和值班站长双人签名,并在《TVM 钱箱清点记录表》的相应栏里注明假钞的金额,次日随报表交票务管理的部门。

银行清点票款时发现假钞,由相关票款的封装人负责补足票款。

4.3.2 车票日常作业流程

(1) 车票的配送

1) 日常车票配送

当车票数量低于车站车票最低保有量时,车站应向票务管理部门打电话申请。票务管理部门根据全线车票库存数量检查其他车站是否有与之相匹配的多余车票,若有,则电话通知两个车站进行站间车票调配;若无,则票务管理部门于次日将车票配送到车站。

车票调配须由票务管理部门同意方可进行,车站间严禁私自进行车票调配。

2)大客流时车票配送

遇节假日等大客流时,车站应预测流情况,上报需要预制单程票和特殊工作卡的数量。票务管理部门需要提前做好预制单程票和特殊工作卡,并提前两天将车票配送到各车站,以保证车站有充足车票。

（2）配送车票的清点交接

1)配送车票清点交接原则

在车票配送员将清点加封好的车票配送至车站后,当班客运值班员与配送员两人共同在车站票务室内监控仪可监控的范围内进行清点交接。

当班客运值班员对车票进行开封、清点,确认车票类型、票种、数量、金额等;车票配送员负责监督、确认。开封后,若车票数量和信息核对正确无误,交接双方在配票明细单上签字确认;若发现车票数量有误,车站按实际清点数量进行签收,交接双方在配票明细单上进行备注并签字确认。若发现信息有误,交接双方在配票明细单上进行备注并签字确认。清点完毕,当班客运值班员将车票分类保存,以备使用。

2)各种车票的清点方式

①单程票:对整包加封的单程票,当班客运值班员确认加封正确完好后凭加封数量交接;对零散的单程票,车票配送员与当班客运值班员须共同清点单程票数量,确认无误后办理签收交接手续。

②预制单程票:客运值班员与车票配收员负责将预制单程票按售出期限、票价分开摆放后,在监控仪点币状态下用点票机逐盒进行清点交接。每开封清点完一盒并双方及时加封后,方可清点下一盒车票。

③计次票、纪念票:客运值班员与车票配收员负责将预制单程票按售出期限、票价分开摆放后,在监控仪点币状态下用点票机逐盒进行清点交接。每开封清点完一盒并及时加封后,方可清点下一盒车票。

④纸质车票:对整包加封的纸质车票,当班客运值班员确认加封正确完好后凭加封数量、纸票编号交接;对零散的纸票,车票配送员与客运值班员应当面清点纸票数量以及编号,确认纸票信息无误后办理签收交接手续。

3)交接车票数量有误时的处理

交接时若出现数量或车票信息错误,车站应按实点数接收车票,客运值班员需在《配送明细单》上注明问题车票的票种、数量、相关车票的加封人、加封时间和加封内容,并由客运值班员与车票配收员签名确认。同时,相应的《车站车票库存日报表》按车站实际接收的车票填写。

（3）车票的加封要求

车票加封可用票盒、钱袋、信封、砂纸加封,加封后必须保证一经破封无法复原。

1)票盒加封

用砂纸在票盒中间部位十字形缠绕后加封,砂纸上必须注明票种、数量、金额、加封车站、加封人和加封日期。

2）钱袋加封

将钱袋口用绳子缠绕扎紧后用砂纸缠绕加封,砂纸上注明票种、数量、金额、加封车站、加封人和加封日期。

3）信封加封

将票务信封口封住,再用砂纸将信封背面的接缝处封住。在票务信封的正面注明票种、数量、金额、加封车站、加封人和加封日期,并在信封背面砂纸骑缝处及封面上盖章。加封方法如图 4.16 所示。

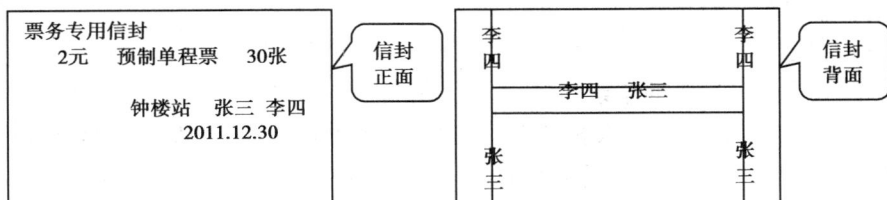

图 4.16　信封加封示意图

4）砂纸加封

将车票用砂纸十字形缠绕后加封,并在砂纸上注明票种、数量、金额、加封车站、加封人和加封日期。加封方法如图 4.17 所示。

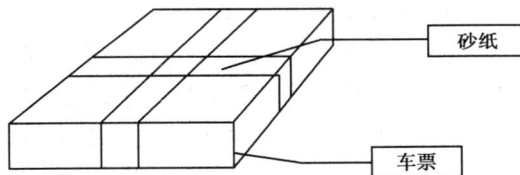

图 4.17　砂纸加封示意图

（4）车票交接、配票及上交作业

1）车站车票客运值班员之间的交接

①接班客运值班员应依据《客运值班员交接班本》上的记录与交班客运值班员当面清点车站票务管理室内所有车票的数量以及编号、当日的车票上交单、车票配送单,确认无误后进行签收。

②交接时若发现车票数量或信息有误,接班客运值班员及时报值班站长,值班站长须到车站票务管理室确认,按实际数量进行签收。由接班客运值班员在《客运值班员交接班本》和《车站车票库存日报表》记录相关情况,交班客运值班员和接班客运值班员和值班站长三方签章确认,并将情况立即上报客运部,及时组织调查将调查情况报票务管理部门。

2）配票

①配票程序。车票配收员到达车站后,客运值班员在车站票务管理室根据《配送明细单》当面交接各种车票,确认无误后签名,并在《车站车票库存日报表》和《客运值班员交接班本》上作好记录。

②配票时各种车票的交接。

　　a.单程票/纸质车票:对于整包加封的单程票,当班客运值班员确认加封正确完好后凭加封数量(纸质车票须确认编号)交接,车站需尽快完成数量的确认,若发现数量有误应立即通知票务管理部门;对零散的单程票,车票配送员与当班客运值班员须共同清点数量(纸质车票须确认编号),确认无误后签收交接。

　　b.预制单程票/储值票:客运值班员与车票配收员须共同将按票价分开,用点票机逐盒开封清点,每清点完一盒并及时加封后方可清点下一盒车票,确认车票信息和数量无误后签收交接。若发现车票信息、数量有问题,需在车票配送明细单上备注,车站按照实点数量接收,有问题车票由车票配收员现场回收。

　　3)车票上交

　　①车票配收员到站回收的车票。

　　a.车票配收员到站回收的车票包括溢出车票、预制单程票、车站设备废票、待清洗车票等指定回收的车票,由车票配收员到车站回收。

　　b.票务管理部门负责通知车站需回收车票的种类、数量,客运值班员按要求提前准备好车票,并填写《车票上交单》。车票配收员到站后根据《车票上交单》,对有值车票当面清点车票数量,并进行抽检,确认无误后签收;无值车票回收后,在票务室交接室监控仪确认完数量后,将《车票上交单》返回车站。

　　②车站每日随报表上交的车票。

　　a.当日需上交的回收箱中储值票、执法过程中的弃置储值票、车站在票务运作中发现已折损或变形的单程票等,由客运值班员用小信封按规定加封,随报表上交。

　　b.当日需上交的乘客事务的车票、特殊情况下的单程票退票、正常单程票退票、发售不成功储值票等与其对应小单,由售票员与客运值班员用小信封按规定加封,随报表上交。

　　以西安地铁为例,本节所述相关记录表格如表4.2—表4.5所示。

表4.2　车票上交单

_____车站

_____年____月____日

车票类型	票价/次数	起号/止号	上交张数	差　异	票务室确认	备　注
车票配收员			客运值班员		员工号	

第一联——票务室　　第二联——车站

一式三联

表 4.3　车站营收日报

_____车站　　　　　　　　　　　　　　　　　　　　_____年___月___日

票款结存	隔夜票款金额	上日结存送行金额	本日送行金额	合　计
上　日	¥	¥	¥	¥
本　日	¥	¥	¥	¥

票款收入		早　班	晚　班	合　计
TVM 收入	钱箱票款	¥	¥	¥
	补币金额	¥	¥	¥
	手工清出	¥	¥	¥
	小计(1)	¥	¥	¥
	钱箱差额	¥	¥	¥
BOM 收入	BOM 票款	¥	¥	¥
	行李票	¥	¥	¥
	应急纸票	¥	¥	¥
	预制单程票	¥	¥	¥
	营销车票	¥	¥	¥
	长安通售卖	¥	¥	¥
	长安通充值	¥	¥	¥
	小计(2)	¥	¥	¥
补短款(3)		¥	¥	¥
加收票款(4)		¥	¥	¥
客值交接长款(5)		¥	¥	¥
其他(6)		¥	¥	¥
营收总金额(7)		¥	¥	¥
实际解行金额		¥	¥	¥
特殊单程票退款金额		¥	¥	¥
备　注				
值班员			值班员员工号	
复核人			复核人员工号	

备注：(7) = (1) + (2) + (3) + (4) + (5) + (6)

第一联——票务室　　第二联——车站

表 4.4　客运值班员交接班本

交班人	姓名		交班人		值班员		交班日期		班　次
			员工号		值班站长		交班时间		

现金送款单回执	张，共计￥	
票款	￥	

备用金	纸　币	￥	本班结存	本班增加/减少数	本班结存
	硬　币	￥			￥
	总　计	￥			￥

票务备品	本班增加/减少数	本班结存	状　态	票务备品	本班增加/减少数	本班结存	状　态
硬币钱箱			损坏：　个	保险柜			损坏：　个
纸币回收箱			损坏：　个	叠币盘			损坏：　个
纸币找零箱			损坏：　个	售票盒			损坏：　个
票箱			损坏：　个	文件盒			损坏：　个
点票机			损坏：　个	发票盒			损坏：　个
点币机			损坏：　个	塑料框			损坏：　个
点钞机			损坏：　个	矮凳			损坏：　个
验钞机			损坏：　个	玻璃/桌布			损坏：　个
捆钞机			损坏：　个				
临时票亭			损坏：　个				
手推车			损坏：　个				

车站半月清查	清查结果：
值班站长/售票员	值班员	值班站长/售票员	值班站长：	站务人员/售票员

本班配出备用金	本班配出纸币	本班配出硬币	本班回收纸币	本班回收硬币
TVM 补次	￥	￥	￥	￥
班次：	￥	￥	￥	￥
班次：	￥	￥	￥	￥
班次：	￥	￥	￥	￥
班次：	￥	￥	￥	￥
班次：	￥	￥	￥	￥
共　计	￥	￥	￥	￥

___车站 ___年___月___日

表 4.5 TVM 钱箱清点记录表

TVM编号	硬币回收箱					纸币回收箱				纸币找零箱			
	钱箱号	显示金额	实点金额(1)	差额(+/-)	非标准币金额	钱箱号	显示金额	实点金额(2)	差额(+/-)	钱箱号	显示金额	实点金额(3)	差额(+/-)
		※	※	※	※		※	※	※		※	※	※
		※	※	※	※		※	※	※		※	※	※
		※	※	※	※		※	※	※		※	※	※
		※	※	※	※		※	※	※		※	※	※
		※	※	※	※		※	※	※		※	※	※
		※	※	※	※		※	※	※		※	※	※
		※	※	※	※		※	※	※		※	※	※
合计	—	※	※	※	※	—	※	※	※	—	※	※	※

清点金额(4)=(1)+(2)+(3):

备注

清点人员1 ___ 员工号 ___ 清点人员2 ___ 员工号 ___

第一联—票务室 第二联—车站

115

4.3.3 钥匙日常作业流程

车站票务钥匙指车站票务工作中使用的钥匙,主要包括车站 AFC 设备钥匙、车站票务备品相关钥匙、车站票务使用房门钥匙。

(1)票务钥匙分类

1)车站 AFC 设备钥匙

车站 AFC 设备钥匙主要包括 TVM 钥匙、BOM 钥匙、AGM 维修门钥匙、TCM 维修门钥匙、票箱/废票箱钥匙、AFC 紧急模式钥匙。

①TVM 钥匙包括 TVM 维修门钥匙、TVM 安全门钥匙、硬币钱箱钥匙、纸币回收钱箱钥匙、纸币找零钱箱/废币箱钥匙。

②BOM 钥匙包括 BOM 维修门/主机维修门钥匙、BOM 钱箱钥匙。

2)车站票务备品相关钥匙

票务钥匙包括柜门钥匙、票柜钥匙、保险柜钥匙、票盒挂锁钥匙、车票回收箱钥匙、手推车挂锁钥匙、临时票亭抽屉钥匙。

3)车站票务使用房门钥匙

房门钥匙包括票务管理室门钥匙、票务中心门钥匙。

(2)票务钥匙的保管

①票务钥匙由车站值班员或以上级别人员保管。

②车站需设立《票务钥匙交接清单》,记录各层级保管的票务钥匙每班保管、交接情况。

③当发现备用钥匙破封时,应立即上报站长,清点无误后按规定双人加封。每月 15 日进行清查时,由站长和值班站长负责,信封破封或非站长和值班站长加封的,应全部拆封并重新加封。

(3)票务钥匙的使用

①任何人不得同时借用或掌握票务管理室门钥匙、钱箱钥匙、TVM 维修门钥匙与钱箱钥匙。

②行车值班员保管的 AGM 维修门钥匙仅供外部门或紧急情况下车站员工借用;客运值班员保管的 AGM 维修门钥匙供车站员工日常工作使用。AFC 维修人员对 TVM 进行故障处理时,必须由值班员以上级别持 TVM 维修门钥匙或现金安全门钥匙配合维修。

③票务中心门钥匙、BOM 钱箱钥匙只供车站售票员在运营期间售票使用。使用前必须经客运值班员确认,售票员还需将钥匙交接情况记录在《票务中心备品交接本》中。运营售票结束后,售票员应立即将票务中心门钥匙、BOM 钱箱钥匙单独加封后交回行车值班员。行车值班员确认加封完好、规范,回收保管。一般情况下,非运营时间内任何人不得借用票务中心门钥匙。如需借用,必须经过车站值班站长同意,在行车值班员处做好借用登记,由行车值班员通过车站监控系统监督钥匙使用过程。

④TVM 补币前,由值班站长到行车值班员处借用并与客运值班员共同使用硬币钱箱钥匙、纸币找零钱箱钥匙。使用完毕由客运值班员与值班站长及时加封,放于行车值班员处保管。行车值班员确认加封完好、规范,回收保管。

⑤清点钱箱前,纸币回收钱箱钥匙、硬币钱箱钥匙、纸币找零钱箱/废币箱钥匙由清点人到行车值班员处借用。钱箱钥匙必须在监控仪可视区域内开封;在钱箱清点过程中,钱箱钥

匙需一直在监控仪可视范围内;使用完毕由客运值班员与清点人及时加封,归还行车值班员处保管。行车值班员确认加封完好规范,回收保管。

⑥票务钥匙在保管、使用时发现遗失、破损、折断,经车站站长同意后可启用备用钥匙。备用钥匙使用时需双人开封;使用完毕要立即按规定双人加封,并按备用钥匙规定保管。

(4)遗失或折损票务钥匙的处理

①票务钥匙在保管、使用时发现遗失,车站应即时上报管理部门并组织调查。若原因无法查明,该钥匙造成的经济损失原则上由当事人承担。

②票务管理室门钥匙、票务中心门钥匙自然折损、遗失或锁孔故障,由车站向设备部门提报锁头更换的申请;站长将折损钥匙回收保管,待更换锁孔时,一并将旧锁及所有钥匙交由设备部门,并上报管理部门进行备案。

③AFC 设备锁孔故障时,车站应通报 AFC 设备管理部门,由其安排更换;AFC 设备通用钥匙自然折损或遗失,当事人及站长填写《票务钥匙更换/调配单》,说明更换原因,并将折损钥匙、《票务钥匙更换/调配单》加封后上交管理部门,由部门负责增配。

④票务备品相关钥匙自然折损、遗失或锁孔故障,报管理部门备案,由部门统一联系维修和更换。

⑤加封或破封的日常使用钥匙开封发现有误时,使用人应立即报值班站长到场确认(备用钥匙站长到场确认)。车站及时组织调查并上报,同时在台账中要记录相关情况。

⑥票务钥匙状态和数量变更时,《票务钥匙总清单》、相应的《票务钥匙交接清单》都要启用新页,以便钥匙状态和数量账实相符。

【任务实施】

2012 年 1 月 1 日,A 站夜班值班站长于凌晨对车站票务台账进行检查时,发现抽屉内有一把已加封的 TVM 维修门报废钥匙,其误以为部门已重新配发完好的 TVM 钥匙到车站,故将折损的 TVM 钥匙丢弃。

2012 年 1 月 4 日,B 站夜班客值将随身携带的钥匙戴在脖子上时票务钥匙柜门钥匙掉入便池中。

要求:(1)简单分析 A 站工作人员处理经过的错误之处。

(2)简述 B 站事件发生后的处理程序。

*【知识链接】

以西安地铁为例,票务钥匙相关清单如表 4.6—表 4.9 所示。(因 AFC 系统设备不同,设备钥匙各地铁不同)

表 4.6　票务钥匙总清单　　　　　　　　　　单位:把

序号	钥匙名称	站长	值站	行值	客　值			合计
		加封备用	日常使用	日常使用	随身携带	日常使用	加封备用	
1	车站票务管理室门钥匙	—	—	—	—	—	—	
2	大保险柜门钥匙	—	—	—	—	—	—	
3	大保险柜内抽屉钥匙	—	—	—	—	—	—	

续表

序号	钥匙名称	站长 加封 备用	值站 日常 使用	行值 日常 使用	客值 随身 携带	客值 日常 使用	客值 加封 备用	合计
4	小保险柜门钥匙(长)		—			—	—	
5	小保险柜门钥匙(短)		—			—	—	
6	小保险柜内抽屉钥匙		—			—	—	
7	票柜钥匙	—	—	—				
8	票务钥匙柜门钥匙	—	—	—				
9	库包锁钥匙 A	—	—	—		—		
10	库包锁钥匙 B	—	—	—		—		
11	票务中心门钥匙(固力)	—	—	—		—		
12	临时票亭抽屉钥匙	—	—	—		—		
13	手推车门钥匙(方正配)	—	—	—		—		
14	手推车挂锁钥匙(分部配)	—	—	—		—		
15	售票盒挂锁钥匙	—	—	—	—			
16	AGM 维修门钥匙(A02)	—	—	—		—		
17	BOM 维修门钥匙(B02)	—	—	—		—		
18	BOM 钱箱钥匙(1001)	—	—	—		—		
19	TCM 维修门钥匙(C02)	—	—	—	—	—		
20	车票回收箱钥匙	—	—	—		—		
21	票箱/废票箱钥匙(A001)	—	—	—		—		
22	TVM 维修门钥匙(T02)	—	—	—		—		
23	TVM 现金安全门钥匙(8202)	—	—	—		—		
24	硬币钱箱钥匙 A(8009)	—	—	—		—		
25	硬币钱箱钥匙 B(8201)	—	—	—		—		
26	纸币回收钱箱钥匙 A(SHC-3)	—	—	—	—	—		
27	纸币回收钱箱钥匙 B(SHC-9)	—	—	—	—	—		
28	纸币找零钱箱/废币箱钥匙(008)	—	—	—		—		
29	AFC 紧急模式钥匙	—	—		—	—	—	
30	认证管理卡	—	—	—		—		
31								
合 计								
备注								

清查时间: 　　　　　　清查人: 　　　　　　检查人:

表 4.7　票务钥匙交接清单　　　　　　　　　　　　　　　　单位:把

序　号	钥匙名称	日常使用		备用钥匙结存	日　期	交班人	接班人	班　次
		随身携带	钥匙柜					
1	车站票务管理室门钥匙							
2	大保险柜门钥匙							
3	大保险柜内抽屉钥匙							
4	小保险柜门钥匙(长)							
5	小保险柜门钥匙(短)							
6	小保险柜内抽屉钥匙							
7	票柜钥匙							
8	票务钥匙柜门钥匙							
9	库包锁钥匙 B							
10	票务中心门钥匙							
11	临时票厅抽屉钥匙							
12	手推车门钥匙(方正)							
13	手推车挂锁钥匙(分部)							
14	售票盒挂锁钥匙							
15	AGM 维修门钥匙(A02)							
16	BOM 维修门钥匙(B02)							
17	BOM 钱箱钥匙(1001)							
18	TCM 维修门钥匙(C02)							
19	车票回收箱钥匙							
20	票箱/废票箱钥匙(A001)							
21	TVM 维修门钥匙(T02)							
22	TVM 现金安全门钥匙(8202)							
23	硬币钱箱钥匙 A(8009)							
24	硬币钱箱钥匙 B(8201)							
25	纸币回收钱箱钥匙 A(SHC-3)							
26	纸币回收钱箱钥匙 B(SHC-9)							
27	纸币找零钱箱/废币箱钥匙(008)							
28								
29								
30								
31								
32								
合　计								
备　注								

清点日期:　　　　　　　　　清点人:　　　　　　　　　检查人:

表 4.8 票务钥匙交接清单（站长/值班站长/行车值班员）

单位：把

序号	交接岗位	钥匙名称	结存 日期	站长 有无异常	站长 签名	值班站长 交班人	值班站长 接班人	值班站长 班	值班站长 次	行车值班员 交班人	行车值班员 接班人	行车值班员 班	行车值班员 次
1	站长	车票票务管理室门钥匙											
2		大保险柜门钥匙											
3		大保险柜内抽屉钥匙											
4		小保险柜门钥匙（长）											
5		小保险柜门钥匙（短）											
6		小保险柜内抽屉钥匙											
7	值班站长	库包锁钥匙 A											
8		车票回收箱钥匙											
9		票务中心门钥匙											
10	行车值班员	AGM 维修门钥匙（A02）											
11		BOM 钱箱钥匙（1001）											
12		硬币钱箱钥匙 B（8201）											
13		纸币回收钱箱钥匙（SHC-9）											
14		纸币找零钱箱/废币箱钥匙（008）											
15		AFC 紧急模式钥匙											
		合 计											
		备 注											

清点日期： 清点人： 检查人：

表4.9 票务中心备品交接表

日 期	班 别	交班人	接班人	客运值班员	发 票	钥匙、备品状态	备 注

【效果评价】

评价表

项目名称	车站日常票务作业	学生姓名	
任务名称	任务4.3 票务现金及车票日常作业流程	分 数	
项 目		分 值	考核得分
1.对现金交接要求的掌握程度		10	
2.是否有小组计划		5	
3.对配送车票清点交接原则的认知情况		20	
4.对车票上交作业的认知情况		50	
5.编制学习汇报报告情况		10	
6.基本素养考核情况		5	
总体得分			
教师简要评语： 教师签名：			

任务4.4 运营结束后作业流程

4.4.1 钱箱更换及钱箱内现金清点作业

(1)钱箱更换作业流程

钱箱是TVM设备的主要零部件,一般包括硬币钱箱、纸币找零钱箱、纸币回收钱箱和废钞箱。钱箱更换作业一般是由负责客运的值班员进行操作。若在运营时间更换钱箱时,须设

121

置"暂停服务"告示牌。更换完成后,须确认设备状态恢复正常服务状态后,方可撤除告示牌,并将钱箱送还车站票务管理室。

以西安地铁为例,钱箱更换作业如下:

1)纸币回收箱更换作业流程

①将备用纸币回收箱拿到需要更换纸币回收箱的 TVM 前。

②打开维修门并正确登录,进入维护功能主菜单,选择"更换钱票箱"→"更换纸币回收箱"→"钱箱信息"功能,点击[确定]按钮打印单据,取下纸币回收箱,将备用纸币回收箱安装到位,选择"更换钱箱"功能,输入纸币回收箱 ID。

③将卸下的纸币回收箱和卸载单据拿回票务室进行清点核对。

2)纸币找零箱更换作业流程

①在票务室将纸币加入备用纸币找零箱。

②将备用的纸币找零箱拿到需要更换纸币回收箱的 TVM 前。

③打开维修门并正确登录,进入维护功能主菜单,选择"更换钱票箱"→"更换纸币找零箱"→"找零箱信息"功能,点击[确定]按钮打印单据,取下纸币找零箱,将备用纸币找零箱安装到位,选择"加钞"功能,输入添加张数及钞箱 ID 号。

④将卸下的纸币找零箱和卸载单据拿回车站票务管理室进行清点核对。

3)更换硬币回收箱

①将备用硬币箱拿到需要更换硬币回收箱的 TVM 前。

②打开维修门并正确登录,进入维护功能主菜单,选择"更换钱票箱"→"更换硬币箱"→"卸下回收箱"功能,取下硬币回收箱,选择"安装回收箱"功能,将备用硬币箱安装到位。

③将卸下的硬币箱和卸载单据拿回车站票务管理室进行清点核对。

4)添加硬币(更换硬币加币箱)

①在票务室将硬币加入备用硬币箱里。

②将备用硬币箱拿到需要补币的 TVM 前。

③打开维修门并正确登录,进入维护功能主菜单,选择"更换钱票箱"→"添加硬币",输入添加的硬币枚数,插入硬币箱,拉开拉板释放硬币,推回拉板,取下硬币箱。

④将取下的硬币箱和补币单据拿回票务室。

注意:

①AFC 所有的备品备件(钱箱、票箱)均应轻拿轻放。

②票箱将没有螺丝的一侧面向地面放置;纸币找零钱箱水平放置;纸币回收钱箱手柄向外,将钱箱有无装钱提示界面向上,钱箱滑轮向内放置。

③纸币回收钱箱:双人操作,一人按压弹簧,一人取币,取完后迅速放手。

④票箱压票或取票手指远离入票口周边,以避免划伤手指。

⑤安装票箱、钱箱要沿轨道向内、外安装或取出,不得用力蛮干。

(2)钱箱清点作业流程

钱箱清点是收益管理的重要环节,必须严格把控。通常,涉及硬币及现金的清点必须在车站票务管理室由负责客运的值班员和另外一名站务人员两人共同完成。

1）清点基本要求

为保证自动售票机票款收益统计的准确性，车站对从自动售票机更换下来的钱箱票款的清点必须按规范要求进行，以确保准确无误。清点工作的基本要求如下：

①清点前后，清点人必须清理并确认硬币清点机、纸币清点机无杂尘且状态良好；每个钱箱清点前后均须双人确认机器内无遗留硬币或无夹纸币。

②钱箱必须逐一清点，即清点一个核对一个，且核对完毕方可开启下一个。严禁同时清点两个以上的钱箱。

③待清点/已清点钱箱和现金须分区域放置，且固定存放位置，如图4.18所示。

图4.18 已清点和未清点钱箱分区域放置

④清点过程中，硬币清点机、纸币清点机的显示屏幕须面向摄像头，以便票务管理室监控系统记录清点数据。

⑤票务管理室监控系统须全程监控清点过程，任何人不得遮挡摄像头，不得以任何形式或方式妨碍清点工作。

2）清点流程

清点钱箱时，相应的钱箱、钱袋、硬币清点机和纸币清点机必须放在安全区域，整个清点过程必须受到监控装置的监控。若监视系统发生故障造成无法按程序清点钱箱时，须由一名值班站长及以上职务人员和车站客运值班员两人一起清点，必须逐一清点。整个清点过程中，除紧急情况不得离开票务管理室。钱箱清点流程如下：

①检查确认硬币清点机、纸币清点机模式为所需的模式。

②站务人员向客运值班员报告钱箱编号，以备核实。

③站务人员打开钱箱，将硬币倒入点币机内清点，纸币钱箱由客运值班员取出清点（纸币找零钱箱清点前，客运值班员和站务人员按面值进行清分，且必须正反面各清点一次），如图4.19所示；客运值班员与站务人员共同确认钱箱内无遗留纸硬币，如图4.20所示；站务员负责锁闭钱箱并放入已清点存放区域。

④站务人员和客运值班员共同确认清点金额。若清点金额与显示金额不一致，则须进行二次清点，并按实际清点金额填记《TVM钱箱清点记录表》；清点存在大额差异时，值班站长需到现场确认核实。

⑤使用铅笔在钱箱更换单据上划钩，以示清点（如有差异，记录实点金额）。

图 4.19　纸币钱箱一人开箱一人取钱

图 4.20　确认纸币钱箱无遗留

⑥清点中,纸币清点机报警的钱必须取出并经人工鉴别真伪。

⑦全部清点完毕后,站务人员和客运值班员按照补币所需金额清点出数袋次日需补充的硬币加封;纸币按 100 张捆扎加封以备次日补币所用。加封规范参照车站运作相关规定,且须注明加封内容、加封车站、加封人、加封日期。

⑧全部清点完毕后,值班站长确认 AFC 系统车站计算机录入数据与《TVM 钱箱清点记录表》实点金额一致。

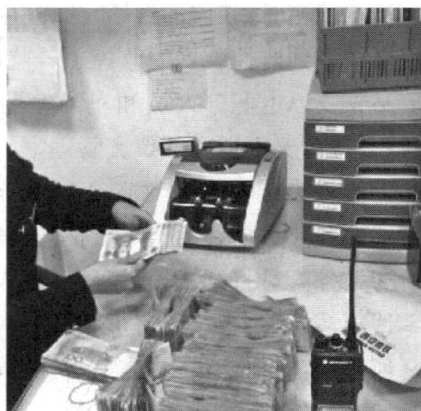

图 4.21　已清点和未清点钱款分区域放置

在清点过程中,若发现假币、机币等异常情况,需要在"钱箱清点报告"备注栏注明,并将相应机、假币用专用信封加封后,随报表上交。

*【知识链接】

TVM 钱箱清点记录表如表 4.10 所示。

表 4.10　TVM 钱箱清点记录表

_____车站　　　　　　　　　　　　　　　　　　　　　_____年___月___日

TVM 编号	硬币回收箱					纸币回收箱				纸币找零箱			
	钱箱号	显示金额	实点金额(1)	差额(+/-)	非标准币金额	钱箱号	显示金额	实点金额(2)	差额(+/-)	钱箱号	显示金额	实点金额(3)	差额(+/-)
		¥	¥	¥	¥		¥	¥	¥		¥	¥	¥
		¥	¥	¥	¥		¥	¥	¥		¥	¥	¥
		¥	¥	¥	¥		¥	¥	¥		¥	¥	¥
		¥	¥	¥	¥		¥	¥	¥		¥	¥	¥
		¥	¥	¥	¥		¥	¥	¥		¥	¥	¥
		¥	¥	¥	¥		¥	¥	¥		¥	¥	¥
		¥	¥	¥	¥		¥	¥	¥		¥	¥	¥
		¥	¥	¥	¥		¥	¥	¥		¥	¥	¥
合　计	—	¥	¥	¥	¥	—	¥	¥	¥	—	¥	¥	¥
清点金额(4)=(1)+(2)+(3)：													
备　注													
清点人员 1				员工号			清点人员 2					员工号	

第一联——票务室　　　第二联——车站

4.4.2　票款收缴作业

车站的票款是车站现金的重要组成部分,是运营企业收益的主要成分,应严格执行财务管理规定,票款和备用金必须分区管理。

(1)车站票款清点基本要求

车站当日需交地铁公司指定银行的票款由值班站长与客运值班员双人同时在票务管理室监控器监控状态下清点,确保在次日银行上门收款到达车站前完成票款加封装包的相关工作,如图 4.22—图 4.25 所示。

票款需要按不同面额、新旧程度分别清点整理捆扎,同一面额纸币每 100 张为 1 把,整把钞票用纱纸加封并在砂纸上加盖清点人员印章;未够 100 张的按面值类别整理,用票务信封"工字"加封并盖章,信封正面还须注明车站、加封人员、加封金额、加封日期。在票款封包的过程中,原则上除当日应解行票款大于车站站存纸币时,一元硬币不需要解行。

(2)车站与收款人员身份的确定

银行上门收款人员到达车站后,车站工作人员应查看前来收款人员的相关证件。确认后,收款人员方可进入车站工作通道,在票务管理室监控下核对留存在车站票务管理室的银行收款人员资料,核对无误后客运值班员与上门收款人员办理库包、票据的交接,如图 4.26

图4.22　装包

图4.23　加封锁头

图4.24　封包

图4.25　已封好库包

所示。交接时,必须双人分别在双方的交接登记簿上登记相关交接事项,如图4.27所示。

图4.26　身份核实

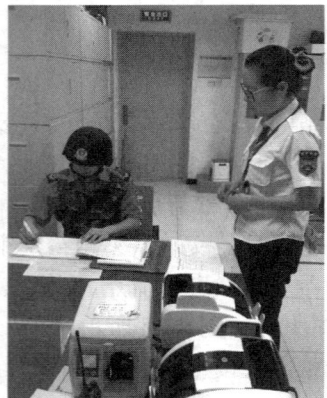

图4.27　双方交接登记

(3)现金缴款单的填写及传递

车站票款封装好后,车站票务工作人员需要填写《现金缴款单》,其样板及填写模板如表4.11所示。在填写现金缴款单时,必须做到标准化、规范化,要做到要素齐全,数字正确、字迹清晰,不错漏、不涂改。客运值班员将填写好的《现金交款单》和《库包装包清单》一同放入库包。

当银行收到票款并当日清点完毕后,会将款项记入地铁公司的指定账户,并在《现金交款单》上加盖公章,次日将"客户回单"联返还车站。车站收到银行返还的《现金交款单》时,应确认金额是否正确,银行是否已盖业务章,与银行人员进行双方确认后,办理交接手续。若发现返还的《现金交款单》有明显错误、遗漏、破损、被污染等现象,车站有权拒收。接收完毕后,车站须将收到《现金交款单》"客户回单"联移交地铁公司负责票务收益核算部门进行核对。

表4.11　《现金缴款单》样板及填写模板

币别:　　　　　　　　　　　年　　月　　日　　　　　　　　　流水号:

单位填写	收款单位	××地铁公司	交 款 人	1号线×××站											
	账　号	1234567890	款项来源	张三缴×月×日票款											
	(大写)叁万零捌佰玖拾陆元整			亿	千	百	十	万	千	百	十	元	角	分	
							¥	3	0	8	9	6	0	0	
银行确认栏	现金回单(无银行打印记录及银行签章此单无效)														

复核　　　　　　　　录入　　　　　　　　　　　　出纳

其他说明:①"收款单位"及"账号"栏顶格加盖配发的账号章,两联同时加盖;②其他栏次按要求顶格手工填写,"交款人"及"款项来源"两栏不能盖章;③金额部分大小写应填写一致;④手工填写时要求字迹工整,且保证上下两联都清晰可见,两联同时放入库包中交银行;⑤"收款单位"及"账号"章必须顶格盖,必须盖章清晰;⑥"大写"必须顶格写;⑦一式两联必须都盖章;⑧临时备用金解行账户与日常票款账户不同,车站已通知为准,核实后填记。

(4)银行清点票款时出现错款及假钞的处理

银行收到车站票款库包后在监控范围内进行拆包清点,在清点过程中如发现错款,应重新封包并通知地铁公司与银行对口的负责人。负责人接到通知后,会及时通知相关车站落实情况,并同库包的封包当事人到银行确认清点金额并重新填写现金缴款单,银行按实际清点金额入账。对于在清点过程中发现的假钞,银行会根据中国人民银行有关规定当场收缴,并出具假币收缴凭证,车站应在规定时间内补齐因假钞造成的短款。

地铁公司将对假钞、错款情况进行调查并进行相应处理,处理程序按照地铁公司相关票务管理办法执行。经过调查确认短款原因后,发生的短款当事人须在规定时间内将所缺款项补交银行。

如遇有以下情况,车站应及时通知地铁公司车站主管部门负责票款缴纳业务的负责人与银行联系,并拒绝办理库包交接或要求银行重新安排上门服务人员:

①单人上门服务。

②无上门服务证或服务证不符者。

③未经银行书面通知明示的上门服务人员。

注意:车站与银行就票款上门收取服务达成协议后,双方营救运钞路线、车站停靠地点、站内行走路线进行踩点。车站和银行对上门收送款的地点、时间、程序以及运钞路线等负有保密责任,违反保密义务造成经济损失的,银行或地铁公司将严肃处理并由当事人承担相应的赔偿责任。

【知识链接】

以西安地铁为例,库包装包清单如表4.12所示:

表4.12　库包装包清单

_____站

序　号	物品名称	面　值	单　位	数　量	装包数量	开包数量
1	解行票款	1元	把			
2		2元	把			
3		5元	把			
4		10元	把			
5		20元	把			
6		50元	把			
7		100元	把			
8	现金缴款单		份			
9	兑零款	1元	把			
10		2元	把			
11		5元	把			
12		10元	把			
13		20元	把			
14		50元	把			
15		100元	把			
16	零币兑换清单		份			
17	票务信封(票款)		个			
18	票务信封(兑零)		个			
19						
20						
21						
22						

本表一式三联,第一联:车站;第二联:银行;第三联:车站

装包人(签章):　　　　　　　　　　　　开包人(签章):

装包复核人(签章):　　　　　　　　　　开包复核人(签章):

装包单位(公章):　　　　　　　　　　　开包单位(业务专用章):

装包时间:_____年___月___日　　　　　开包时间:_____年___月___日

【任务实施】

2011 年 9 月 16 日,A 站由于报表错填及误统计,致使当日票款多计算¥2 478.00,且在打包票款时未遵守"留齐车站备用金,其余票款打包送至银行"的原则,导致备用金误解行¥2 478.00。9 月 18 日,A 站将当日营收的¥2 478.00 留站补齐误解行的备用金,造成当日银行短款¥2 478.00。

2011 年 9 月 16 日,B 站由于补币金额统计错误,实际补币¥16 000.00,报表中错误填写为¥8 000.00,且在打包票款时未遵守"留齐车站备用金,其余票款打包送至银行"的原则,导致备用金误解行¥8 000.00。9 月 17 日,B 站将当日营收的¥8 000.00 留站补齐误解行的备用金,造成当日银行短款¥8 000.00。

2011 年 12 月 12 日,C 站由于夜班客值计算错误,将报表中的 BOM 票款错误填写为¥8.00,实际 BOM 票款应为¥4.00,致使当日票款错误计算为¥17 028.80,实际票款应为¥17 024.80,且在打包票款时未遵守"留齐车站备用金,其余票款打包送至银行"的原则,导致备用金误解行¥4.00。12 月 13 日,C 站将当日营收的¥4.00 留站补齐误解行的备用金,造成当日银行短款¥4.00。

要求:(1)以当班人员的角度,分析上述各事件中所犯错误均在哪些报表中出现。

(2)请模拟正确报表的填写。

2011 年 10 月 15 日 00:30,某站站务员与客运值班员将本站所有 TVM 进行钱箱清空并进行钱箱清点。其中,V01 纸币钱箱(编号 01031)机器显示数为¥1 325,实点数为¥1 325,硬币钱箱(编号 02022)机器显示数为¥756,实点数为¥754,发现 2 枚机币;V02 纸币钱箱(编号 01032)机器显示数为¥850,实点数为¥850,硬币钱箱(编号 02021)机器显示数为¥669,实点数为¥669;V03 纸币钱箱(编号 01038)机器显示数为¥2 130,实点数为¥2 130,硬币钱箱(编号 02026)机器显示数为¥538,实点数为¥538;V04 纸币钱箱(编号 01039)机器显示数为¥1 540,实点数为¥1 540,硬币钱箱(编号 02029)机器显示数为¥378,实点数为¥378;

V01 纸币找零箱(编号 01056)显示金额为¥155,实点数为¥155;V02(纸币找零箱编号 01057)显示金额为¥370,实点数为¥370;V03 纸币找零箱(编号 01055)显示金额为¥80,实点数为¥80;V04 纸币找零箱(编号 01058)显示金额为¥120,实点数为¥120。

车站每日每台 TVM 补币金额为硬币¥1 000,纸币¥500。

要求:(1)学员根据清点情况填写《TVM 钱箱清点记录表》。

(2)各学员模拟车站各岗位对清点流程进行描述。

【效果评价】

评价表

项目名称	车站日常票务作业	学生姓名	
任务名称	任务 4.4 运营结束后作业流程	分　数	
项　目		分　值	考核得分
1.车站票款清点基本要求的掌握情况		10	
2.是否有小组计划		5	
3.银行清点票款时出现错款及假钞的处理		20	
4.《现金缴款单》内容的认知情况		50	
5.编制学习汇报报告情况		10	
6.基本素养考核情况		5	
总体得分			
教师简要评语： 　　　　　　　　　　　　　　　　　　　　　　教师签名：			

项目小结

　　车站日常票务作业关系着轨道交通单位的运营收益,由于涉及票种以及乘客事务较多,因此,车站的票务工作十分繁杂。这就要求必须对各项票务作业进行统一规范,避免错误或票务事故发生。按照时间可以将车站票务工作划分为三个阶段:运营前准备阶段、运营阶段以及运营结束后清点阶段。

　　运营前准备阶段的票务工作主要是客运值班员为 TVM 补币补票,启动车站自动售检票系统以及开站投入运营。售票员开窗售票则意味着一天运营票务工作的开始。

　　在运营期间,票务工作涉及各个方面,包括客运值班员为售票员配票结账,售票员交接班,乘客售检票作业以及乘客票务事务处理等。作为车站票务工作人员,对于各项作业流程必须熟练掌握,在作业过程中必须慎之又慎,避免错误发生。

　　运营结束后,票务工作以清点结算为主,清点包括车站回收的各类钱箱、票箱的清点。同时,车站还需要完成车票票款收缴工作。

思考与练习

1.简述售票员售票操作流程。

2.简述客运值班员配票前准备工作。

3.简述应急纸票发售条件。

4.简述应急纸票人工检票流程。

5.试述普通单程票退票流程。

6.试述售票员交接作业流程。

7.试述现金以及车票的加封方式。

8.试述遗失或折损票务钥匙的处理。

9.试述更换钱箱的作业流程。

10.简述钱箱清点作业的基本要求。

11.简述储值票遗失时的处理办法。

项目 **5**

异常情况的票务处理

【项目描述】

正常情况下,自动售检票设备都是在正常运营模式下运行。当城市轨道交通在运营过程中出现 AFC 系统终端设备发生故障或能力不足,出现其他系统设备故障、火灾等紧急情况时,站务人员要完成特殊情况下的票务工作,必须掌握售票、检票类设备故障处理方法以及降级运营模式下的票务应急处理办法。针对运营中可能发生的各类突发事件,编制应急处理预案、进行应急模拟演练是十分必要的。通过应急预案的演练,可以检验预案的科学性,提高员工的应急处理能力,从而有效应对运营中可能出现的各类事故,最大限度地降低事故损失,最快地恢复正常运营。

【学习目标】

本项目中有关票种的内容参见项目 7 中的描述。

1.掌握自动检票机故障时的票务处理方法;

2.掌握自动售票机故障时的票务处理方法;

3.掌握半自动售票机故障时的票务处理方法;

4.掌握降级运营模式下的票务应急处理方法。

【能力目标】

1.会处理售票、检票机故障情况下的票务工作;

2.会进行降级运营模式下的票务应急处理。

任务 5.1　票务应急处理基本知识

【活动场景】

多媒体设备课件、示教板。

【任务要求】

1.掌握突发事件应急处理的原则。

2.掌握应急预案的执行和培训方法。

【知识准备】

5.1.1 应急处理的原则

为了保证应急预案的可操作性,提高对突发事件处理的效率,应急预案的编制及 AFC 设备故障时的应急处理方法必须遵循一些原则。

①安全:包括乘客的安全和地铁员工的安全,无论哪个城市的地铁,安全都是压倒一切的;任何处理程序都必须首先考虑安全因素,在保证安全的前提下开展后续的工作。

②最小区域:尽量缩小故障所影响的区域,避免故障的扩散。

③最小中断:尽量缩短故障影响正常运营的时间,这就要求高效地解决故障。

④事件发生的时间:不同运营时段处理方法有所不同,如果发生在高峰期,就要求更快速地反应。

⑤事件发生的地点:不同的地点采取不同的应急措施,站厅和站台乃至站外的处理方式会有所不同。

⑥事件发生的历史:对以往的事件要做好总结,历史的经验可能对解决问题有帮助。

⑦客户服务:事件处理期间要提供良好的客户服务,做好对乘客的解释和引导工作。

除了以上总的原则,各车站的站长还可以根据本站的情况,制定切合本站实际的应急预案细则,因为站长比公司总部更加了解车站的情况,所制定的方案也必然更加有效。

5.1.2 应急预案的培训及演练

(1)培训

定期或不定期地举办应急管理和救援人员培训班,重点加强运营人员的应急处理培训,使运营人员熟练掌握各类应急事件的处理程序,提高应急处理能力。

(2)演练

预案演练是对预案编制的有效性和实用性的检验,通过演练发现问题,修正和完善预案。演练应从实战角度出发,组织各专业队伍进行协同演习,深入发动群众参与,达到普及应急知识和提高应急技能的目的。

(3)执行

车站一旦发生票务紧急情况,车站最高指挥者应立即启动相应应急预案进行处理。

除此之外,还要根据有关标准和内外部实际情况变化,定期或不定期地修订和更新应急预案,不断提高和完善应急预案水平。应急预案制订和实施的关键,在于努力提高决策层和执行层对突发事件或事故的判断能力和处理能力,为乘客提供安全、高效、满意的运营服务。

5.1.3 运营模式

AFC 系统针对车站可能出现的特殊情况,设置了一套有别于设备正常运行情况下的模式控制体系,比如进站免检、出站免检、紧急模式等。车站操作人员只有操作车站计算机(SC)

的部分权限,并且在操作中需要双操作员权限认证,其中填写的第二个操作员必须具有下发模式设定的权限。

车站对 AFC 系统的模式管理分为模式控制和模式通知。其中,模式控制使用"模式命令"进行,是指当前车站与中央计算机系统(CC)断开连接时,车站计算机系统(SC)命令本站进入选定的模式(如进站免检、出站免检、紧急模式等);模式通知是指当前车站与中央计算机系统(CC)断开连接时,中央计算机系统(CC)无法接收到其他站模式变更信息,这时操作员可以通过"模式通知"的操作,告知其他车站的终端设备当前站的模式变更信息。

(1)**紧急放行模式**

运营过程中,当车站或列车发生火灾、爆炸等危及乘客和工作人员安全的紧急情况,需要乘客紧急撤离车站时,启用紧急放行模式。

车站 AFC 系统终端设备在收到车站计算机下达的命令后,按模式要求进入相应的状态,按模式要求对车票进行处理:

①半自动售票机可正常运作,但操作员显示器上显示紧急状态的信息。

②自动售票机处于暂停服务的状态。

③检票机所有扇门处于打开状态,保证乘客可无阻碍地离开付费区,所有检票机(包括进、出站检票机)的乘客显示器显示紧急信息,所有面向付费区的导向指示器闪烁显示"通行"标志,所有面向非付费区的导向指示器闪烁显示"禁止通行"标志。

④所有检票机不对车票进行写处理,如有车票放于读卡器上,不对车票进行写操作,城市轨道交通专用票不回收。

(2)**运营故障模式**

车站终端设备在收到车站计算机系统下达的命令后,按模式要求进入相应的状态,按模式要求对车票进行处理:

1)设置运营故障模式的出站检票机应根据车票的票种及进站地点作不同处理

①对本站进的单程票及乘次票不扣除车费或乘次,单程票不回收,并写入此模式的标志信息。

②对本站进的其他车票不扣任何车费,并写入出站码和此模式的标志信息。

③对其他车站进站的单程票及乘次票不扣除车费或乘次,单程票不回收,并写入此模式的标志信息。

④其他车站进站的其他类型车票不扣车费,写入出站码和此模式的标志信息。

2)模式结束后,所有车站的自动检票机对车票的处理

①若单程票或乘次票具有列车故障模式标志信息,并在规定时间段内(系统设置),则允许住任何车站进站使用,出站时根据实际车费进行检查,车费不足应到半自动售补票机进行超程更新处理。

②储值票等其他车票可正常使用和扣费。

(3)**进站免检模式**

出现出站及双向检票设备全部故障;客流集中出站,检票设备能力严重不足,危及乘客安全等情况时,车站可设定为出站免检模式。

在出站免检模式下,乘客出站不须检票直接出站。持非回收类车票的乘客在规定日期内

再次进站时,进站检票机依据车票内进站信息和模式信息扣除上次乘车费用后按照正常检票进站;回收类车票作废,不可再次使用。

（4）出站免检模式

出现出站及双向检票设备全部故障;客流集中出站,检票设备能力严重不足,危及乘客安全等情况时,车站可设定为出站免检模式。

在出站免检模式下,乘客出站不须检票直接出站。持非回收类车票的乘客在规定日期内再次进站时,进站检票机依据车票内进站信息和模式信息扣除上次乘车费用后按照正常检票进站;回收类车票作废,不可再次使用。

（5）时间免检模式

在收到车站计算机下达的命令后,车站终端设备按模式要求进入相应的状态,并按模式要求对车票进行处理。设置此模式车站的出站检票机对所有车票不检查车票上次的进站时间,但是仍检查车票的票值、进站码、日期等,所有车票按正常票价扣费。

（6）日期免检模式

若由于轨道交通运营的原因而导致车票过期,应根据运营工作的需要及相关规定的要求设置日期免检模式。设置此模式的出站检票机对所有车票不检查车票上的有效日期,但是仍检查车票的其他信息,如进站码、车票票值等,所有车票按正常票价扣费。

（7）超程免检模式

由于某个车站因为事故或者故障而关闭,导致列车越过该站后才停车,可根据相关规定的要求设置超程免检模式。

设置此模式的出站检票机不检查车票的余值,但检查车票的其他信息,如车票的进站码、时间、日期等,储值票扣最低票价,乘次票扣一个乘次,轨道交通专用票回收。

【效果评价】

评价表

项目名称	异常情况的票务处理	学生姓名	
任务名称	任务 5.1　票务应急处理基本知识	分　数	
项　目		分　值	考核得分
1.票务应急处理的原则		30	
2.票务应急预案如何执行		30	
3.应急预案如何培训		30	
4.基本素养考核情况		10	
总体得分			
教师简要评语: 教师签名:			

任务 5.2　自动检票机故障的票务处理程序

【活动场景】

多媒体设备课件、示教板。

【任务要求】

1.掌握车站全部进站闸机故障或进站闸机能力不足时的票务处理程序；

2.掌握车站全部出站闸机故障或出站闸机能力不足时的票务处理程序。

【知识准备】

自动检票机承担着乘客的进出站媒介、乘车信息的记录及乘车费用的扣除等功能。车站自动检票机一旦大面积发生故障，乘客就无法通过闸机进出站，闸机无法记录乘客的车票信息，乘客的车费也无法扣除，因此车站必须采取其他降级方式代为执行以上功能。

5.2.1　车站全部进站闸机故障或进站闸机能力不足时的票务处理程序

（1）车站全部进站闸机故障时

①发生车站上报控制中心行调，引导乘客从边门进站。

②乘客出站时，按无进站记录的情况对车票进行处理，根据 BOM 显示收费金额收取费用后更新，乘客持票出站。

③进站闸机恢复正常后，发生车站上报控制中心行调。

处理程序如图 5.1 所示。

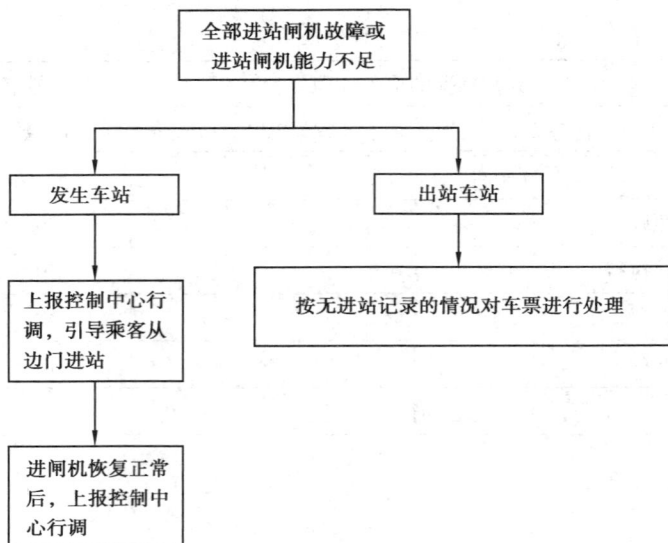

图 5.1　车站全部进站闸机故障或进站闸机能力不足的票务处理流程

（2）**大客流下车站进站闸机能力不足时**

此时采用人工办理的票务处理程序,同故障时的处理程序。

5.2.2 车站全部出站闸机故障或出站闸机能力不足时的票务处理程序

（1）**车站全部出站闸机故障时**

1）单程票

引导乘客从边门出站,人工回收单程票并汇入当日站存车票,填写《车站车票库存日报表》（详见表5.1）。

2）计次票、纪念票及一卡通

引导乘客从边门出站,车站须告知乘客:下次乘车时,须到任意地铁车站票务中心扣除本次乘次/车费后,方可正常进站。

3）乘客事务处理

若乘客主动反映车票超时、超程,引导乘客到车站票务中心按规定进行超时、超程补票。单程票回收并记入当天站存车票。填写《乘客事务处理表》（详见表5.2）,并记为正差额。

4）无票的处理

引导无票的乘客到票务中心按规定补款,填写《乘客事务处理表》,记为正差额。

5）受影响车票下次进出站时车站对车票的处理

①乘客在非付费区。

计次票、纪念票:通过 BOM 扣除一次乘车次数后方可正常进站。

一卡通:询问乘客上次出站车站,在 BOM 上扣除上次车费后方可正常进站。

②乘客在付费区。

计次票、纪念票:通过 BOM 扣除一次乘车次数后,进行进站更新,乘客方可正常出站。

一卡通:询问乘客上次出站车站及本次进站车站,通过 BOM 扣除上次车费及本次车费,乘客从闸机出站。

车站全部出站闸机故障处理流程如图5.2所示。

（2）**大客流下车站出站闸机能力不足时**

①设置此模式的车站,出站闸机进入开放状态,不处理所有车票,乘客可直接出站。单程票人工回收并汇入当日站存车票,填写《车站车票库存日报表》。

②该模式下,车站对持有计次票、纪念票及一卡通的乘客须告知本次乘次/车费将在下次进站时由进站闸机自动扣除。

③若乘客主动反映车票超时、超程,引导乘客到车站票务中心按规定进行超时、超程补票。

【任务实施】

分别模拟操作车站进站自动检票机、出站检票机、进出站检票机均故障的情况下,车站采取的应急措施。

表 5.1 车站车票库存日报表

线路: 车站:

流水号:
编号:
日期:(年月日)

票种	上日结存 (1)	调入本站 (2)	配入本站 (3)	AGM回收 (4)	票房售出 (5)	TVM售出 (6)	BOM废票	TVM废票	AGM废票	废票小计	调出本站 (7)	上交车票 (8)	人工回收 (9)	本日结存 (10)
单程票				—		—	—	—	—				—	
计次票				—		—	—	—	—				—	
纪念票				—		—	—	—	—				—	
日票				—		—	—	—	—				—	
预制票				—		—	—	—	—				—	
				—		—	—	—	—				—	
应急纸票				—		—	—	—	—				—	
一卡通 普通				—		—	—	—	—				—	

备注

值班员员工号 值班站长员工号

表 5.2　乘客事务处理表

车站 _____　_____班　　　　　　　流水号：_____　编号：_____　　年____月____日

现金事务

事件详情（IC 卡免费更新/单程票替换/其他）	处理结果	涉及金额 +/-（元）	乘客签名	办理人	确认人
		¥			
		¥			
		¥			
		¥			
		¥			

合计:IC 卡免费更新 _____次，_____元；单程票替换 _____次，_____元

出站票发售

付费出站票事件详情			发售付费出站票一张	金额	办理人	确认人
付费区持无效票乘车	付费区无票乘车	其他				
		¥	¥	¥		
		¥	¥	¥		
				¥		
合　计						

_____张，_____元

免费出站票事件详情			发售免费出站票一张	乘客签名	办理人	确认人
闸门被误用	车票非人为折损	其他	出站票一张			
合　计						

_____张

售票员 _____　员工号 _____　　值班员 _____　员工号 _____

139

```
┌──────────────────┐
│   全部出站闸机故障   │
└──────────────────┘
          │
          ▼
┌────────────────────────────────────┐
│ (1)单程票：引导乘客从边门出站，人工回收单  │
│ 程票并汇入当日站存车票，填写《车站车票库    │
│ 存日报表》。                          │
│ (2)计次票、纪念票及一卡通：引导乘客从边门  │
│ 出门，车站须告知乘客：下次乘车时，须到任意  │
│ 地铁车站票务中心扣除本次车费/乘次后，方可  │
│ 正常进站。                           │
│ (3)若乘客主动反映车票超时、超程，引导乘客到 │
│ 车站、票务中心按规定进行超时、超程补票      │
└────────────────────────────────────┘
          │
          ▼
┌────────────────────┐
│ 设备恢复正常或进闸客    │
│ 流有效缓解后车站恢复    │
│ 正常动作            │
└────────────────────┘
```

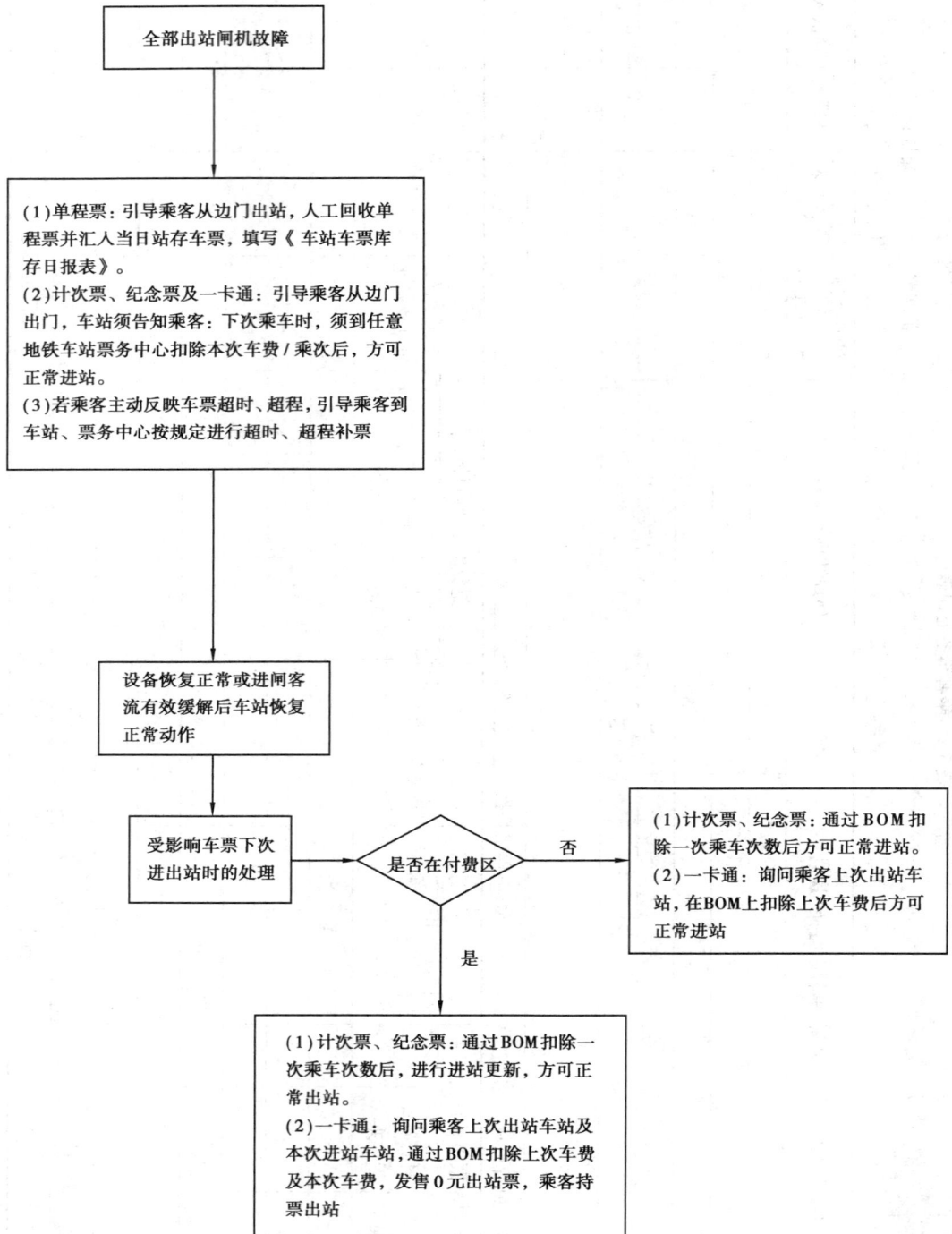

图 5.2　车站全部出站闸机故障处理流程

出站闸机能力不足

模式处理

人工处理

采用AFC系统的"出站免检模式"
(1)设置此模式车站的出站闸机进入开放状态，不处理所有车票，乘客可直接出站。单程票人工回收，并汇入当日站存车票，填写《车站车票库存日报表》。
(2)该模式下，车站对计次票、纪念票及一卡通的处理：须告知乘客本次车费/乘次在下次进站时由进站闸机自动扣除。
(3)若乘客主动反映车票超时、超程，引导乘客到车站票务中心按规定进行超时、超程补票

(1)单程票：引导乘客从边门出站，人工回收单程票并汇入当日站存车票，填写《车站车票库日报表》。
(2)计次票、纪念票及一卡通：引导乘客从边门出站，车站须告知税额：下次乘车时，须到任意地铁车站票务中心扣除本次车费/乘次后，方可正常进站。
(3)若乘客主动反映车票超时、超程，引导乘客到车站票务中心按规定进行超时、超程补票

设备恢复正常或出闸客流有效缓解后车站恢复正常动作

受影响车票下次进出站时的处理

否 —— 是否在付费区 —— 是

(1)计次票、纪念票：通过BOM扣除一次乘车次数后方可正常进站。
(2)一卡通：询问乘客上次出站车站，在BOM上扣除上次车费后方可正常进站

(1)计次票、纪念票：通过BOM扣除一次乘车次数后，进行进站更新，方可正常出站。
(2)一卡通：询问乘客上次出站车站及本次进站车站，通过BOM扣除上次车费后，进行进站更新，方可正常出站

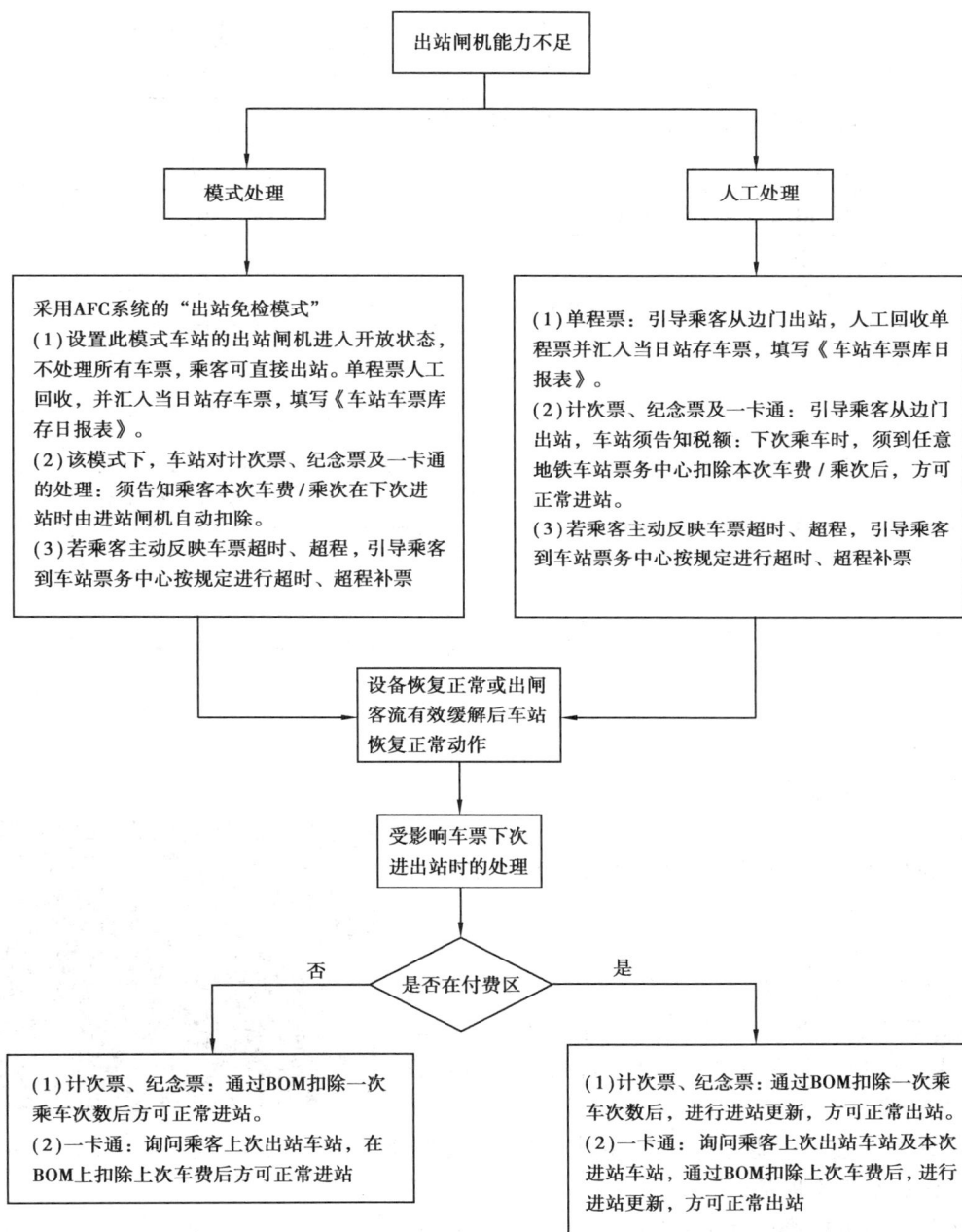

图 5.3 出站闸机能力不足处理流程

【效果评价】

评价表

项目名称	异常情况的票务处理	学生姓名	
任务名称	任务5.2　自动检票机故障的票务处理程序	分　数	
1.自动检票机操作管理的掌握情况		20	
2.车站全部进站闸机故障或进站闸机能力不足时的票务处理程序		30	
3.车站全部出站闸机故障或出站闸机能力不足时的票务处理程序		30	
4.采用AFC系统"出站免检模式"的设置		15	
5.基本素养考核情况		5	
总体得分			
教师简要评语： 　　　　　　　　　　　　　　　　　　　　教师签名：			

任务5.3　自动售票机故障的票务处理程序

【活动场景】

多媒体设备课件、示教板。

【任务要求】

掌握车站TVM全部故障或能力不足的票务处理程序。

【知识准备】

自动售票机是车站的主要售票途径。它一旦发生故障，车站必须通过其他降级手段进行人工售卖车票，如售卖预制单程票或应急纸票，直到客流缓解或设备故障解除。

TVM全部故障或能力不足时，由站长根据设备故障及客流情况采取以下方式缓解客流：

①售卖预制单程票；

②在预制单程票将售完的情况下，若客流未有效缓解，上报站务分部主任及以上人员，经批准后开始售卖应急纸票，并上报控制中心行调；客流有效缓解后，车站恢复正常运作，上报站务分部主任及以上人员，经批准后停止售卖应急纸票，并上报控制中心行调。

【任务实施】

模拟操作车站自动售票机全部故障情况下，车站人员采取的降级措施。

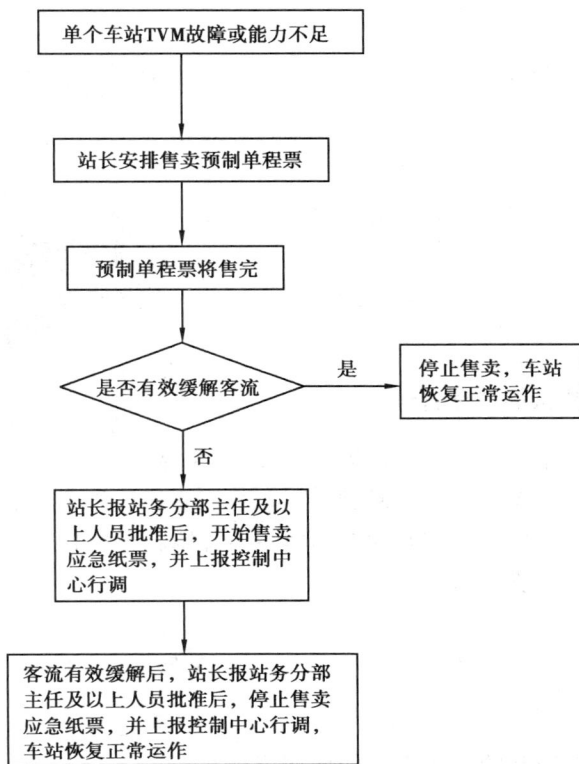

图 5.4　车站 TVM 全部故障或能力不足的票务处理流程

【效果评价】

评价表

项目名称	异常情况的票务处理		学生姓名	
任务名称	任务 5.3　自动售票机故障的票务处理程序		分　数	
项　目			分　值	考核得分
1.自动售票机操作管理的掌握情况			45	
2.车站 TVM 全部故障或能力不足的票务处理程序			45	
3.基本素养考核情况			10	
总体得分				
教师简要评语：				
			教师签名：	

任务 5.4 半自动售票机故障时的票务处理

【活动场景】
多媒体设备课件、示教板、AFC 站级设备模拟系统。

【任务要求】
掌握半自动售票机故障下的票务处理。

【知识准备】

5.4.1 半自动售票机的操作管理

半自动售票机在每日运营开始前,由客运值班员负责检查其票箱和决定是否需要补充单程票,在运营过程中若发现票箱将空,则由售票员通知客运值班员进行补票。领用营业需要的车站票务中心钥匙,要与行车值班员办理借还登记手续;领用备品,要与客运值班员办理借还登记手续。

售票员在确认设备正常后,办理车票分析、更新、发售、充值、交易查询等业务。售票员之间换岗时,必须在 BOM 上办理注销和登录操作。每班售票员下班时,须清理 BOM 废票并用票务专用信封加封。

5.4.2 半自动售票机故障时的票务处理程序

(1)车站半自动售票机部分故障的情况

BOM 部分故障时,车站售票员要检查其是否因为票箱需要更换等人为操作不规范原因而导致,如果因为业务处理不规范导致,更正即可。但如果在操作上没有发现问题,则报告值班站长,通知维修人员进行故障处理,做好报修记录。在故障报修和处理期间,车站售票员需在故障票务中心安置"暂停服务"提示牌,启用未故障的票务中心进行正常的业务处理。

(2)车站半自动售票机(BOM)全部故障的情况

当车站全部的 BOM 发生故障,且不属于人为操作不合规范导致,售票员应立即报告值班站长,通知维修人员抢修。在故障报修与处理期间,车站售票员对需要 BOM 处理的票务业务,根据受影响车票的本次与下次进出站按照流程规范处理。

具体分析车站半自动售票机全部故障时的车站票务处理流程:

1)受影响车票本次进出站时车站对车票的处理

①乘客在非付费区:对于本次无法正常进闸的乘客,引导乘客从边门进站。

②乘客在付费区:对于车票异常无法正常出闸的车票,引导乘客到便携式验票机(PCA)处验票:

a.单程票超时、超程:按规定收取超时、超程车费,填写《乘客事务处理表》;引导乘客从边门出站,人工回收单程票并汇入当日站存车票,填写《车站车票库存日报表》。

b.计次票、纪念票、一卡通超时:按规定收取超时车费,填写《乘客事务处理表》;引导乘客从边门出站,告知乘客下次乘车时须到任意地铁车站票务中心扣除本次乘次/车费。

c.一卡通余额不足:引导乘客从边门出站,告知乘客下次乘车时须到任意地铁车站票务中心扣除本次车费。

　　d.对其他按规定需发售付费出站票的乘客,按付费出站票的金额收取现金,填写《乘客事务处理表》,并引导乘客从边门出站。

　　e.对其他按规定需在 BOM 上发售免费出站票的乘客,不予发售出站票,填写《乘客事务处理表》,直接引导其从边门出站即可。

　　受影响车票本次进出站时,车站对车票的处理流程如图 5.5 所示。

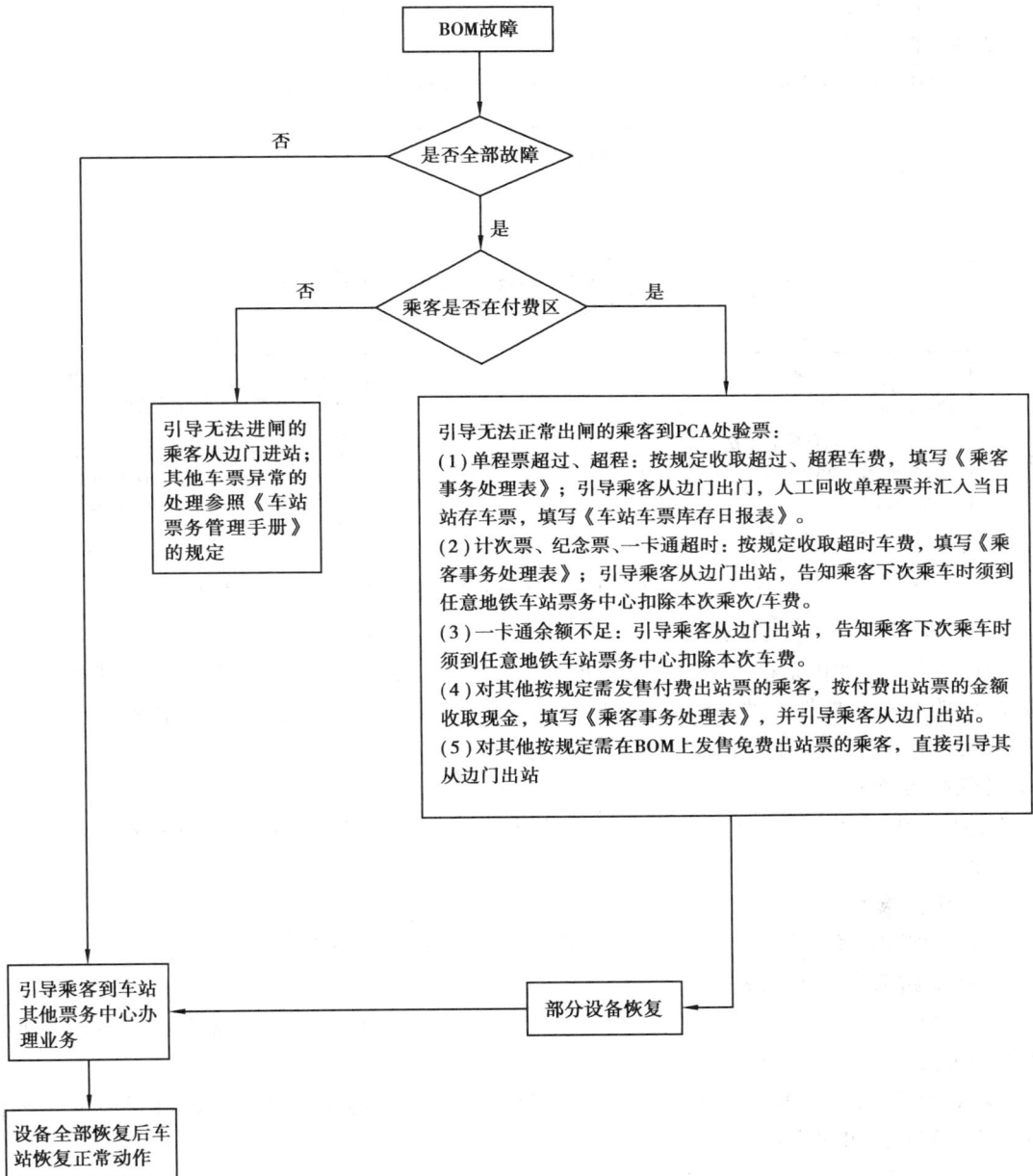

图 5.5　受影响车票本次进出站时车站对车票的处理流程图

2)受影响车票下次进出站时车站对车票的处理

①乘客在非付费区。

a.计次票、纪念票:通过 BOM 扣除一次乘车次数后方可正常进站。

b.一卡通:询问乘客上次出站车站,在 BOM 上扣除上次车费后方可正常进站。

②乘客在付费区。

a.计次票、纪念票:通过 BOM 扣除一次乘车次数后,进行进站更新,乘客方可正常出站。

b.一卡通:询问乘客上次出站车站及本次进站车站,通过 BOM 扣除上次车费及本次车费,乘客从闸机出站。

受影响车票下次进出站时,车站对车票的处理流程如图 5.6 所示。

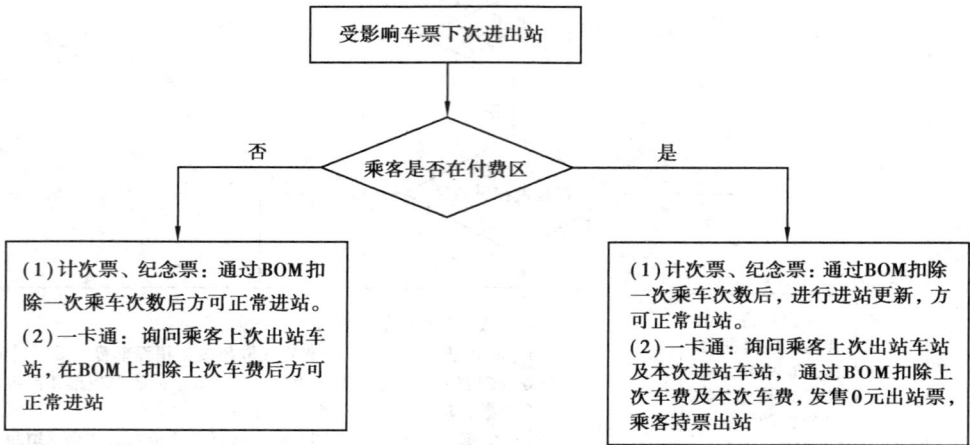

图 5.6 受影响车票下次进出站时车站对车票的处理流程图

3)相应情况下的报表填写

在车站半自动售票机(BOM)故障的情况下,填写《乘客事务处理表》时,每笔事务应分开填写,注明票种及事件详情,例如"BOM 故障,单程票超时",处理结果"收取乘客××元",记为正差额,由值班员或以上级别人员签名确认,并请乘客签名确认。

【任务实施】

模拟操作车站半自动售票机全部故障情况下,受影响车票本次进站且乘客在闸机内的票务处理。

【知识拓展】

当车站出现两类及以上的 AFC 系统设备故障时,车站应当采取的票务处理措施:

(1)车站两类 AFC 设备同时故障

车站全部 BOM 与全部出站闸机同时故障时,票务处理程序按照全部出站闸机故障的处理程序执行。

除上面的情况外,其余两类设备同时故障时,票务处理程序同时启用两种对应的单类设备全部故障时的处理程序。

(2)车站三类 AFC 设备同时故障

车站全部 BOM、全部出站闸机与全部进站闸机同时故障时,票务处理程序按照全部出站和进站闸机同时故障的处理程序执行。

除上面的情况外,其余三类设备同时故障时,票务处理程序同时启用三种对应的单类设备全部故障时的处理程序。

(3)全线 AFC 系统瘫痪时的票务应急处理程序

全线 AFC 系统发生瘫痪时,车站上报站务分部主任及以上人员,经批准后开始售卖应急纸票,引导乘客从边门进、出站并上报控制中心行调。

1)乘客在非付费区

已购买单程票:引导乘客从边门进站。

2)乘客在付费区

单程票:引导乘客从边门出站,人工回收单程票并汇入当日站存车票,填写《车站车票库存日报表》。

计次票、纪念票及一卡通:引导乘客从边门出站,车站须告知乘客下次乘车时须到任意地铁车站票务中心扣除本次乘次/车费后,方可正常进站。

AFC 系统恢复正常后,车站上报站务分部主任及以上人员,经批准后停止售卖应急纸票,并上报控制中心行调。

【效果评价】

评价表

项目名称	异常情况的票务处理		学生姓名	
任务名称	任务 5.4　半自动售票机故障时的票务处理		分　　数	
项　　目			分　　值	考核得分
1.半自动售票机操作管理的掌握情况			15	
2.半自动售票机部分故障处理流程的掌握情况			20	
3.半自动售票机全部故障时,当乘客持受影响车票本次进出站时处理流程的掌握情况			25	
4.半自动售票机全部故障时,当乘客持受影响车票下次进出站时处理流程的掌握情况			25	
5.汇报报告情况			10	
6.基本素养考核情况			5	
总体得分				
教师简要评语: 　　　　　　　　　　　　　　　　　　　　　　　　　　教师签名:				

任务 5.5　特殊情况下的票务处理

【活动场景】

多媒体设备课件、示教板、AFC 站级设备模拟系统。

【任务要求】

掌握降级运营情况下的票务处理。

【知识准备】

5.5.1　其他情况下的票务应急处理

(1)列车晚点时的票务处理

1)对从延误列车上下来导致车票超时的乘客的处理

①单程票:引导乘客从边门出站,人工回收单程票并汇入当日站存车票,填写《车站车票库存日报表》。

②计次票、纪念票:引导乘客到车站票务中心进行免费超时更新,填写《乘客事务处理表》,乘客从闸机出站。

③一卡通:引导乘客到车站票务中心进行免费超时更新,填写《乘客事务处理表》,乘客从闸机出站。

2)非付费区已购票的乘客要求退票时的处理

车站根据现场情况办理即时退票,或告知乘客可在 7 日内到任意地铁车站持该票退票。

3)付费区本站进站乘客要求取消乘车时的处理

①单程票:引导乘客从边门出站,车站根据现场情况办理即时退票,或告知乘客可在 7 日内到任意地铁车站持该票退票。

②计次票、纪念票及一卡通:引导乘客从边门出站,车站根据现场情况办理即时免费更新,或告知乘客可在 7 日内到任意地铁车站办理免费更新。

4)乘客持受影响计次票、纪念票及一卡通办理免费更新时的处理

车站人员需确认车票的上次使用日期与列车晚点日期相同,且在 7 日内填写《乘客事务处理表》,给乘客免费更新车票。

5)受影响单程票在 7 日内退票的处理

乘客持受影响单程票办理退票时,车站需确认车票的上次使用日期与列车晚点日期相同,且在 7 日内回收车票,填写《特殊车票退款记录表》(详见表 5.3),并退还相应金额。

(2)列车越站时的票务处理

车站接到控制中心行调通知后,对从越站列车上下来的乘客须告知其乘坐反方向列车回到目的车站,如需从本站出站,则按照相关程序处理。

①单程票超程:引导乘客到车站票务中心,询问乘客出站车站,若因列车越站所导致,则引导乘客从边门出站,人工回收单程票并汇入当日站存车票,填写《车站车票库存日报表》。

表 5.3　特殊车票退款记录表

流水号：

_____线路　　　_____站　　　_____班　　　____年___月___日

序号	票种	车票 ID	退票原因	金额	办理时间	乘客签名	确认人	备　注
1				¥				
2				¥				
3				¥				
4				¥				
5				¥				
6				¥				
7				¥				
8				¥				
9				¥				
10				¥				
11				¥				
12				¥				
13				¥				
14				¥				
15				¥				
合计金额				¥				
售票员		员工号			值班员		员工号	

第一联——票务室　第二联——车站

②一卡通余额不足：引导乘客到车站票务中心，询问乘客出站车站，若因列车越站所导致，则在 BOM 上（非付费区）以现金形式收取进站车站到越站车站的车程费并更新车票，引导乘客从边门出站。

（3）运营故障需要清客时的票务处理

车站接到控制中心行调通知后，所有闸机停止使用，对从故障列车上下来的乘客按照相关程序处理。

①单程票：引导乘客从边门出站，单程票不回收；车站根据现场情况办理即时退票，或告知乘客可在 7 日内到任意地铁车站持该票退票。

②计次票、纪念票及一卡通：引导乘客从边门出站，车站根据现场情况办理即时免费更新或告知乘客可在 7 日内到任意地铁车站办理免费更新。

（4）火灾等紧急情况时的票务处理

设置紧急放行模式期间，车站内所有闸机将不对车票进行处理，同时闸机放行，乘客紧急疏散，单程票不回收。车站须告知持单程票乘客可在 7 日内到任意地铁车站持该票退票；告知持受影响计次票、纪念票及一卡通乘客可在 7 日内到任意地铁车站乘车，车票可正常使用。

（5）车站运能不足时的票务处理

当出现"运能不足"时，处理方法与运营故障需要清客时的处理一致。

（6）启用公交接驳时的票务处理

当列车运行中断一定时间，行调命令车站启用公交接驳时，车站引导在非付费区已购票乘客及付费区从边门出来的乘客到相应出入口搭乘免费接驳公交车。

5.5.2 特殊情况时的票务报表与车票上交规定

（1）相关票务报表的填写规定

所有特殊情况涉及《车站车票库存日报表》的填写，均在《车站车票库存日报表》的"人工回收栏"中记录回收车票的合计数量。

1）受影响单程票在七日内退款

填写《特殊车票退款记录表》，注明退票原因，例如："×月×日列车晚点，受影响单程票退款。"当天办理退款的须合并填写为一条记录，无须填写 ID，无须乘客签名；非当天办理的，每笔分开填写，需乘客签名确认，由值班员或以上级别人员签名确认。

2）受影响计次票、纪念票及一卡通在 7 日内免费更新

填写《乘客事务处理表》，注明事件详情，例如"×月×日，××站列车晚点"，处理结果："免费更新长安通卡×张×元/次"，记为负差额，由值班员或以上级别人员签名确认。当天办理的须合并填写为一条记录，无须填写 ID 和票种，无须乘客签名；非当天办理的，每笔事务分开填写，并在"处理结果"栏增加注明所更新车票 ID 和票种，并请乘客签名确认，由值班员或以上级别人员签名确认。

（2）相关车票的上交规定

车站需上交的车票包括回收的应急纸票、BOM 故障时乘客所持的问题车票及给乘客办理即时/非即时退票时回收的单程票等，由售票员与值班员或以上级别员工共同清点加封车票，加封内容填写"×情况下，即时/非即时单程票退票×张"，于次日随当日报表上交车票管理的相关部门。

【任务实施】

模拟操作紧急放行模式情况下的票务处理。

【效果评价】

评价表

项目名称	异常情况的票务处理	学生姓名	
任务名称	任务 5.5　特殊情况下的票务处理	分　　数	
项　　目		分　值	考核得分
1.运营模式的相关知识		15	
2.降级运营模式的分类，以及每类情况发生时票务处理的掌握情况		35	
3.运营的特殊情况分类，以及特殊情况下票务处理的掌握情况		20	
4.汇报报告情况		20	

续表

项　目	分　值	考核得分
5.基本素养考核情况	10	
总体得分		
教师简要评语：		
		教师签名：

项目小结

本项目主要介绍了当自动售检票系统故障时的票务应急处理程序,主要包括:应急程序应遵循的原则及如何培训人员执行应急预案;进站自动检票机及出站自动检票机故障时的处理程序;自动售票机故障时的应急处理办法;半自动售票机部分故障时,车站售票员检查故障情况,根据问题判断是否报修维修人员并采取相应措施,并做好相应的处理与记录;半自动售票机全部故障时,除了判断是否报修以外,更要做好故障期间的票务处理,按照受影响车票本次进出站和下次进出站做不同的处理手段。

车站两类或三类 AFC 设备同时故障时,需要同时启用相应种类的票务处理,当全线 AFC 系统瘫痪时,经批准后采取应急纸票和边门控制手段。

运营模式是 AFC 系统针对车站可能出现的特殊情况,设置了一套有别于设备正常运行情况下的模式控制体系。当触发相应的模式时,车站按照模式要求对车票进行处理。

思考与练习

1.简述应急处理应遵循的原则。

2.简述如何保证人员良好的执行应急预案。

3.简述进站检票机全部故障时的票务处理流程。

4.简述自动售票机全部故障时的票务处理流程。

5.简述半自动售票机部分故障时的票务处理流程。

6.简述半自动售票机全部故障时的票务处理流程,并在模拟系统中操作相关流程要点。

7.试述车站两类、三类乃至全线 AFC 系统设备故障时的票务处理流程和原则。

8.简述降级运营模式下的票务处理并在模拟系统中操作相关流程要点。

9.试述特殊情况下的票务处理流程。

项目 **6**

票务收入管理

【项目描述】

城市轨道交通票务收入管理是票务管理的一个重要的组成部分。那么,票务收入包含什么,票务管理部门对售票员的收入如何进行确认,长短款如何处理? 本项目主要解决这些问题。

【学习目标】

1.掌握车站基本票务报表的主要内容及填写方法。

2.掌握轨道交通的售票员结算流程。

3.了解票务结算模式。

4.掌握线路营收日报表的制作过程。

【技能目标】

1.能说明一般的收益结算流程及长短款处理方法。

2.能填写车站基本的票务报表。

3.能完成线路营收日报表。

任务 6.1 车站报表填写要求

【活动场景】

多媒体设备课件、票务报表。

【任务要求】

掌握车站票务报表的种类、填写要求、改错规定及遗失处理等内容。

【知识准备】

6.1.1 车站报表的种类

车站报表主要包括:《车站售票员结算单》《特殊车票退款记录表》《车票非即时退款记录

单》《乘客事务处理表》《车站营收日报》《TVM 钱箱清点记录表》《TVM 手工清出记录表》《车站车票库存日报表》。

6.1.2 车站报表的填写要求

报表填写必须真实、准确、完整、及时。报表填写完毕,填写人员必须签名确认。
①真实:报表填写必须如实反映票务情况,不得捏造事实、弄虚作假。
②准确:报表填写需确保数据正确。
③完整:必须按报表所列事项填写,不得遗漏。
④及时:报表必须在规定期限内填制完毕,并按规定时间上交报表核对部门,不得故意拖延。

6.1.3 过底报表的处理

属于过底的报表,一定要写透,不能一半清楚一半模糊。报表的各项指标必须按要求填写,不应随便不填,因客观原因不产生数字的空格用"0"或"/"表示。

6.1.4 文字

必须用蓝色或黑色笔填写,字迹必须清晰、工整,不得潦草。属于过底的报表用圆珠笔填写,非过底的报表可用钢笔或签字笔填写。

6.1.5 数字

阿拉伯数字应一个一个地写,不得连笔书写。对金额一项,小数点后无数字时,应用"/"表示。

6.1.6 报表改错规定

①报表填写发生错误时,不得刮擦、挖补、涂抹或用化学药水更改字迹。更改数字必须用"划线更正法"。应用"划线更正法"更正时,在报表中错误文字或数字上划一红线,以示注销,要求划去整个错误数字,然后在该处签名确认以示负责。若一张报表更改超过 8 处时,应另填写一份,原报表作废。重填的报表需在备注栏由值班员或以上级别的人进行备注,并签名确认。
②收益审核人员在核对报表时发现报表填写错误时,将尽快电话通知报表填写当事人。当事人在接到票务部电话后,须在规定时间内到票务部票务室更改填写错误。
③逾期不更改错误且影响收入结算工作的,将纳入当事人短款,根据相关规定处理。

6.1.7 报表的保管

①车站应按月整理报表并装订成册。
②车站保管报表需确保报表的安全。
③车站所有报表的保管年限一般为 1~2 年,保管期限满后由统一注销和销毁,严禁私自进行报表注销、销毁。

6.1.8　报表遗失处理

知车站将需要上交的报表遗失,应上报值班站长,重新填写一张报表,需要乘客签名处空出,填写完成的报表需要客运值班员、值班站长签名备注。

6.1.9　作废报表的处理

报表在作废时,各联应当加盖"作废"戳记,由车站留存保管。

【任务实施】

以西安地铁为例,说明各车站票务报表上交的规定。

①车站每日上交的手工报表一般包括:《车站售票员结算单》《乘客事务处理表》《特殊车票退款记录表》《车票非即时退款记录表》《TVM 钱箱清点记录表》《TVM 手工清出记录表》《车站营收日报》《车站车票库存日报表》。《车票上交单》《车票调配单》发生业务时上交。

②车站每日上交的 SC 报表一般包括:按交易类别实时统计报表、操作人员班次日报表、车站销售统计报表、钱箱更换统计日报表、TVM 收入统计报表等。

③每日上交的单据包括:TVM 钱箱更换小单、TVM 结账小单、BOM 乘客事务处理产生的单据。

④各站将需上交票务部的手工报表分类别装订齐全后放入报表袋,车票有关的报表如《车站车票库存日报表》《车票调配单》应装订到一起,其他报表装订到一起,SC 报表装订到一起,单据一起装订,由客运值班员与车票配收员在指定车次的列车车头进行交接。

【效果评价】

评价表

项目名称	票务收入管理		学生姓名	
任务名称	任务 6.1　车站报表填写要求		分　　数	
项　　目			分　值	考核得分
1.轨道交通票务报表种类及相关知识、图片的搜集、整理			10	
2.是否有小组计划			5	
3.轨道交通车站票务报表的填写要求			20	
4.轨道交通票务报表改错规定的认知情况			50	
5.编制学习汇报报告情况			10	
6.基本素养考核情况			5	
总体得分				
教师简要评语:				
			教师签名:	

任务 6.2 售票员结算报表的填写

【活动场景】

在轨道交通车站票务管理室或点钞室,每个班次的售票员给售票员配车票、备用金,或中途追加车票、备用金,客运值班员预收款和给售票员结账等情况下要填写售票员结算报表。

【任务要求】

掌握售票员结算报表的用途、内容、填写要点和填写方法。

【知识准备】

6.2.1 售票员工作流程

(1)售票前的准备工作

①售票员在客运值班员处领取各种车票、备用金,并与相应的《车站售票员结算单》上的数量核对无误后,在《车站售票员结算单》上签收。

②售票员在行车值班员处领取车站票务中心钥匙和 BOM 钱箱钥匙,必须做好相关登记。

(2)开窗售票

①售票前必须使用自己的密码、操作号登录。

②售票时必须遵守"一收、二唱、三操作、四找零"的操作流程;车票在交给乘客之前,必须使用 BOM 进行分析,确保每一张车票的有效性,并通过显示屏请乘客确认。

③不接受外币和支票。

④若售票员中途离开车站票务中心时可不退出 BOM,但 BOM 必须在视线范围内,且能随时监控车站票务中心情况。中途离开且 BOM 不在视线范围内时,则必须将 BOM 退出登录且厅巡在该端站厅处引导乘客,报车控室后方可离开。

⑤若车票、备用金不足时,售票员必须及时通知客运值班员,进行补充,并在《车站售票员结算单》《客运值班员交接班本》注明,做好交接工作。

⑥需要有人顶岗时,不允许借用车票、现金,顶岗人必须使用自己的账号和密码、登录。售票员必须将本班所有现金、车票、报表放入上锁的售票盒中。

(3)售票结束

①售票员要签退并与接班售票员接班(临时顶岗或他人顶班时也要进行此项操作)。

②按照结账程序的要求,客运值班员与售票员结账。

③售票员售票结束后,立即携带本班所有现金、车票及各类报表回车站票务管理室。

④售票员与客运值班员一起清点所有的现金,并将实收总金额(实际清点金额+预收款金额-所配备用金)填在《车站售票员结算单》上。实收金额需更改时,须售票员与客运值班员、值班站长三人签章确认。

⑤售票员和客运值班员共同清点各票种车票,填写《车站售票员结算单》及其他相关报表。

⑥客运值班员检查售票员当班的所有报表是否全部交回且填写正确、完整。

⑦客运值班员顶售票员岗时，由值班站长负责为其结账。

6.2.2　售票员结算报表的用途

该报表是在客运值班员给售票员配车票、备用金及中途追加车票、备用金，客运值班员预收款和给售票员结账等情况下填写。

6.2.3　车站备用金管理

（1）车站备用金分类

车站备用金分为售票员备用金、TVM 备用金、与银行兑零备用金、应急备用金。其中，TVM 备用金用于 TVM 补币找零，售票员备用金主要用于售票员当班期间的售票亭的乘客兑零找零、日常乘客事务处理以及特殊情况下的退票款。

（2）车站备用金的配备

各车站根据设备的数量及预计客流情况确定各车站的备用金需求量，报财务部门审核。财务部根据审批结果将备用金直接配发至车站，各站站长为备用金领用责任人。

遇大型节假日和可预见性大客流时，车站根据实际需要可按规定提前向财务部提出增配需求，报财务部审核后，增配备用金。大客流过后，各车站重新对本车站备用金数额进行调整，恢复正常情况下车站备用金配备量。车站将增配的备用金随同当天票款收入解行。

（3）车站备用金的使用

车站使用的备用金必须存放于现金安全区域，包括车站点钞室、售票亭、自动售票机。车站每半月对车站备用金进行自查一次，财务部门对车站备用金进行不定期抽查。

6.2.4　售票员结算单的填写要点

①在运营日车站每一售票员上岗售卖行李票、应急纸票、预制单程票、营销类票卡、"长安通"卡时，在同一张《售票员结算单》上分区填写。

②票务处临时顶岗人员若在 BOM 上进行了涉及现金的操作，需单独填写一张《售票员结算单》。

③"开窗张数"和"关窗张数"栏原则上不允许更改，确实需更正的，在更改后必须由当班客运值班员、售票员双人共同确认并签章。

④"实收总金额"原则上不允许更改，确实需更改的，在更改后必须由当班客运值班员、值班站长及售票员本人三人共同签章确认。若客运值班员上票亭岗时，则由值班站长与客运值班员双人确认更改的实收总金额。

⑤凡是有配票时，各种车票的开关窗张数、出售张数、押金（若有）及金额栏均须填写。若无业务发生，则该栏用斜线表示。

【任务实施】

以表 6.1 所示西安地铁 2 号线的《车站售票员结算单》为例，对其进行说明。

表 6.1　车站售票员结算单　　　　　流水号：

编号：

_____ 站　　　 _____ 班　　　　　　　　　 _____ 年 ___ 月 ___ 日

时　　间				BOM 编号	
配备用金金额	¥			¥	
预收款金额	¥			¥	
实收总金额（1）	¥			BOM 票款（2）	¥

营销车票	票种	票价	开窗张数	关窗张数	售出张数	废票张数	售出金额
		¥					¥
		¥					¥
		¥					¥
		¥					¥
	小计（3）						¥

预制单程票	票价	开窗张数	关窗张数	售出张数	售出金额
	¥				¥
	¥				¥
	¥				¥
	¥				¥
	小计（4）				¥

行李票	票价	开窗张数	关窗张数	售出张数	售出金额
	¥				¥
	¥				¥
	¥				¥
	¥				¥
	小计（5）				¥

应急纸票	票价	开窗张数	关窗张数	售出张数	售出金额
	¥				¥
	¥				¥
	¥				¥
	¥				¥
	小计（6）				¥

续表

	类型		开窗张数	关窗张数	充值次数	售出张数	押金	售/充金额
"长安通"卡	充值			—		—	—	¥
	售卖	¥				—	¥	¥
		¥					¥	¥
	小计（7）							¥

备注	发售不成功计次票_____张,ID 分别是_____ 发售不成功纪念票_____张,ID 分别是_____ 发售不成功"长安通"卡_____张,ID 分别是_____ 预发售单程票_____张,_____元;抵消单程票_____张,_____元

售票员		员工号		值班员		员工号	

第一联——线路级票务管理部门 第二联——车站

西安地铁 2 号线《车站售票员结算单》填写说明：

①该报表在客运值班员给售票员配车票、备用金及中途追加车票、备用金,客运值班员预收款和给售票员结账等情况下填写。

②车站在运营日每一售票员上岗售卖行李票、应急纸票、预制单程票、营销类票卡、"长安通"卡时,在同一张《售票员结算单》上分区填写。

③票务处临时顶岗人员若在 BOM 上进行了涉及现金的操作,需单独填写一张《售票员结算单》。

④"时间"栏填写售票员上岗时间段,以 24 h 制填写。

⑤"BOM 编号"栏填写售票员上岗期间登录的 BOM 号码,按设备编号的后两位填写,如 BOM01。

⑥"配备用金金额"栏填写给售票员所配的备用金金额(含上岗前所配备用金和中途追加的备用金),每次配备备用金都必须由相应值班员及售票员双人进行签名确认。

⑦"预收款金额"栏填写值班员预收款金额,每次进行预收款都必须由相应值班员及售票员双人进行签名确认。

⑧给售票员配发营销车票、预制单程票、行李票、应急纸票时,在对应票价栏填写实际配发给售票员的营销车票、预制单程票、行李票、应急纸票的票价。

⑨"开窗张数"栏填写客运值班员配给售票员的各种车票的张数。当配发车票数量不足需要追加时,"开窗张数"列用"A+B+…"形式表示(A 为上岗前所配张数,B 为追加张数)。

⑩"关窗张数"栏填写本班售票结束后,客运值班员回收的各种车票的实际张数。

⑪"开窗张数"和"关窗张数"栏原则上不允许更改,确实需更正的,在更改后必须由当班客运值班员、售票员双人共同确认并签章。

⑫营销车票对应的"废票张数"填写发售不成功的车票数。

⑬各票种车票对应的"出售张数"的计算公式为："出售张数"="开窗张数"－"关窗张数"－"废票张数"。

⑭营销车票、预制单程票、行李票、应急纸票对应的售出金额按"票价×售出张数"计算填写。

⑮营销类票卡对应的售出金额按"票价×售出张数"计算填写。

⑯"长安通卡"栏中,如发售新的"长安通"卡,则在"售卖"对应的"售出张数"和"押金"栏中填写售出张数和押金金额,若发售出的新卡需要充值,则在"充值"对应的"充值金额"中按 BOM 实际充值金额填写。

⑰"实收总金额(1)"计算公式:实收总金额(1)= 结账时的实点现金总金额+预收款金额−所配备用金金额。该栏原则上不允许更改,确实需更改的,在更改后必须由当班客运值班员、值班站长及售票员本人三人共同签章确认。若客运值班员上票亭岗时,则由值班站长与客运值班员双人确认更改的实收总金额。

⑱"BOM 票款(2)"计算公式:BOM 票款(2)= 实收总金额(1)−小计金额(3)−小计金额(4)−小计金额(5)−小计金额(6)−小计金额(7)

⑲"小计(3)"计算公式:小计金额(3)= 营销车票售出总金额。

⑳"小计(4)"计算公式:小计金额(4)= 预制单程票售出总金额。

㉑"小计(5)"计算公式:小计金额(5)= 行李票售出总金额。

㉒"小计(6)"计算公式:小计金额(6)= 应急纸票售出总金额。

㉓"小计(7)"计算公式:小计金额(7)= "长安通"卡售/充总金额。

㉔"备注"栏中,按实际数目填写车站发售不成功的车票的票面编号;"预发售单程票""抵消单程票"的张数、金额;以及其他在售票过程中与收益相关的异常事件。

㉕凡是有配票时,各种车票的开关窗张数、出售张数、押金(若有)及金额栏均须填写。若无业务发生,则该栏用斜线表示。

【效果评价】

评价表

项目名称	票务收入管理		学生姓名	
任务名称	任务 6.2　售票员结算报表的填写		分　数	
项　目			分　值	考核得分
1.售票员售票前、售票中和售票后的相关知识、图片的搜集、整理			10	
2.是否有小组计划			5	
3.售票员结算报表的用途、填写要点认知情况			20	
4.售票员结算报表常见结构形式及填写内容的认知情况			50	
5.编制学习汇报报告情况			10	
6.基本素养考核情况			5	
总体得分				
教师简要评语: 教师签名:				

任务6.3 乘客事务处理报表的填写

【活动场景】

车站办理乘客事务时,要求客运值班员或以上级别人员到现场确认处理情况,并填写《乘客事务处理表》。

【任务要求】

掌握乘客事务处理报表的用途、内容、填写要点和填写方法。

【知识准备】

6.3.1 乘客事务处理报表的用途

乘客在购票、进站乘车或出站过程中可能会遇到车票出现各种异常问题而需要处理,按照票务管理规定,对部分票务问题,需要售票员记录"事件情况",由乘客签名,并由客运值班员对售票员所办理的乘客事务给予确认。乘客事务处理报表就是用来记录各种乘客事务处理过程的报表。

6.3.2 车票办理及使用的通用规则

①乘客需凭有效车票进入地铁付费区,一人一票。

②地铁基本扣费规则:进站验票,出站扣款。

③单程票限发售当站、当日使用,限乘车一次,出站时由闸机回收。

④储值票实行预付费消费,车费余额低于规定金额时不可进站。

⑤持学生票、老人优惠票、老人免费票乘坐地铁,须携带本人有效证件,以备核查。

⑥乘客所持的车票内含金额不足以支付实际车程费时,须补交超程车费。

⑦乘客在付费区,车票无进站信息,须通过车站票务中心更新票卡,写入车票进站信息。

⑧乘客在非付费区,车票无出站信息,须通过车站票务中心更新票卡,写入车票上次出站信息。

⑨乘客无票出站等情况发生时,原则上按线路最高单程票价的若干倍收取车费。

⑩乘客每次乘车从入闸到出闸有规定的有效时间,超过该时限,除支付本次车费外,须按轨道交通规定的费用补交超时车费。

6.3.3 乘客事务处理报表中涉及的主要事务类型

①储值票免费更新:一般在"列车晚点""运营故障需清客""火灾等紧急情况""启用公交接驳""车站运能不足"等特殊情况下导致储值票未能完整乘坐一次,在乘客下次持车票进站时,通过票务中心对车票免费更新,使乘客能够进站乘车。

②单程票替换:一般是 TVM 发售的单程票,因车票本身原因不能使用的,应给乘客免费发售一张单程票。

③因地铁运营故障等原因导致的退票。

④TVM 卡币、卡票、少找零,应给乘客退款。

⑤BOM 全部故障时,付费区内超时、超程等乘客的事务处理及无票、车票无效等需发售

付费出站票的情况。

⑥出闸机多扣费,应给乘客退款。

⑦发售出站票。

6.3.4　乘客事务处理报表的填写要点

①乘客事务分为"现金事务"和"出站票发售",分区填写。当处理现金事务发售免费出站票时,只需在处理结果栏注明"发售免票出站票×张",不需在"免费出站票发售"区再填写事务情况。

②"现金事务"所包含事件及相应栏的填写:"事件详情""处理结果"栏均按实际发生、处理的情况详细填写,"涉及金额+/－"栏填写处理乘客事务所造成的差额数,分正(+)、负(－)差额填写。正差额为因办理乘客事务增加的收入,负差额为因办理乘客事务减少的收入。

③"事件详情""涉及金额""处理结果"中的非涉及金额部分、"发售付费出站票一张"填写错误需更改时,须由该事务的办理人、确认人双人签章确认;若"处理结果"栏的涉及金额或对乘客已确认后的免费出站票处理结果填写错误需更改时,须由办理人、确认人及乘客签名确认;若乘客已离开,需由值班站长备注情况并签章确认。

④同一张表中,"现金事务"或"出站票发售"栏未发生业务时,该栏可用斜线表示。

【任务实施】

以表 6.2 所示的西安地铁 2 号线的乘客事务处理报表为例,对其进行说明。

(1)"现金事务"所包含事件及相应栏的填写

①"事件详情""处理结果"栏均按实际发生、处理的情况详细填写,"涉及金额+/－"栏填写处理乘客事务所造成的差额数,分正(+)、负(－)差额填写。正差额为因办理乘客事务增加的收入,负差额为因办理乘客事务减少的收入。

②"储值票免费更新""列车晚点""运营故障需清客""火灾等紧急情况""启用公交接驳""车站运能不足"等特殊情况下的储值票免费更新,当天办理的须合并填写为一条记录,无须填写车票 ID,无须乘客签名,如在"事件详情"栏填写"列车晚点","处理结果"填写栏"免费更新计次票\纪念票\长安通卡×张共×次\元"。非当天办理的,每笔事务分开填写,在"事件详情"栏填写"列车晚点"和"车票 ID","涉及金额"记为负差额,须请乘客签名确认,并由客运值班员或以上级别人员签名确认。

③"单程票替换"是指乘客在 TVM 上购买的单程票因车票本身原因不能使用的,给乘客免费发售一张单程票。办理时须注明发生时间、TVM/BOM 编号、事件情况、无效单程票 ID号,如在"事件详情"栏填写"××:××,×号 BOM 发售坏票×张,ID 号:×××","处理结果"处填写"免费替换×元单程票×张","涉及金额"记为负差额,请乘客签名确认,并由客运值班员或以上级别人员签名确认。

④"其他"。

a.TVM 卡币、卡票、少找零,无故障小单的情况:须注明事件情况、TVM 编号、发生时间、乘客显示屏上的故障代码。如在"事件详情"栏填写"××:××,×号 TVM 少找零,故障代码××","处理结果"处填写"给乘客找零×元","涉及金额"记为负差额,请乘客签名确认,并由客运值班员或以上级别人员签名确认。若 TVM 乘客显示屏无故障代码,则"事件详情"栏只需填写事件情况、TVM 编号、发生时间。

表 6.2 乘客事务处理表

流水号：___
编号：___
___年___月___日

___车站 ___班

现金事务

事件详情（IC卡免费更新/单程票替换/其他）	处理结果	涉及金额 +/-（元）	乘客签名	办理人	确认人
		¥			
		¥			
		¥			
		¥			

合计：IC卡免费更新 ___次，___元；单程票替换 ___次，___元

出站票发售

付费出站票事件详情			发售付费出站票一张	金额	办理人	确认人
付费区无效票乘车	付费区无票乘车	其他				
			¥	¥		
			¥	¥		
			¥	¥		
合　计						

免费出站票事件详情			发售免费出站票一张	乘客签名	办理人	确认人
闸门故障误用	车票非人为折损	其他				
合　计						

售票员 ___ 员工号 ___　值班员 ___ 员工号 ___　___张

b.BOM全部故障时,付费区内超时、超程等乘客的事务处理及无票、车票无效等需发售付费出站票的情况下每笔事务分开填写。例如须在"事件详情"栏填写"BOM故障,单程票超时","处理结果"处填写"收取乘客共××元","涉及金额"记为正差额,请乘客签名确认,由客运值班员或以上级别人员签名确认。

c.出闸机多扣费;如在"事件详情"栏填写"××:××,×号AGM多扣费×元,票种,车票ID","处理结果"处填写"退还乘客×元","涉及金额"记为负差额,请乘客签名确认,由客运值班员或以上级别人员签名确认。

⑤"合计"栏由售票员将现金事务分类计算,进行填写。

(2)"出站票发售"所包含事件及相应栏的填写

这包括"付费出站票事件详情"及"免费出站票事件详情"两项:

①"付费出站票事件详情"主要填写"付费区持无效票乘车(车票人为折损、过期、冒用等)""付费区无票乘车""其他"。

②"免费出站票事件详情"包括:"闸门被误用""车票非人为折损""其他"。

③填写事件详情时,由售票员根据实际发生情况在相应栏打钩或在其他栏详细填写。若是车站发售付费出站票时,"金额"栏需填写所发售票的金额,无须乘客签名确认。发售免费出站票时须乘客签名确认。"出站票发售"均须由客运值班员或以上级别人员签名确认。若乘客签名未签在该条事务对应的"乘客签名"栏且乘客已离开时,需值班站长备注情况并签章。

④"合计"栏分别填写售票员当班期间发售免费出站票总张数、发售付费出站票总张数及金额。

【效果评价】

评价表

项目名称	票务收入管理		学生姓名	
任务名称	任务6.3 乘客事务处理报表的填写		分　数	
项　目			分　值	考核得分
1.车票办理及使用的通用规则的相关知识、图片的搜集、整理			10	
2.是否有小组计划			5	
3.乘客事务处理报表的用途、填写要点认知情况			20	
4.乘客事务处理报表常见结构形式及填写内容的认知情况			50	
5.编制学习汇报告情况			10	
6.基本素养考核情况			5	
总体得分				
教师简要评语:　　教师签名:				

任务 6.4　特殊车票退款记录表的填写

【活动场景】

在"列车晚点""运营故障需清客""火灾等紧急情况""启用公交接驳""车站运能不足"等特殊情况下,车站办理受影响单程票和应急纸票退款时,应填写特殊情况下退票记录表。

【任务要求】

掌握特殊情况下车票退款记录表的用途、内容、填写要点和填写方法。

【知识准备】

6.4.1　特殊车票退款记录表的用途

在"列车晚点""运营故障需清客""火灾等紧急情况""启用公交接驳""车站运能不足"等特殊情况下,车站办理受影响单程票和应急纸票退款时,应填写特殊车票退款记录表。

6.4.2　退票业务

在轨道交通票务系统中,单程票只能在售出站使用一次,且当天有效。

关于单程票的退票,不同的轨道交通企业有不同的规定。有的轨道交通企业规定单程票售出之后,概不退换;也有的轨道交通运营企业规定,普通单程票售出后在规定的时间内未曾使用且卡内信息可以读取的单程票,可在车站按车票余值办理退票。

一般地,由地铁"列车晚点"等原因导致的单程票退票需经售票员与值班员或以上员工共同确认后在车站票务中心办理。

【任务实施】

以表 6.3 所示的西安地铁 2 号线的《特殊情况下的退票记录表》为例,对其进行说明。

表 6.3　特殊车票退款记录表　　　　　流水号：

编号：

_____车站　　　　　_____班　　　　　_____年___月___日

序号	票种	车票 ID	退票原因	金额	办理时间	乘客签名	确认人	备　注
1				¥				
2				¥				
3				¥				
4				¥				
5				¥				
6				¥				
7				¥				
8				¥				
合计金额				¥				
售票员		员工号		值班员			员工号	

备注：

（1）**"票种"栏的填写**

"票种"栏按车票种类填写,包括:单程票、应急纸票、行李票。

（2）**办理行李票、应急纸票退款的填写**

①"车票 ID"栏按票面的编号填写。

②"金额"栏按实际退款的金额填写,若填写错误需修改时应要求乘客确认,并请乘客在更改后的内容旁签名。

③"办理时间"按实际办理的时间填写。

④"乘客签名"栏由乘客填写。

⑤"确认人"栏由值班员或以上级别人员签名确认。

⑥"备注"栏在车票张数及需报特批或其他特殊情况时填写。

（3）**办理特殊情况下受影响单程票退款的填写**

①当天办理退款的,可合并填写为一条记录,无须填写 ID,无须乘客签名。"退票原因"栏填写"××站列车晚点,受影响单程票退款","金额"栏按退款总金额填写,"办理时间"栏以斜线表示,"确认人"栏由值班员或以上级别人员签名确认。

②非当天办理退款的,每笔事务分开填写,需乘客签名确认。"车票 ID"栏按 BOM 分析显示的"卡号"填写,"退票原因"栏填写"×月×日,××站列车晚点,受影响单程票退款","金额"栏按实际退款金额填写,"办理时间"栏按实际办理的时间填写。"确认人"栏由值班员或以上级别人员签名确认。

（4）**办理计次票非即时退款的填写**

①"车票 ID"栏按乘客所持的车票非即时退款记录单所填写的票面的编号填写;

②"退票原因"栏填写"车票非即时退款"。

③"金额"栏按实际退款的金额填写。

④"办理时间"按实际办理的时间填写。

⑤"乘客签名"栏由乘客填写。

⑥"确认人"栏由值班员或以上级别人员签名确认。

⑦"备注"栏在需报特批或其他特殊情况时填写。

（5）**其他需报特批的情况**

这包括:没有从边门出站而是经出闸机出站的乘客要求退回闸机所扣金额;列车越站时已持票出站乘客强烈要求退款;列车晚点时从延误列车下来且已持票出站的乘客强烈要求退款等,这些情况由站长确认处理,并在"备注栏"中注明事情详情。

（6）**"合计金额"栏的填写**

"合计金额"栏按所有票种的实收总金额填写。

（7）**更改"其他"栏**

除"票种"栏以外,其他栏发生更改时,须办理人及确认人共同签章确认。

【效果评价】

评价表

项目名称	票务收入管理		学生姓名	
任务名称	任务 6.4　特殊车票退款记录表的填写		分　数	
项　目			分　值	考核得分
1.退票的相关知识、图片的搜集、整理			10	
2.是否有小组计划			5	
3.特殊车票退款记录报表的用途、填写要点认知情况			20	
4.特殊车票退款记录报表常见结构形式及内容的认知情况			50	
5.编制学习汇报报告情况			10	
6.基本素养考核情况			5	
总体得分				
教师简要评语：				
			教师签名：	

任务 6.5　TVM 钱箱清点记录表的填写

【活动场景】

TVM 钱箱清点记录表由客运值班员在每次清点钱箱时填写,每清点一次填写一张《TVM 钱箱清点记录表》,纸币钱箱和硬币钱箱要分栏填写。

【任务要求】

掌握钱箱清点记录表的用途、内容、填写要点和填写方法。

【知识准备】

6.5.1　TVM 钱箱清点记录表的用途

《TVM 钱箱清点记录表》由客运值班员在每次清点钱箱时填写,每清点一次填写一张《TVM 钱箱清点记录表》。

6.5.2　TVM 钱箱清点规定

(1)清点要求

①当班客运值班员和车站至少一名站务人员(站员或以上级别人员)按票务收益安全监控系统管理规定的要求共同进行钱箱的清点,并共同确认清点结果。

②完成钱箱卸载后立即将钱箱送回票务管理室,同时将所有钱箱移出手推车,放入监控区域内。

③钱箱必须逐一清点,即纸币回收箱、纸币找零箱、硬币回收箱、废钞箱按种类一个清点

完后再打开另一个进行清点。在清点过程中,当一个钱箱清点完毕后,点币机上的金额经清点人员与客值双人确认、清零之后再开启下一个钱箱;若钱箱出现差额,则应对相应钱箱进行再次清点。

④每清点一个钱箱前,站务人员需向客运值班员读报"钱箱编号",由客运值班员核对TVM打印单据。每清点完成一个钱箱,在《TVM钱箱清点记录表》对应栏记录金额。

⑤清点后,将钱箱票款每100张同面额票款用扎钞机进行扎钞,不够100张的(散装票款)也要清点金额并保存。

⑥清点后将报表中记录的钱箱实点总金额与实点后的纸币总额(扎钞的金额+散装票款)进行核对,确保正确。钱箱金额出现差异无法找回时,需立即核查报表、单据、已清空钱箱等,查看是否有遗漏情况,必要时车站对有差异的TVM钱箱进行二次清空卸载。以上操作完成后仍未找回差异金额时,车站在"TVM钱箱清点记录表"中进行详细备注,并将此情况上报线路级票务管理部门。

⑦整个钱箱清点过程原则上要求清点人员不得离开票务管理室,确需离开时需将钱箱现金放置监控区域可视范围内,所有人员离开票务管理室,待返回后对之前清点的钱箱重新进行清点。

(2)具体操作

①纸币回收箱、纸币找零箱清点时由另一名清点人员将现金取出后,由客值确认钱箱已清空,再将钱箱锁闭并移出监控区域或放入手推车内,以便区分钱箱是否清空避免造成混淆。

②若清点硬币钱箱,点币前需检查点币机内有无遗留硬币(将点币机空转一次),若有则对遗留硬币进行清点。该硬币金额记入《车站营收日报表》其他栏中,并备注此金额为点币机内遗留。硬币钱箱清点时同样需逐一清点,每打开一个硬币钱箱需在点币机上放一个布袋(执行布袋、钱箱一对一清点),倒空硬币后需请值班员确认钱箱已清空,确认已清空钱箱锁闭后移出监控区域或放入手推车内。所有硬币钱箱清点完毕后由客运值班员及另一名清点人员共同完成硬币归整加封操作,双方签章确认。

③客运值班员完成相应报表填写后交予清点人员进行复核,比对TVM打印单据及纸质报表,检查是否存在差异。

6.5.3　乘客事务处理报表的填写要点

①纸币钱箱和硬币钱箱要分栏填写。

②当日已清点钱箱的《TVM钱箱清点记录表》随当日报表上交线路级票务管理部门。

③一般情况下,隔夜清点的钱箱对应的《TVM钱箱清点记录表》的日期按票款产生日期填写。

④车站有清点钱箱时,"显示金额""实点金额""差额"栏均需填写(钱箱故障无法打开、TVM无法结账列印等特殊情况按规定填写)。

⑤同一张表中,"清点硬币"或"清点纸币"栏无业务发生时,该栏可用斜线表示,或在报表中标注"0"的栏中填"0"。

【任务实施】

以表6.4所示的西安地铁2号线《TVM钱箱清点记录表》为例,对其进行说明。

表 6.4　TVM 钱箱清点记录表

车站 _____　　　　　　　　　　　　　　　　　　　流水号：_____
　　　　　　　　　　　　　　　　　　　　　　　　编号：_____
　　　　　　　　　　　　　　　　　　　　　　　　_____年___月___日

TVM 编号	硬币回收箱				纸币回收箱				纸币找零箱			
	钱箱编号	显示金额	实点金额（1）	差额（+/-）	非标准币金额	钱箱编号	显示金额	实点金额（2）	差额（+/-）	钱箱编号	显示金额	实点金额（3）	差额（+/-）
		¥	¥	¥	¥		¥	¥	¥		¥	¥	¥
		¥	¥	¥	¥		¥	¥	¥		¥	¥	¥
		¥	¥	¥	¥		¥	¥	¥		¥	¥	¥
		¥	¥	¥	¥		¥	¥	¥		¥	¥	¥
		¥	¥	¥	¥		¥	¥	¥		¥	¥	¥
		¥	¥	¥	¥		¥	¥	¥		¥	¥	¥
		¥	¥	¥	¥		¥	¥	¥		¥	¥	¥
合计													

清点金额（4）

备注

清点人员 1	员工号	清点人员 2	员工号

第一联——线路级票务管理部门　第二联——车站

168

《TVM 钱箱清点记录表》填写说明：

①"TVM 编号"栏填写取出清点钱箱的 TVM 设备编号，按设备编号的后两位填写，如 TVM01。

②"钱箱编号"栏填写取出清点钱箱的钱箱编号。根据系统打印的 TVM 钱箱更换单据中的钱箱编号，若 TVM 钱箱更换单据中的钱箱编号与实际钱箱编号不一致，将钱箱实际编号用括号在旁边注明。

③"显示金额"栏根据系统打印的 TVM 钱箱更换单据中的钱箱金额记录逐个填写。

④"实点金额"栏根据实际清点钱箱的金额填写；硬币钱箱清点金额以"m+n+y"形式填写，m 为点币机清点的一元硬币金额，n 为点币机清点的五角硬币金额，y 为无法通过点币机清点的硬币总金额(不含非标准币)。

⑤"差额(+/-)"栏的计算公式为："差额"="实点金额"-"显示金额"，由当班客运值班员逐个钱箱填写，并在"合计"的"差额"栏的反映钱箱差额合计数(各钱箱产生的差额总和)。

⑥"合计"栏的"显示金额"和"实点金额"由负责该次清点工作的客运值班员填写，并由客运值班员与清点人员共同确认。若多人同时参与清点，且清点人员仅清点硬币或纸币时，则在清点人员项签章后用括号注明硬币或纸币。对清点过程中发现的非标准币，不记入该钱箱的实点金额，此类币种须加封后随相应《TVM 钱箱清点记录表》上交线路级票务管理部门。每个钱箱对应的"实点金额"栏的金额数据原则上不允许更改，确系笔误而必须更改的，必须由客运值班员和参与清点人员共同签章确认后方可更改。

⑦"清点金额(4)"计算公式：清点金额(4)=合计(1)+合计(2)+合计(3)

⑧"备注"栏填写需说明的情况包括但不限于以下内容：

a.监控仪故障情况；

b.无法通过点币机清点的票款，分别注明面值、数量、涉及金额情况；

c.因故障无法清点的钱箱，在发现故障当日注明故障钱箱对应的 TVM 编号、故障钱箱编号；故障钱箱打开清点后，在打开清点当日注明故障钱箱发生的日期、对应的 TVM 号码、故障钱箱编号等；

d.清点过程中发生的其他异常情况。

⑨若系统打印的 TVM 钱箱更换单据中对应的硬币钱箱和纸币钱箱均有记录，《TVM 钱箱清点记录表》机器金额数按系统打印的 TVM 钱箱更换单据中记录的钱箱金额数填写；若系统打印的 TVM 钱箱更换单据无法看清钱箱金额数或无法打印时，该钱箱的机器数按实点数填写。

⑩若 TVM 已完成结账处理，并打印了结账小单，但钱箱无法取出或因故障未能打开，当天《TVM 钱箱清点记录表》中该钱箱金额的"机器数"按系统打印的 TVM 钱箱更换单据填写，并计入《TVM 钱箱清点记录表》的机器金额"合计"栏，实点金额无须填写。若该钱箱被打开，在打开当天的《TVM 钱箱清点记录表》中填写该钱箱实点数，原系统打印的 TVM 钱箱更换单据记录的机器数用括号在对应"显示金额"栏注明，该钱箱实点数计入实点金额"合计"栏，用括号注明的原系统打印的 TVM 钱箱更换单据记录的机器数无须计入显示金额"合计"栏。若"实点数"-"原 TVM 打印单记录的机器数"存在差额，则将此差额计入打开当天《TVM 钱箱清点记录表》相应"差额(+/-)"栏。

【效果评价】

评价表

项目名称	票务收入管理		学生姓名	
任务名称	任务6.5　TVM钱箱清点记录表的填写		分　　数	
项　目			分　值	考核得分
1.TVM钱箱清点的相关规定、TVM钱箱图片的搜集、整理			10	
2.是否有小组计划			5	
3.TVM钱箱清点记录表的用途、填写要点认知情况			20	
4.TVM钱箱清点记录表常见结构形式及内容的认知情况			50	
5.编制学习汇报报告情况			10	
6.基本素养考核情况			5	
总体得分				
教师简要评语：　　　　　　　　　　　　　　　　　　　　　　　　　　　　　　　　　　　　　教师签名：				

任务6.6　车站营收日报表的填写

【活动场景】

车站每日运营结束后,由晚班客运值班员根据每个班次的《TVM钱箱清点记录表》《售票员结算单》、TVM打印的补币小单等记录计算车站当日的营收情况并完成该报表。

【任务要求】

掌握车站营收日报表的用途、内容、填写要点和填写方法。

【知识准备】

6.6.1　车站营收日表的用途

《车站营收日报表》在车站每日运营结束时填写,反映了每个车站每日所有的票务收入,主要包括售票员售票、补票收入、TVM钱箱清点金额。

6.6.2　车站现金安全区域及现金交接原则

(1)车站现金只能存放在现金的安全区域

现金安全区域包含车站票务管理室、车站票务中心(含车站临时票务中心,以下同)、TVM。车站现金流如图6.1所示。

(2)现金交接原则

车站进行现金交接时,需做好交接记录。

图 6.1　车站现金流示意图

①纸币交接:在监控范围内,双方当面清点金额后,进行签名确认交接。

②硬币交接:在监控范围内,对已加封的硬币交接时,确认加封正确完好后可凭加封金额交接;对零散硬币按实点数交接。

6.6.3　车站票务管理室的现金管理

①车站票务管理室随时保持锁闭状态(若有防盗门需同时锁闭)。

②除当班票务工作人员、值班站长或以上级别人员外,其他人员必须得到值班站长或以上级别人员的许可,并由客运值班员陪同方可进入车站票务管理室。车站需在《票务管理室进出登记本》上记录批准人、进入人员、进入原因、进入时间以及离开时间。客运值班员离开车站票务管理室时,车站票务管理室内所有人员必须随同离开,不得逗留。

③除现金交接、钱箱清点之外,其他时间车站票务管理室内所有现金只能保管在保险柜、补币箱、待清点钱箱或已锁闭库包内。

④车站票务管理室摄像监控设备必须 24 h 开启,票款的清点、交接必须在监控下进行,票款在清点后应立即放入保险柜内。

6.6.4　车站票务中心的现金管理

①车站票务中心应随时保持锁闭状态(车站临时票务中心除外,但车站需随时监控车站临时票务中心的安全情况)。

②运营时间除当班售票员、客运值班员、值班站长或以上级别人员外,其他人员必须得到值班站长或以上级别人员的许可,并由一名客运值班员或以上级别的人员陪同方可进入车站票务中心。非运营期间,原则上不允许任何人进入车站票务中心,确需进入时,须得到值班站长或以上人员的许可,由一名客运值班员或以上级别的人员陪同方可进入。车站在票务中心进出登记台账上记录批准人员、进入人员、所做事项、进入时间以及离开时间。

③售票员在处理现金时,应将现金放在乘客接触不到的地方。存放于车站临时票务中心的现金需做好防盗工作。

6.6.5　现金在运送途中的安全管理

现金在运送途中必须放入锁闭的钱箱、票盒或上锁的手推车中,由两名站务员工(包括站务员、值班员、值班站长和站长,下同)负责运送和安全。

6.6.6　车站乘客事务处理报表的填写要点

①纸币钱箱和硬币钱箱要分栏填写。

②当日已清点钱箱的《TVM 钱箱清点记录表》随当日报表上交线路级票务管理部门。

③一般情况下,隔夜清点的钱箱对应的《TVM 钱箱清点记录表》的日期按票款产生日期填写。

④车站有清点钱箱时,"显示金额""实点金额""差额"栏均需填写(钱箱故障无法打开、TVM 无法结账列印等特殊情况按规定填写)。

⑤同一张表中,"清点硬币"或"清点纸币"栏无业务发生时,该栏可用斜线表示,或在报表中标注"0"的栏中填"0"。

【任务实施】

以表 6.5 所示的西安地铁 2 号线《TVM 钱箱清点记录表》为例,对其进行说明。

表 6.5　车站营收日报

流水号:
编号:

＿＿＿＿＿车站　　　　　　　　　　　　　　　　　　　　＿＿＿＿年＿＿月＿＿日

票款结存	隔夜票款金额	上日结存送行金额	本日送行金额	合　计
上日	¥	¥	¥	¥
本日	¥	¥	¥	¥
	票款收入	早　班	晚　班	合　计
TVM 收入	钱箱票款	¥	¥	¥
	补币金额	¥	¥	¥
	手工清出	¥	¥	¥
	小计(1)	¥	¥	¥
	钱箱差额	¥	¥	¥
BOM 收入	BOM 票款	¥	¥	¥
	行李票	¥	¥	¥
	应急纸票	¥	¥	¥
	预制单程票	¥	¥	¥
	营销车票	¥	¥	¥
	长安通售卖	¥	¥	¥
	长安通充值	¥	¥	¥
	小计(2)	¥	¥	¥
补短款(3)		¥	¥	¥
加收票款(4)		¥	¥	¥
客值交接长款(5)		¥	¥	¥
其他(6)		¥	¥	¥
营收总金额(7)		¥	¥	¥
实际解行金额		¥	¥	¥
特殊单程票退款金额		¥	¥	¥
备　注				
值班员			值班员员工号	
复核人			复核人员工号	

备注:(7)=(1)+(2)+(3)+(4)+(5)+(6)

第一联——线路级票务管理部门　　　　　　第二联——车站

车站营收日报表填写说明：

①"票款结存"对应"本日"栏填写本日未解行的营收金额,分"隔夜票款金额""上日结存送行金额""本日送行金额"和"合计"四栏填写。其中,"隔夜票款金额"填写本日车站未解行票款金额,"上日结存送行金额"填写在本日以前已送银行但现金送款单仍未盖章返还车站的金额;"本日送行金额"根据车站本日放入尾箱中的《现金交款单》上的金额填写;"合计"栏填写前3项之和。"票款结存""上日"栏对应的各栏根据上日的《车站营收日报》"票款结存""本日"栏中的对应数填写。

②"TVM 收入小计(1)"根据《TVM 钱箱清点记录表》中钱箱金额分早、晚班填写。TVM 收入小计中,早班钱箱票款金额即当日白班客运值班员当班期间 TVM 票款,晚班钱箱票款金额即当日夜班客运值班员当班期间 TVM 票款。"手工清出"栏根据《TVM 手工清出记录表》中金额进行填写。"补币金额"栏中的补币金额根据 TVM 打印的补币单记录的补币金额合计填写,以负值表示。

③BOM 收入栏中"BOM 票款"一项根据当日各班售票员《售票员结算单》中的"售出金额(1)"栏填写(分早、晚班);

④BOM 收入栏中"行李票"一项根据当日各班《售票员结算单》中的"小计(1)"栏填写(分早、晚班)。

⑤BOM 收入栏中"应急纸票"一项根据当日各班《售票员结算单》中的"小计(2)"栏填写(分早、晚班)。

⑥BOM 收入栏中"预制单程票"栏根据当日各班售票员的《售票员结算单》中的"小计(3)"栏填写。预制单程票票款中,早班预制票票款金额即当日车站解行预制票票款,晚班预制票票款金额即当日车站未解行预制票票款。

⑦BOM 收入栏中"营销车票"栏根据当日各班售票员的《售票员结算单》中的"售出金额"栏填写。

⑧BOM 收入栏中"长安通售卖"栏根据当日各班售卖情况相加之后填写(分早、中班)。

⑨BOM 收入栏中"长安通充值"栏根据当日各班充值情况相加之后填写(分早、中班)。

⑩BOM 收入栏中"小计(2)"栏根据以上各项累加之后填写。

⑪"补短款(3)"栏根据车站各短款人员偿还的短款数填写。

⑫"加收票款(4)"项根据当天加收票款金额填写。

⑬"客值交接长款(5)"若当天客值交接出现长款,将长款计入该栏,同时在"备注"栏说明长款情况,并由值班站长签章确认。

⑭"其他(6)"栏填写票亭、点钞室拾获现金等情况。

⑮"营收总金额(7)"栏计算公式为:营收总金额(7) = (1)+(2)+(3)+(4)+(5)+(6)。

⑯"实际解行金额"栏由客运值班员将当天实际解行总金额填写在"实际解行金额"对应的"合计"栏。

⑰"特殊单程票退款金额"栏填写当天特殊情况下单程票退款总金额,以正数表示。

【效果评价】

评价表

项目名称	票务收入管理		学生姓名	
任务名称	任务 6.6　车站营收日报表的填写		分　数	
项　目			分　值	考核得分
1.车站现金管理的相关规定、车站营收管理知识的搜集、整理			10	
2.是否有小组计划			5	
3.车站营收日报表的用途、填写要点认知情况			20	
4.车站营收日报表常见结构形式及内容的认知情况			50	
5.编制学习汇报报告情况			10	
6.基本素养考核情况			5	
总体得分				
教师简要评语： 　　　　　　　　　　　　　　　　　　教师签名：				

任务 6.7　售票员结算及短款处理

【活动场景】

每个运营日,售票员在当班时间完成其售票、补票、退票等业务并填写相关报表,次日由线路级票务管理部门对售票员的长短款进行结算,并督促其补缴短款。

【任务要求】

掌握轨道交通票务收入种类,了解城市轨道交通两种典型的票务系统结算模式,掌握售票员结算的一般流程及长短款处理方法。

【知识准备】

6.7.1　轨道交通票务收入种类

地铁票务收入的项目主要包括:单程票收入、地铁储值票收入、一卡通收入、纸质车票收入、票卡更新收入等。票务收入确认的总原则是以银行入账金额为依据,最终确认的收入应与缴存银行确认的预收账款金额一致。

①单程票收入确认是以轨道交通清分系统报表中单程票扣值数为核算的依据,以实际的

售卖数确认收入。

②地铁储值票收入直接以轨道交通清分系统报表中储值票的扣值数额确认线路收入。

③一卡通收入(一般包括售卖、充值和消费)确认以轨道交通清分系统一卡通扣值数额为分线核算的依据,以一卡通公司反馈数据确认收入。

各类票卡的更新收入以轨道交通清分系统报表的数据直接确认。应急纸票等纸票收入以《车站营收日报表》填写的金额确认为售卖站收入。

6.7.2　票务结算原则

①车站售票员当班期间进行的所有业务操作合并在一起进行结算。

②轨道交通代理一卡通售卡或充值业务的收入应定期由财务部门划账给一卡通公司,按双方确认的系统对账数据进行确认。

③一卡通公司应付给轨道交通的一卡通消费额应定期由一卡通公司划给轨道交通财务部门,按双方确认的系统对账数据进行确认。

④纸票和预制票按结账时填写的发售张数进行结算。

⑤每次结算涉及的长款上交,短款自负。

6.7.3　票务结算模式

国内地铁典型的两种结算模式为即时结算和后台结算。即时结算的特点为:操作员在班次结束或者运营结束时可在 BOM 上进行结算操作。当操作员退出操作时,BOM 统计该操作员自上次结算到本次结算间的全部业务数据并上传至 SC 票务工作站,打印结算单据,售票员在交班时即可进行长短款的缴纳。

后台结算的特点为:售票员在当班结束后由车站客运值班员为其进行实收金额的结算,AFC 设备统计的收益数据作为售票员的应收金额,售票员的应收金额与实收金额由票务部进行核对与分析。

两种结算模式最大的不同在于交班时是否立刻进行应收与实收的结算,售票员交班时是否进行长短款的缴纳。后台结算的优点在于:售票员上缴实收票款时并不知道自己的应收款数额,有效杜绝了私拿长款的情况,减少了此类票务事故的发生。它通过售票员实收金额与AFC 设备统计的应收金额进行比对、人工分析,对大额的长短款查找原因、追究责任。

6.7.4　一般票务结算流程

(1)确定应收金额的结算依据

应收金额中操作 BOM 设备产生的收益数据,以运营公司认可的设备报表(或数据)为结算依据。系统硬盘损坏或其他设备原因导致结算数据丢失,无法提供可据以结算的结算数据时,AFC 技术部门需出具相关售票员结算数据无法提供的书面证明,线路级票务管理部门对相关售票员暂不进行结算。

(2)确定实收金额的结算依据

实收金额以原始报表中车站填写的售票员实收总金额为结算依据。

(3)对售票员进行结算

线路级票务管理部门根据上述应收金额和实收金额,通过核对,计算出售票员长短款。

售票员长短款=实收金额-应收金额。

每次结算涉及的售票员长短款实行"长款上交,短款自负"的原则。

6.7.5　特殊情况时的结算

(1)BOM 设备报表(或数据)异常时的结算

对核对、结算过程中发现的 BOM 设备报表(或数据)异常,线路级票务管理部门先核查 BOM 后台数据。若能核查清楚的,以核查记录为准进行结算;若无法核查清楚,线路级票务管理部门将情况反馈 AFC 技术部门,并以 AFC 技术部门回复为结算依据。

(2)交接不清时的结算

交接不清是指售票员交接班时,交班售票员未及时退出 BOM,接班售票员错误使用交班售票员用户和密码进行操作;或售票员发现车票、现金出现交接错误的情况。

交接不清时合并结算的处理原则有两个:

①对于即时发现的交接不清,由车站值班站长在双方的《售票员结算单》中均进行备注。

②对于非即时发现的交接不清,由客运部出具调查结果。

对以下两种情况的交接不清采用划拨调账后分别进行结算:

①车站值班站长在《售票员结算单》中已进行备注的;

②客运部调查结果中已注明交接不清涉及车票张数/现金金额的。

其他情况相关当事人合并结算,合并结算短款由相关当事人平均共同承担。

6.7.6　售票员短款的处理

车站收到线路级票务管理部门下发的《售票员短款确认通知书》后,对于有疑义的短款,当事人可在规定时间内到票务部线路级票务管理部门进行核查;否则,线路级票务管理部门将下发《售票员补款通知书》,当事人须在客运部收到通知书后规定时间内将短款解行。

【任务实施】

西安地铁线路级票务管理部门针对每条线设有专门的岗位进行票务收入核对,对售票员的结算流程如下:

(1)售票员填写报表

车站售票员根据当班实际操作填写相关的票务报表,填写的相关内容包括:

①《售票员结算单》中各种车票的开窗张数;

②《单程票退款记录表》中单程票退款金额;

③《乘客事务处理单》中涉及乘客事务的处理情况(如:车站 TVM 发生少找零给乘客的事件,车站进行相应处理,在《乘客事务处理单》上记录发生故障的设备号和少找零的金额、车站退还乘客的金额)。

(2)客值为售票员结账

车站客运值班员给售票员进行结账,两人共同清点关窗张数后,由售票员填写《售票员结算单》中的关窗张数,客运值班员核对。

两人共同清点实收金额,客运值班员将其填写在《售票员结算单》中。

（3）**线路级票务管理部门核对报表,进行结算**

①线路级票务管理部门相关助理核对车站的单程票退款的办理情况,确定单程票退款金额,计为 A。

②收益核对助理核对《乘客事务处理单》的办理情况,确定乘客事务导致的金额,即《乘客事务处理单》中现金事务栏的金额总和,计为 B。

③收益核对助理按照 AFC 设备的结算数据核对售票员的《售票员结算单》,结合纸质车票和预制单程票的售卖情况确定售票员各种车票的售卖和充值的金额,计为 C。

④售票员的应收总金额为 $D,D=C+B-A$;

⑤《售票员结算单》上填写的实收金额计为 E,则售票员的长短款为 $E-D$。

（4）**短款补缴**

线路级票务管理部门下发《补款通知书》,车站当事人按《补款通知书》上的金额在规定的时间内补缴,并与补缴当日的营收一起解行。

票务管理部门跟进车站员工的补款情况,并填写相关台账。售票员短款处理流程如图6.2所示。

【效果评价】

评价表

项目名称	票务收入管理		学生姓名	
任务名称	任务 6.7 售票员结算及短款处理		分 数	
项 目			分 值	考核得分
1.国内轨道交通票务结算模式相关知识的搜集、整理			10	
2.是否有小组计划			5	
3.票务收入的种类、售票员结算流程、短款补缴的认知情况			20	
4.售票员结算流程常见形式的认知情况			50	
5.编制学习汇报报告情况			10	
6.基本素养考核情况			5	
总体得分				
教师简要评语: 教师签名:				

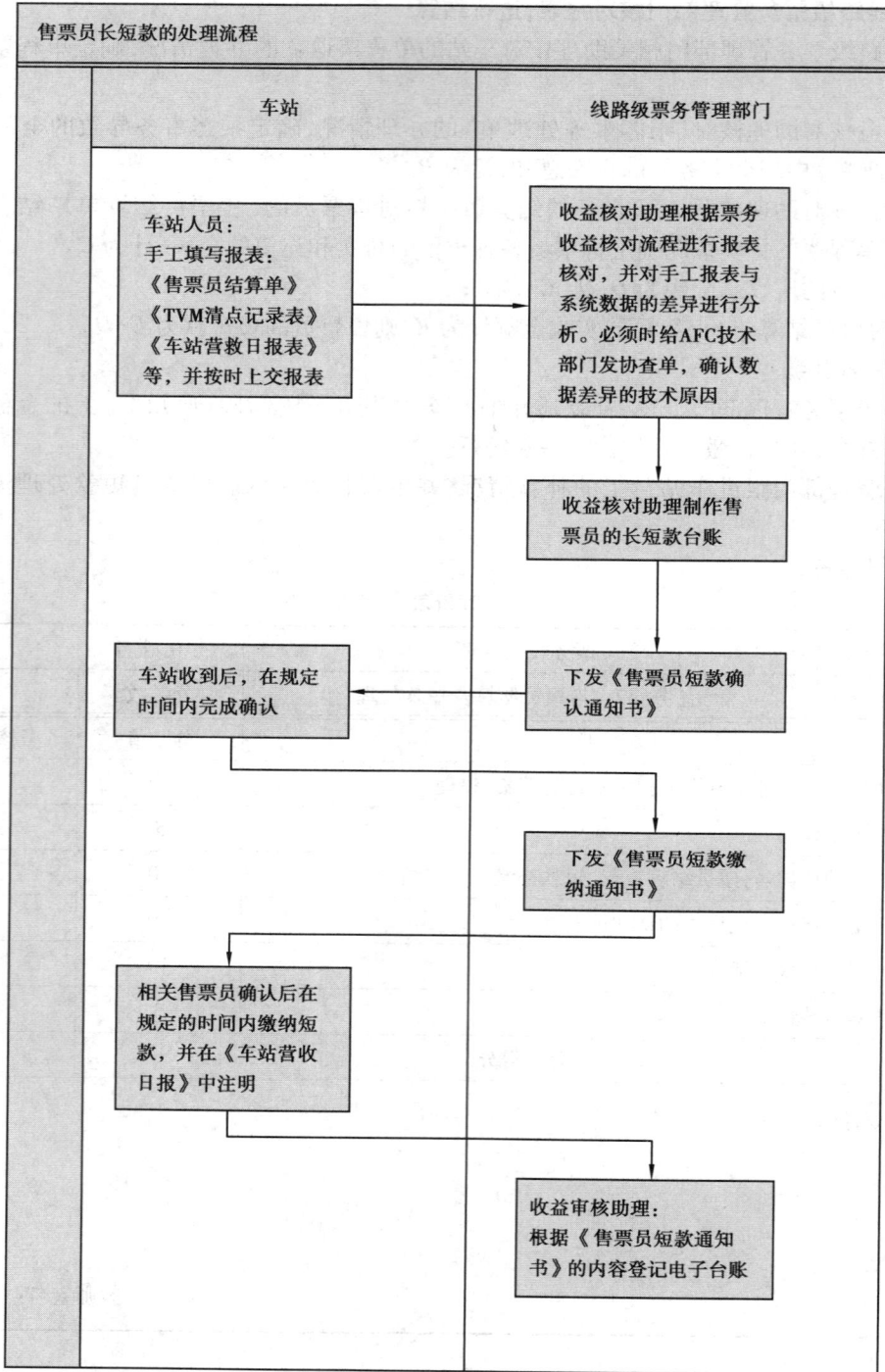

图 6.2　售票员短款处理流程

任务 6.8　线路营收日报表的制作

【活动场景】

当线路级票务管理部门完成各个车站售票员的票务报表核对,通过银行返回的现金缴款回执确认了各个车站的收入后,即开始制作该条线路的营收日报表,交予财务部门。

【任务要求】

掌握线路营收日报表的统计和制作过程。

【知识准备】

轨道交通的线路级票务管理部门要定期向财务部门提供每条线路的营收日报表,票务部门根据每个车站的《营收日报表》进行统计。一般地,每条的线路营收日报表包括:单程票、行李票、地铁专用车票的售票收入,城市一卡通的充值收入,城市一卡通消费收入,此外还有解行长短款。线路营收日报表的具体制作流程如下:

(1)**车站上交报表及审核**

车站上交报表的日期一般为营收日期的次日。例如 1 日报表,车站 2 日上交,由线路级票务管理部门专门岗位进行报表核对。

(2)**营收日报表的录入**

车站票务报表核对无误后进行营收日报的录入。待每个车站的报表核对完成后,即可录入线路营收日报。

(3)**现金缴款回执的录入**

车站将当日营收解行后,在后续几日,银行会将现金缴款回执返回车站;车站收到后要将现金缴款回执上交线路级票务管理部门,线路级票务管理部门进行营收日报中"解行金额"的录入。

(4)**车站银行长短款调查**

线路级票务管理部门通过车站营收与现金缴款回执核对出车站营收长短款,下发票务调查函,车站须在规定的时间内进行回复,说明长短款原因;线路级票务管理部门分析后,通知车站补缴短款。如有特殊情况,票务部可以对调查结果不认可并进行二次调查。

(5)**线路营收日报的调整**

线路级票务管理部门接到车站调查函回复后,对线路营收日报进行必要的调整后完成该报表。

【任务实施】

根据西安地铁 2 号线的《车站营收日报表》的内容,请讨论制定西安地铁的《2 号线营收日报表》。

【效果评价】

评价表

项目名称	票务收入管理		学生姓名	
任务名称	任务 6.8　线路营收日报表的制作		分　数	
项　目			分　值	考核得分
1.轨道交通线路票务营收相关知识的搜集、整理			10	
2.是否有小组计划			5	
3.线路营收日报表制作过程的认知情况			20	
4.线路营收日报表与车站营收日报表的关系的认知情况			50	
5.编制学习汇报报告情况			10	
6.基本素养考核情况			5	
总体得分				
教师简要评语： 教师签名：				

项目小结

　　轨道交通票务收入的项目主要包括单程票收入、地铁储值票收入、一卡通收入、纸质车票收入、票卡更新收入等。售票员结算是票务管理部门的一项重要职能。

　　车站售票员根据当班实际操作填写相关的票务报表,售票员交班时,客值为售票员结账,线路级票务管理部门收取报表,根据售票员结算流程进行结算,票务管理部门下发《补款通知书》,车站相关人员补缴短款,票务管理部门核对补款情况。根据该线路每个车站的营收报表和银行返回的现金缴款回执,轨道交通的线路级票务管理部门要定期向财务部门提供每条线路的营收日报表。

思考与练习

　　1.简述售票员结算报表的用途。

　　2.简述车站营收日报表中的主要项目。

　　3.简述乘客事务处理报表的用途。

　　4.车票办理及使用的通用规则是什么?

　　5.乘客事务处理报表涉及的主要乘客事务类型有哪几类,分别如何处理?

6.特殊票卡退票记录表用于什么情况？

7.简述 TVM 钱箱清点的规定。

8.售票员交接不清时如何结算？

9.简述车站票务管理室及车站票务中心的现金管理规定。

10.简述常见的两种售票员结算模式,请分析各有何优缺点。

11.简述线路级营收日报表的制作过程。

项目 **7**

车票管理

【项目描述】

近几年,伴随着人们工作压力的不断增大,工作、生活节奏的不断增快,乘坐地铁外出成为更多人的首选交通工具,其主要原因就是地铁的自动化,也就是地铁车票管理的特殊优越性。地铁车票管理包括票库车票管理、车站车票管理以及线路车票管理,具体内容包括日常生产管理、安全管理、人员管理等。本项目主要从票库、车站、线路三个层面讲述地铁车票采购、生产、配送、回收、保管等相关规定及操作要求。

【学习目标】

1.掌握车票管理业务相关定义,车票使用范围及流程。

2.掌握单程票流失量控制。

3.熟悉车票管理工作要点及注意事项。

4.掌握车票管理组织架构及各岗位职责。

5.熟悉车票的发行、采购、验收、制作、出入库、配送回收等各环节作业流程。

6.掌握票库管理及月末盘点内容及要点。

7.掌握车站票务相关岗位工作职责。

8.熟悉车票在车站各环节作业流程。

【技能目标】

1.能够完成车票从发行、采购到配送回收各环节作业。

2.能够分析单程票流失量并提出有效的卡控措施。

3.能够进行车票月末盘点。

4.能够完成车票在车票各环节的作业流程。

任务 7.1　车票管理业务概述

【活动场景】

在城轨票务管理室现场教学,或展示城轨车票的分类及各环节操作内容。

【任务要求】

1.掌握车票管理业务相关定义;

2.掌握车票的使用范围;

3.掌握车票管理流程;

4.掌握单程票流失量控制;

5.掌握车票管理工作要点。

【知识准备】

7.1.1　车票管理业务相关定义

车票是记录乘客乘车信息的媒介和载体,能记录车票的系统编号、安全信息、车票种类、个人信息、进出站信息、金额、有效期、历史交易记录等信息,与车站现场设备共同完成自动售票、检票功能。根据车票发行方的不同,轨道交通车票包括地铁专用车票和一卡通卡。此外,地铁专用车票按照车票介质的不同还可分为电子类车票和纸质车票。

(1)**车票标准名称**

是指被票务部门规范化的、运营单位统一采用的车票名称。

(2)**车票要素**

是指车票名称、票面设计、发行方式、发行数量、车票售价、销售时间、销售有效期等要素。

(3)**新票**

新票是指未经编码分拣机进行初始化编码的空白车票。

(4)**票样**

票样是指厂家送来作外观、尺寸鉴定的空白 IC 卡车票的样本。

(5)**样票**

样票是指地铁在发行各种新版 IC 卡车票时,厂家送来用于大批量生产前作外观检测、性能测试的车票。

(6)**设备废票**

设备废票是指编码分拣机(即 E/S)编码不成功的车票、BOM 或 TVM 发售不成功并掉入废票箱的车票、闸机回收单程票时掉入废票盒的车票。

(7)**过期票**

过期票是指超过规定的使用有效期的车票。

(8)**车票注销**

这是指对于生命周期即将到限的车票,通过编码分拣机在 AFC 系统中进行操作来结束其生命周期。注销后的车票不能再次在 AFC 系统中使用。

（9）车票销毁

这是指在使用过程中产生的不可再循环使用的车票需集中进行物理销毁。

7.1.2 车票的使用范围

在城市轨道交通系统中,所使用的车票种类较多。根据车票是否由闸机回收,车票可分为可回收车票、不可回收车票。可回收车票包括单程票、福利票、出站票;不可回收车票包括各类纪念票、公务票、长安通卡等。表 7.1 中列出了车票的类别及其使用方法。

表 7.1　车票类别及其使用方法

类　别	介　质	票　种	发放单位	使用方法	备　注
可回收车票	UL 卡	单程票	票务室	进站刷卡,出站闸机回收	当日、单次单车程使用
		福利票			对于持可免票证件的乘客,可在 BOM 上发售福利票,使用方法同单程票,出站不检查超时
		出站票		出站回收	用于乘客在付费区补票出站,仅限发售站当日出站使用
	纸质车票	应急制票		进站撕副券,出站回收正券	根据《车站票务管理手册》相关规定,符合启动条件时方可启用
		行李票			根据《西安地铁票务政策》相关规定,符合条件的物品方可售卖
不可回收车票	CPU 卡	各种纪念票	票务室	进站刷卡,出站刷卡扣费/扣次	已经限定次数或卡内金额,在有效期内每次限一人进出,检查进出站次序,不可充次或充值
		异形卡			
		计次票			已经限定次数,在有效期内每次限一人进出,检查进出站次序,不可充次或充值
		公务票		进出站均刷卡	在有效期内每次限一人进出,除特殊工作卡外,其他公务票均检查进出站次序
		其他预留票种			日票、区段票往返票、带行李单程票等

续表

类　别	介　质	票　种	发放单位	使用方法	备　注
不可回收车票		普通"长安通"卡	一卡通公司	进站刷卡,出站刷卡扣费	售卖时在 BOM 上激活,收取押金,在有效期内每次限一人进出,检查进出站次序,可充值。 　"长安通"异形卡的使用方法同普通长安通卡
		学生卡			
		老人卡			

　　西安地铁 2 号线自 2011 年 9 月 16 日正式通车试运营后,对外发行了 6 种票卡,分别为以乘客日常使用为目的的单程票(包括普通单程票和广告单程票)、应急纸票,以收藏、留念为目的的"开通纪念票"、"壬辰龙年"纪念票、"情人节玫瑰"单程票、"FAMILY"亲情卡等。西安地铁用不同的票卡见证了西安地铁成长时期的不同阶段。图 7.1 中列出了西安地铁目前所发行的各类票卡。

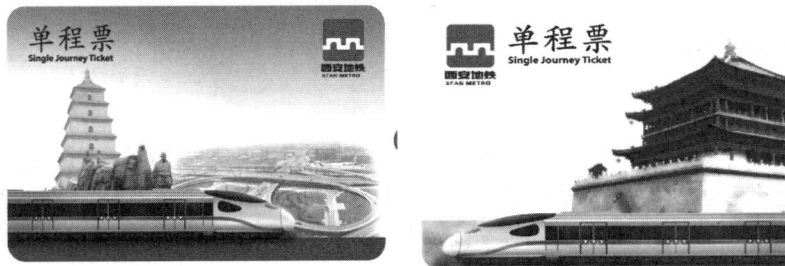

(a)西安地铁2号线单程票

(b)"壬辰龙年"纪念票

(c)西安地铁2号线开通纪念票

（d）西安地铁情人节玫瑰单程票

50 mm × 50 mm　　　34 mm × 46 mm　　　34 mm × 34 mm

（e）西安地铁"Family"亲情卡（异形卡）
图7.1　西安地铁目前所发行的各类票卡

7.1.3　车票管理流程

（1）车票管理流程

票务室主要负责线路车票日常监控,在及时进行站间调票的同时,根据全线车票总量、票库备用车票数量及全线客流情况及时制订采购计划进行票卡采购申请、验收、生产、配送、回收,确保车票在票库与线路间、线路车站之间的适时流动。车票管理流程包括:车票采购计划、车票采购、车票检验、车票制作、车票配送、车票回收、车票调配、车票报废和销毁等。

（2）车站车票流通管理

当车票从票务室配送到车站后,车站根据需要将一定数量的单程票补充进自动售检票机和半自动售票机的票箱中,以供乘客购买。乘客持单程票刷闸进站乘车,出闸时投入投票口,由出闸机回收至票箱,供车站循环使用。当车票出现异常问题或因特殊原因需要退票时,由车站票务中心处理。车票流通过程如图7.2所示。

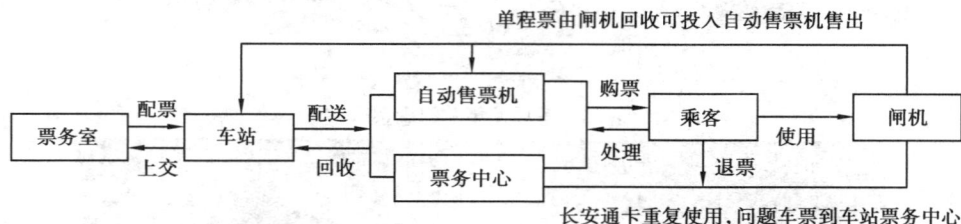
图7.2　车票流通过程

7.1.4　单程票流失量控制

单程票的循环使用及站间流通性,决定了单程票流失问题无法避免。如何减少单程票流失量,从而间接减少地铁成本投入量是每一个地铁运营公司都必须解决且也是非常关心的问题。

(1)乘客使用单程票的流程

①购票:乘客购买单程票,其基本途径包括自动售票机出售、人工在 BOM 上出售、人工在临时票厅出售等。

②刷卡进站:乘客持单程票在进站闸机上刷卡进入付费区,持票乘车。

③投卡出站:离开付费区时,将单程票投入出站闸机的投票口,由出站闸机回收单程票。

④乘客持票超程或超时出站,需按规定在票务中心补票出站。单程票的使用在 AFC 系统中是一个循环、密闭的过程。

(2)国内各地铁单程票流失的现状

①上海地铁单程票日均流失 7 000 多张,含损坏 2 000 多张。

②北京地铁全路网每天单程票流失近 7 000 张。

③南京地铁 1 号线上的 16 个地铁站点曾出现过一日丢失 20 多万枚地铁单程票的情况,地铁直接经济损失就达 60 万元。

④广州地铁开通初期每日单程票流失率约占持单程票的客流量 1.5%,约为 1 500 张/日。

(3)单程票流失主要原因及控制措施

每一家地铁单程票流失量都不是一成不变的,不同阶段所体现的流失量是不同的。一般情况下,开通初期尤其是开通前 3 个月,单程票流失量最大,之后会逐步减少,但是经过 1 年时间左右,开通运营进入平稳期后,单程票流失数量也将保持基本平稳。

1)单程票流失原因

地铁运营在任何阶段,其单程票流失原因主要包括两项,一是乘客带走,二是内部管理不当。具体流失原因、内容及所占比重如表 7.2 所示。

表 7.2 单程票流失原因

流失原因	具体内容	所占比重
乘客带走(直接原因)	发售出的车票未进站乘车而流失	占车票流失量的 20%
	发售出的车票进站后未经出闸机回收而流失	占车票流失量的 80%
管理不当(间接原因)	因管理不善导致乘客逃票、超程逃票或售票员忘记将补的票放到闸机里	该原因直接影响单程票流失量的控制和管理
	票卡流程环节多、经手人员杂	
	自动化程度低、人工交接无法在短时间内清点票卡确切数量,正常误差为 1‰~5‰	

①初期大批乘客有观光心理,人人想先乘为快,这些乘客基本上是购买单程票搭乘地铁且对于单程票有收藏的心理。

②乘客对 AFC 系统的使用知识较缺乏,对 IC 卡车票的认识不够全面,导致乘客进出站时不能正确使用单程票。

③AFC 设备过去未经过大客流的考验,开通初期设备处于磨合期,故障率较高。

④车票保管不当,导致车票易于损坏,随之增加了分析和处理无效车票的工作量,并增加了车票的流失量。

⑤运营初期,整个运营系统"重行车""轻票务",对单程票流失关注度不高。

2)地铁单程票流失量控制措施

①尽可能简化票务管理部门与车站接口。

由于地铁公司下属的车站数量较多,且将不断扩大,公司管理层与车站的接口应尽可能简化,做到职能明确、条例分明。

②明确车站管理的职能定位。

对票卡进行统一销售与管理,对于票卡回收清洗的流程进行严格规定,在车票清洗环节中加强监控并提高自动化程度。

③加大地铁知识的宣传力度。

通过各种媒体如电视、报纸等进行宣传,在中小学开展如"我爱地铁"征文活动,让广大市民充分认识地铁,了解车票的正确使用方法。

④增加票种。

可推出计次票、日票、周票等票种。此类票种可针对旅游和短期乘坐地铁的乘客,这种做法可以有效缓解购买单程票的排队情况与单程票的流失现象,在一定程度上减轻车站运作压力,满足短期高频乘客搭乘地铁的票种要求。

⑤做好车站指引工作。

开通初期,车站应增加人手,在TVM处进行乘客使用的专人指导,在出站闸机处监控乘客出站时投入单程票。在车站可设立形象大使,对单程票的购买和使用进行宣传,从而减少因为误操作导致的单程票流失。

3)各地铁单程票流失量的计算

①上海地铁单程票流失量统计计算公式为:

$$车站单程票流转数 = 上日结存数 - 本日结存数 - 本日废票数$$

线网单程票流失数 = A站单程票流转数 + B站单程票流转数 + …(线网所有车站流转数之和)

②南京地铁单程票流失量统计思路为:本期单程票清点数量与上一期单程票清点数量之差为单程票流失量。南京地铁单程票清点包括票务中心票库清点和车站单程票清点两部分。

a.票库清点:票务中心需在规定时间前将车站所有废票箱废票和车站点钞室废票进行回收,清点票库中存放的车票数量。

b.车票数量计算公式为:期末数量 = 期初数量 + 入库数量 - 出库数量。

c.车站清点:清点车站票务室所有库存单程票数量。

d.单程票流失量计算:清点完毕后,车站需填写《车站单程票清点报表》,票务中心需填写《票务中心票库清点报表》《票务中心单程票清点汇总统计报表》,通过与前一时期报表数据的对比分析,得出此阶段内的单程票流失量。

7.1.5 车票管理工作要点

(1)车票的安全管理规定

单程票,尤其是预制单程票、纪念票及异形卡等储值类车票,除了车票自身有制作成本,加上卡内所含金额或乘次,车票可以视为一种有价证券,其安全管理直接影响到企业收益安全。一般情况下,车票的安全管理规定主要包括以下几点:

①为了保证车票的安全,原则上车票只能存放于储票室、车站票务管理室、车站票务中心、TVM、BOM、AGM、车票回收箱等安全区域。

②对有值车票,均应根据票种归类存放于上锁的专用票柜或保险柜中;其他车票应按车票类型(闸机回收票、废票等)归类存放于固定的票柜。

③售票员在车站票务中心处理车票时,应将车票放在乘客接触不到的地方。存放于车站临时票务中心的车票须做好防盗工作。

④车票在运送途中一律放于上锁的售票盒、票箱或上锁手推车中。储值票和预制单程票需由两名车站站务员工负责运送和安全。

⑤保管车票时,注意防折曲、刻画、腐蚀、防水、重压和高温。

⑥车票存放区域应有监控装置,且对于车票的各项操作必须在监控仪可监控范围内进行。

⑦进出车票存放区域应有严格的审批流程,未经批准其他人员不得进行车票存放区域。

⑧车票存放区域必须有灭火器材。

(2)车票交接要求

一般情况下,车票交接包括三方面,一是票务室工作人员之间的交接,二是票务室与车站之间交接,三是车站内部交接,如图 7.3 所示。

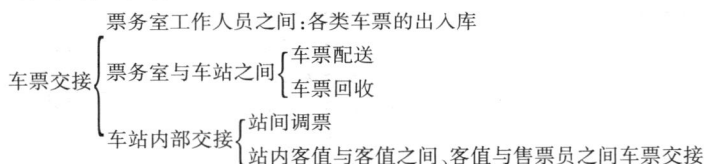

图 7.3　车票交接

为了保证车票在各岗位之间交接过程中的安全,票务室、车站工作人员在进行车票交接时需建立并及时登记相关交接单据和统计台账。交接人员依据交接单据办理交接手续,交接内容包括车票种类、数量、状态、信息等。在票务室进行交接时,如发现车票数量或信息有误,则交接双方需进行核查,查无原因则按照实际清点数量和信息进行交接;在票务室内交接发生问题时,则需要相关台账上记录出入库情况;在车站发生问题时,则在交接记录本上记录相关情况,并将情况立即报告响应上级管理部门组织调查。地铁代售的一卡通卡按照地铁运营公司与城市一卡通有限责任公司签订的合作协议执行。

(3)车票加封要求

为了避免车票零散存放而导致遗失、混淆和重复劳动等问题,车票在经相关工作人员共同确认数量、信息后,可按照规定进行加封保管,以保证车票保管的安全、准确。

票务室车票在流通过程中的加封,需要由至少两名清点人员进行;车站车票至少需要由客运值班员及以上人员一名,站务员及以上人员一名进行清点并加封。

车票加封可用票盒、钱袋、信封、砂纸加封,加封后必须保证一经破封无法复原。加封处需注明车票类型、票种、数量、金额、加封人、加封单位、加封日期并盖章确认,预制单程票尚需注明售出期限等信息。

（4）**车票保管要求**

①车票保管部门需划分车票安全存放区域,根据车票的性质、票种分开存放,指定专人设立台账保管。

②车票保管部门每月对车票的库存情况进行盘点,做到账实相符。

③保管车票时,注意防折曲、刻画、腐蚀、防水、重压和高温。

④车票保管部门根据车票的保管、加封、交接、遗失等规定,结合本部门的实际运作制定操作细则。

（5）**内部车票遗失的处理**

1）车票遗失的处理办法

①遗失单程票处理办法。

单程票包括未赋值单程票和预制单程票。遗失未赋值单程票按照车票成本补款,遗失已赋值单程票即预制单程票,则按照车票成本和该票在系统中产生的交易金额进行补款。具体流程如图 7.4 所示。

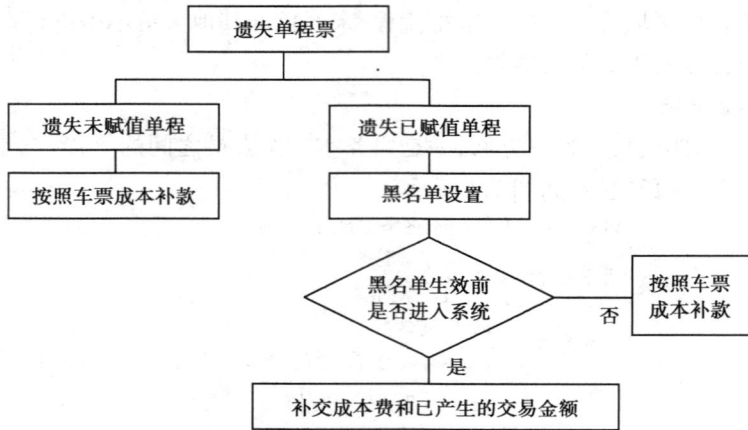

图 7.4　单程票遗失处理流程

②遗失储值票处理办法。

储值类车票包括地铁发行的计次票、纪念票以及一卡通公司发行的一卡通卡。遗失地铁发行的储值票与遗失单程票处理办法相似,具体如图 7.5 所示。遗失一卡通公司发行的一卡通卡,按照地铁运营公司与一卡通公司的相关协议进行处理。

③遗失纸质车票时,按照车票面值补款。

2）遗失车票的补款流程

①车站人员遗失车票补款流程:客运部调查遗失原因,并报票务部签署意见,票务部将调查结果以书面形式知会财务部,相关人员在调查结果出来后 5 个工作日内依据该书面文件到财务部补款。

②车票保管部门遗失车票补款流程:票务部组织调查车票遗失原因,将调查结果以书面形式知会财务部,相关部门在调查结果出来后 3 个工作日内依据该书面文件到财务部补款。

③车票借用部门遗失车票补款流程:借用部门调查车票遗失原因,并报借出部门签署意见(核实车票借出票种、数量、金额);借出部门将本部门对车票借用部门签署的书面处理意见

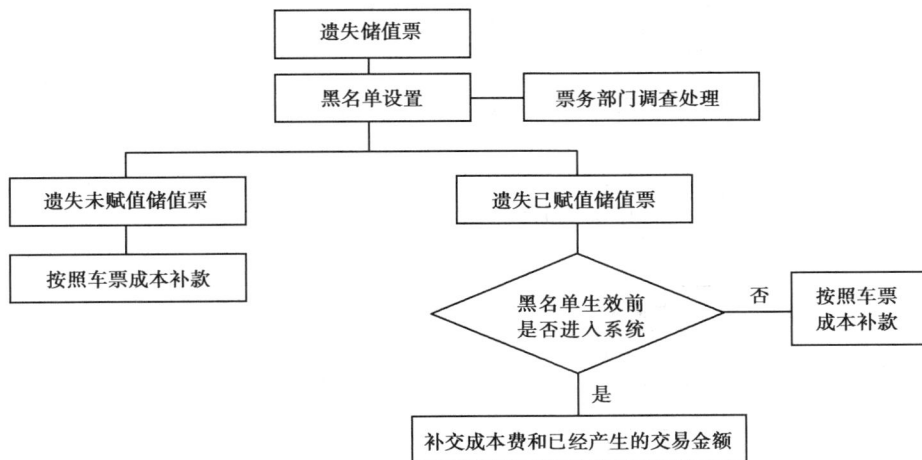

图 7.5　储值票遗失处理流程

抄送财务部,借用部门在接到借出部门签署意见的书面文件后 3 个工作日内到财务部补款;车票借用部门持财务部开具的补款收据到借出部门办理归还手续。

【任务实施】

(1)以西安地铁 8 月份采购的 25 万张单程票流程为例说明车票流程管理

①确定供货厂家。

②供货商按照合同规定时间提供票样,票务部对票样进行测试,测试主要内容为票卡的外观,包括长、宽、厚等,如果合格则提供样票。

③供货商按照合同规定时间提供样票,票务部对样票进行测试,测试内容包括外观测试和性能测试。性能测试包括初始化编码、进出站刷卡、进出站错误等乘客事务处理的实现情况。如果测试合格,则通知供货商进行批量供货。

④车票批量到货后,票务部进行抽检,具体内容与样票一致。如果抽检合格率在合同规定范围内,则票卡入库,否则全部返回供货商,并按照合同规定进行赔偿处理。

⑤按照线路车票需求情况,进行初始化编码或预赋值,并按照计划配送到车站。

⑥对于在车站使用过程中产生的设备废票,票务室按照规定时间到车站进行定期回收进行再编码,如果仍为废票,则入待销毁区,达到一定数量进行销毁。

⑦OCC 票务室在向车站进行配票前,首先查看线路车站间是否可以通过站间调票满足运营需要,如果可以则首先进行站间调票。

具体管理流程如图 7.6 所示。

(2)以西安地铁某年 10 月份单程票流失量计算为例说明单程票流失量计算过程

单程票流失量的计算可以通过两个途径,分别为系统单程票流失量和盘点单程票流失量,一般情况下以盘点单程票流失量为准。

1)系统单程票流失量计算

系统单程票流失量包括两部分,一是 TVM、BOM 售票量与进站量的差额,理想状态下应该为零,购票人员均会进站乘车;如果为正值,说明售票量大于进站量,单程票流失,流失量为该值;如果为负值,说明可能出现前期数据补传现象。二是进站量和出站量的差额,该值代表的内容同售票量与进站量的差。

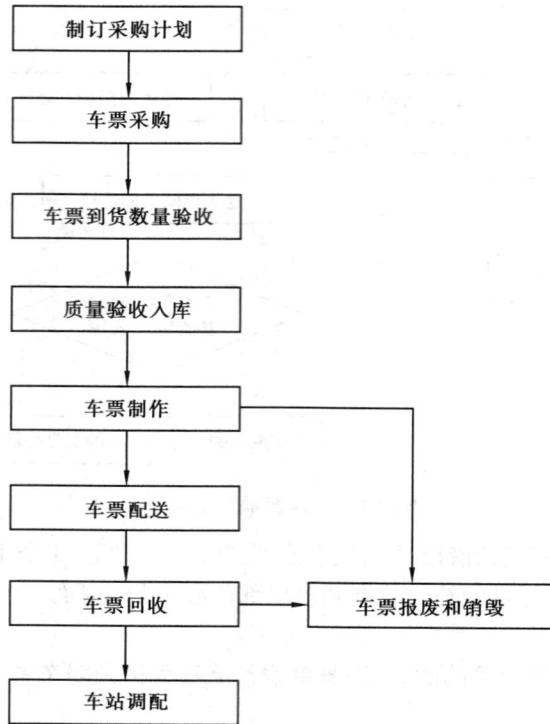

图 7.6　车票流程管理

具体计算公式为：

$$系统单程票流失量 = \sum 各站(售票量 - 出站量)$$

10 月份西安地铁 2 号线 17 个车站单程票售票量与出站量数据如表 7.3 所示。

表 7.3　西安地铁 2 号线 17 个车站单程票售票量与出站量

车　站	售票量	出站量	单程票流失量
北客站	120 731	130 096	-9 365
北苑	7 609	7 676	-67
运动公园	49 295	51 902	-2 607
行政中心	134 496	89 295	45 201
凤城五路	137 585	135 092	2 493
市图书馆	171 012	147 937	23 075
大明宫西	83 791	100 203	-16 412
龙首原	97 544	91 327	6 217
安远门	91 835	84 212	7 623
北大街	162 456	142 642	19 814
钟楼	558 047	633 538	-75 491
永宁门	95 413	68 354	27 059

续表

车　站	售票量	出站量	单程票流失量
南稍门	65 174	62 366	2 808
体育场	102 533	83 598	18 935
小寨	311 830	327 780	−15 950
韦一街	109 692	103 054	6 638
会展中心	300 306	337 152	−36 846
合计	2 599 349	2 596 224	3 125

从表中可以看出,10 月份系统计算单程票流失量 = (−9 365) + (−67) + … + (−36 846) = 3 125。

2)盘点单程票流失量

盘点单程票流失量,即 10 月 31 日运营结束前各站配送量之和与 10 月 31 日运营结束后各站盘点车站单程票总量之和的差,要求车站盘点必须准确无误。

具体计算公式为:

盘点单程票流失量 = $\sum$ 各站本月盘点日配送单程票总量 − $\sum$ 各站本次盘点日盘点单程票总量

10 月份西安铁 2 号线 17 个车站单程票配送量与车站 10 月 31 日盘点量数据如表 7.4 所示。

表 7.4　盘点数据

车　站	10.31 前配送数	10 月 31 日盘点量	单程票流失量
北客站	40 500	46 254	−5 754
北苑	8 100	8 328	−228
运动公园	18 900	19 407	−507
行政中心	80 600	34 019	21 381
凤城五路	34 200	32 549	1 651
市图书馆	63 300	47 202	4 098
大明宫西	10 800	20 109	−5 109
龙首原	32 083	22 367	9 716
安远门	45 000	26 041	18 959
北大街	79 700	46 530	24 170
钟楼	75 900	118 708	−15 808
永宁门	48 300	24 226	30 074
南稍门	57 300	55 590	1 710
体育场	59 100	32 271	26 829

续表

车　站	10.31 前配送数	10 月 31 日盘点量	单程票流失量
小寨	76 800	103 003	−20 203
韦一街	51 299	37 933	1 366
会展中心	28 397	54 113	1 284
合计	822 279	728 650	93 629

西安地铁 2 号线 10 月份单程票流失量 = (−5 754) + (−228) + ⋯ + 1 284 = 93 629。

系统单程票流失量与盘点单程票流失量差异加大,其主要原因包括:

①系统数据出现延迟上传,系统数据中可能包括上月数据或者部分数据还未上传。

②车站盘点不准确。

当系统数据与盘点数据差异较大时,一般会选择与月平均值较近的数据作为本月单程票流失量。

(3) 以西安地铁为例说明车票交接规定

假设票库 2 月 15 日出库前单程票已编码区单程票数量为 50 000 张, 2 月 15 日配收员按照《配收计划单》要求,到票库领取已经初始化单程票 10 000 张,并配送到钟楼站,各环节交接流程如下:

1) 车票配收员到票库领取 10 000 张单程票

车票配收员持《配收计划单》到车票处理员 1、2 处领取车票,车票处理员 2 根据《配收计划单》内容填写《车票出库单》,车票处理员 1 按照《车票出库单》内容与车票处理员 2 共同将车票从指定区域取出,与车票配收员交接。对于整箱加封的车票则按照加封数量交接,其中有 3 箱为整箱加封,每箱加封数量为 3 000 张,剩余的 1 000 张散装车票则利用票卡清点机当面清点。清点无误后,车票配收员在《车票出库单》上签认,并领取相应单据联,如表 7.5 所示。

表 7.5　车票出库单

单号:　　　　　　　　　　2012 年 2 月 15 日

业务类型	票　种	票价/次数	张　数	起号/止号	车票有效期	存放区域	备　注
配送出库	单程票	—	10 000	—	—	已编码区	

车票处理员 1:＊＊　　　　　　车票处理员 2:＊＊　　　　　　领票人:＊＊

第一联—车票处理员 1　　　　第二联—车票处理员 2　　　　第三联—领票人

交接完毕,车票处理员 2 按照《车票出库单》内容填写《票库库存台账》,如表 7.6 所示。

表 7.6　票库库存台账(单程票已编码区)

日期	票种	期初数量	出库单号	出库数量	入库单号	入库数量	结存数量	备注
2.15	单程票	50 000	—	10 000	—	—	40 000	

填表人:＊＊＊

2)车票配收员到钟楼站配送 10 000 张单程票

车票配收员将车票配送到钟楼站,与钟楼站客运值班员办理交接。车站客运值班员按照《配送明细单》记录签认,并在 5 日内进行逐张清点,如果存在差异,在 5 日内将存在问题票箱《车票详情单》及《配送明细单》(见表 7.7)复印件反馈到票务室。

表 7.7　配送明细单

单号:　　　　　　　　　　　　　　　2012 年 2 月 15 日

车站名称:钟楼站							
票　种	张　数	票价/次数	车票有效期	起号/止号		备　注	
单程票	10 000	—	—	—			
车票配收员	＊＊	员工号	＊＊	客运值班员	＊＊	员工号	＊＊

第一联—票务室　　　　　　　　　　　　　第二联—车站

3)西安地铁车票加封方法

加封方法如表 7.8 和图 7.7 所示。

表 7.8　加封方法

票盒加封	钱袋加封	信封加封	砂纸加封
用砂纸在票盒中间部位十字形缠绕后加封	将钱袋口用绳子缠绕扎紧后用砂纸缠绕加封	将票务信封口封住,再用砂纸将信封背面的接缝处封住并在信封背面砂纸骑缝处及封面上盖章	将车票用砂纸十字形缠绕后加封(不需装入信封)

4)西安地铁对储值票遗失的处理方法

假设票务室在配送西安地铁开通纪念票途中遗失一套开通纪念票(每套售价 80 元,内含 2 张 2 次票卡,共计 4 次),票号分别为 2000015001,2000015002,处理流程是:

（a）信封加封

（b）砂纸加封

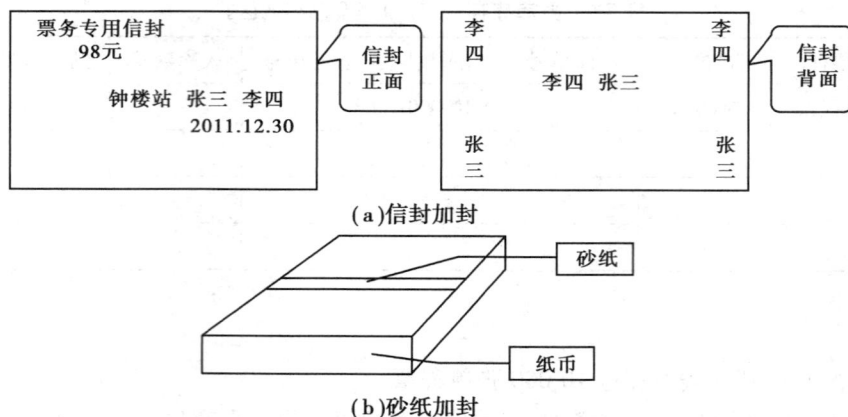

图 7.7　加封方法

①车票配收员立即写事情经过,经车票管理主办审核后,公务票负责人向 AFC 中央维护工班申请该票卡纳入黑名单设置申请,经票务室及 AFC 车间主任同意后,方可纳入黑名单。

②票务室公务票负责人向 AFC 中央维护工班申请该票卡使用情况协查,明确该票卡是否已经进入系统使用。如果经协查,该票卡在完成黑名单设置前未进入系统,则票务室向财务部出具"补款通知",并通知车票配收员到财务部补交车票成本。如果该票卡已经系统使用两次,则车票配收员需要补交车票成本和系统中产生的费用 40 元。

【效果评价】

评价表

项目名称	车票管理		学生姓名	
任务名称	任务 7.1　车票管理业务概述		分　数	
项　目			分　值	考核得分
1.车票管理相关定义			5	
2.车票的使用范围和管理流程			20	
项　目			分　值	考核得分
3.车票安全管理、保管、盘点规定			20	
4.车票交接、遗失处理			20	
5.单程票流失量计算、分析			10	
6.车票流转各环节报表填写			10	
7.编制学习汇报报告情况			10	
8.基本素养考核情况			5	
总体得分				
教师简要评语: 　　　　　　　　　　　　　　　　　　　　教师签名:				

任务 7.2　票务室车票管理

【活动场景】

在城轨票务管理室现场教学,或用多媒体展示城轨 OCC 车票各环节作业流程。

【任务要求】

1.掌握车票管理组织架构及各岗位职责;

2.掌握车票的发行、采购、验收、制作、出入库、配送回收等各环节作业流程;

3.掌握票库管理工作;

4.掌握票库月末盘点工作。

【知识准备】

7.2.1　车票管理相关岗位职责

(1)编码岗位职责

① 按照生产计划完成车票的领用、生产、入库,并填写相关台账,确保各类车票数量、金额等信息准确无误。

②负责对车票初始化、预赋值、重编码、注销等工作中涉及的各种票务报表、台账提出合理化建议,确保车票制作各项统计数据的完整、准确。

③负责编码室日常安全监督、检查,负责进出编码室人员的监管。

④负责编码室各项设备的保管,发现问题及时上报。

⑤负责车票生产方面月报表的整理和填写。

(2)配收岗位职责

①按照《配收计划单》要求,及时、准确地完成车票的配送、回收工作。

②负责按照规定做好各类票据、报表、台账及相关备品的日常回收工作。

③负责对回收报表、台账进行分类、整理,并及时上交相关审核人员。

④负责完整正确地填写负责本岗位各类报表、台账按时,并对其进行保管。

(3)车票处理

①协助车票管理主办完成样票、新票的外观、性能检测。

②新票到货时,负责清点数量办理入库手续。

③负责各种情况下的车票入库、出库及库内保管工作,对票库的车票进行分区统计。

④负责月末与相关人员对票库的车票进行清查、盘点。

⑤负责与车票处理员 2 共同确认需销毁车票数量,做好车票销毁出库工作。

⑥及时、准确、完整地填写本岗位各类报表、台账并对其进行保管。

⑦保管票库钥匙,对票库安全负责,因故离岗需经票务室主任同意后与票库管理员 2 做好票库钥匙及相关物品的移交工作。

(4)票库管理

①协助车票管理主办完成样票、新票的外观、性能检测,并填写相应报表、台账。

②根据出入库实际情况,填写相关单据,并按照出入库单据做好相关台账的登记工作。

③负责与车票处理员共同完成出入库车票的清点工作,确保账实相符。

④负责月末与相关人员对票库的车票进行清查、盘点,并填写相应报表、台账。

⑤负责与车票处理员共同确认需销毁车票数量,并根据要求按时上报车票销毁计划,填写相应单据,做好车票销毁前各项准备工作及车票销毁出库工作。

⑥负责本岗位各类报表、台账的填写、保管。

⑦将票务室主任同意,做好票库钥匙及相关物品的移交工作。

7.2.2 车票作业流程

(1)车票发行

1)非营销类车票发行

发行前需要确定的因素主要包括车票标准名称、车票票面设计、发行方式、发行数量、车票售价、销售时间、销售有效期。

2)营销类车票发行

发行营销类车票之前,综合部负责进行车票发行前的市场需求分析,确定车票的主题、销售时间,并形成车票发行策划方案及版面设计方案。

(2)车票采购

①单程票采购。

a.采购前提。票务部每年年末提报下一年度单程票采购计划,提报数量依据为本年度地铁进出站客流、单程票售卖量、循环使用率以及单程票流失量,同时需要考虑票库单程票备用量,确保全线单程票保有量和票库单程票备用量充足。

b.具体采购流程如图7.8所示。

②纸质车票采购。

a.客运部根据应急车票等纸质车票的使用需求,向票务部提交申领计划。

b.票务部对客运部提交的申领计划修订后,进行印制。

(3)车票验收

1)外观测试

①测试工具:游标卡尺或千分尺(图7.9)等。

②测试部门:票务部。

③测试内容:

a.表面光洁度。目检IC单程票表面,没有明显的划痕、斑点、凹坑、凸起等,表面印刷图案工整且不易磨损。

b.版面。目检与采购方确认的样卡或彩稿保持一致。

c.划伤。目检不允许出现露卡基白色的深度划痕,至少需要反光条件下才可见的轻划伤是允许的;非反光条件下可视的划痕长度不大于3 cm,数量不超过2条。

d.物理尺寸。游标卡尺测量车票的长、宽、厚是否符合该批车票的技术指标要求。

2)性能测试

①测试方式:票务室编码分拣机、车站AFC设备。

②测试部门:票务部。

③测试内容:车票在编码室制作、车票在车站发售、验票、进出站、补票、SC/CC交易数据

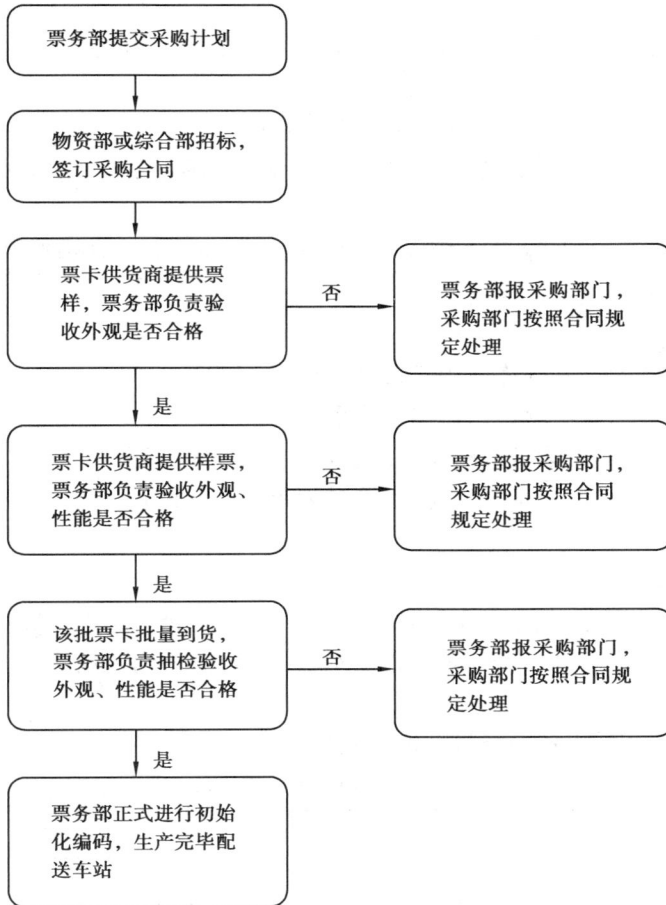

图 7.8　单程票采购流程

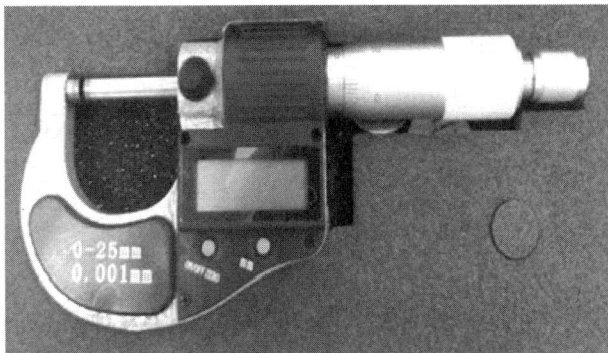

图 7.9　千分尺

是否与实际相符等。

（4）车票制作

1）车票制作工作类型

这包括票卡初始化、票卡预赋值、票卡重编码、票卡注销等。

2）车票制作流程

①票务部车票管理主办下达车票《生产计划单》，包括纸质和系统内生产计划单，确保双单内容一致。

②车票编码员根据纸质《生产计划单》办理出库手续。

③车票编码员在编码分拣机工作站系统中选择相应系统生产计划单，并对计划制作的车票进行编码或赋值等操作。

④车票制作完成后，车票编码员填写《生产日志》，记录车票制作情况，并将制作后的车票清点、加封、入库。

3）车票制作要求

①车票制作、清点、加封、入库必须双人进行。

②编码员必须使用自己的账号、密码登录系统。

③车票制作过程中出现设备故障应及时上报并做好相应记录。

④车票出库、制作、入库数量必须与《生产计划单》数量保持一致。

（5）车票出入库

1）车票出入库类型

①出库类型：生产出库、配送出库、领用出库、借票出库、销毁出库、库内流动等。

②入库类型：生产入库、回收入库、归还入库、上交入库、库内流动等。

2）车票出入库流程

①车票在出入库前需出示的资料具体见表7.9。

表7.9　车票出入库所需资料

出　　库		入　　库	
出库类型	相关资料	入库类型	相关资料
生产出库	《生产计划单》	生产入库	《生产计划单》《车票生产日志》
配送出库	《配收计划单》	回收入库	《配收计划单》
领用出库	领用申请	归还入库	《车票借用/归还单》
借票出库	《车票借用审批表》	上交入库	《车票上交单》
销毁出库	《车票销毁单》	库内流动	《库内流动申请表》
库内流动	《库内流动申请表》		

②领票或还票人员将相关资料交车票处理员2审核无误后，车票处理员1、2按照资料规定票种、数量办理车票出入库，并填写相关单据；在办理出入库时，认真核查车票有误毁损、数量、票内信息是否正确，出现差异则按照实际核查数量出入库，并将差异情况立即反馈车票管理主办，跟进差异车票处理情况。

（6）车票配送

1）车票配送分类及配送流程

①车票配送类型：日常车票配送、大客流情况下车票配送。

②日常车票配送流程。

a.票务室车票监控人员通过《车站车票库存日报表》发现车站单程票数量低于车站单程票最低保有量时,通知车票管理主办。车票管理主办确认信息后下发《配收计划单》,注明配送车站、票种、数量、完成时间等信息。车票配收员按照《配收计划单》内容填写《配送明细单》,并持《配收计划单》到车票处理员 1、2 处领取车票。车票处理员 2 核查《配收计划单》,并按照《配收计划单》要求与车票处理员 1 共同将车票交车票配收员。车票处理员 1、2 及车票配收员共同在车票交接室监控系统下清点车票,无误后将车票配送至相应车站。

b.当车票数量低于车站车票最低保有量时,车站向票务室打电话申请。票务室根据全线车票库存数量检查其他车站是否有与之相匹配的多余车票。若有,则电话通知两个车站进行站间车票调配;若无,则票务室于次日将车票配送到车站。具体配送流程同日常车票配送流程。

③大客流情况下车票配送。

遇节假日出现大客流时,车站根据预测的进站客流情况,上报需要预制单程票的数量,票务室提前做好预制单程票并提前两天将车票配送到各车站,保证车站有充足车票。

2)配送车票的清点交接

①车票清点交接原则。

a.车票配送员将清点加封好的车票配送至车站后,与客运值班员两人共同在车站票务管理室内进行清点交接。

b.车票配送员与客运值班员必须在车票管理室监控仪可监控的范围内进行交接。

c.客运值班员对车票进行开封、清点,确认车票类型、票种、数量、金额等;车票配送员负责监督、检查。

d.开封后,若车票数量和信息(信息包括车票类型、票种、金额等,下同)核对正确无误,交接双方在《配票明细单》上签字确认。若发现车票数量有误,车站按实际清点数量进行签收,交接双方在《配票明细单》上进行备注并签字确认;若发现车票信息有误,交接双方在《配票明细单》上进行备注并签字确认。

e.清点完毕,客运值班员将车票分类保存,以备使用。

②各种车票的清点方式。

a.单程票:对整包加封的单程票交接时,客运值班员确认加封正确完好后凭加封数量交接;对零散的单程票,车票配送员与客运值班员须共同清点单程票数量,确认无误后办理签收交接手续。

b.计次票、纪念票、"长安通"卡:车票配送员与客运值班员须共同拆封,清点车票数量,确认车票信息和数量无误后办理签收交接手续。

c.预制单程票:车票配送员与客运值班员负责将预制单程票按照售出期限、票价,用专用点票机进行清点,确认车票信息无误后办理签收交接手续,并加封车票。

d.纸质车票:对整包加封的纸质车票交接时,客运值班员确认加封正确完好后凭加封数量、纸票编号交接;对零散的纸票,车票配送员与客运值班员应当面清点纸票数量以及编号,确认纸票信息无误后办理签收交接手续。

(7)车票回收

1)随次日报表上交的车票

①种类及定义。

　　a.单程票坏票。单程票坏票包括在乘客事务处理过程中回收的人为损坏的单程票,以及进行替换操作的非人为损坏单程票。

　　b.特殊情况下的单程票退票。特殊情况下的单程票退票是指在列车发生晚点、运营故障需清客等特殊情况下,受影响乘客在规定日期内在地铁车站办理的单程票退票。

　　c.计次票坏票。计次票坏票是指发售过程中发售失败的计次票及按照规定可以给乘客退款的计次票。

　　②上交流程。单程票坏票、特殊情况下的退票、计次票坏票由售票员分类别用信封加封;回收箱中储值票、执法过程中弃置的储值票及票务运作过程中已折损或变形的单程票由客运值班员用信封加封,次日由车站早班客运值班员连同票务报表一起上交票务室。

　　2)票务室定期回收的车票

　　①种类及定义。

　　a.车站设备废票。车站设备废票是指车站自动售检票车站设备废票箱中的废票,包括TVM 废票、BOM 废票和 AGM 废票。

　　b.待清洗单程票。票务室定期对车站单程票进行回收清洗。

　　②上交流程。

　　a.车站设备废票。每月 15 日、月末最后一天,票务室对车站设备废票进行回收(若该月 15 日、月末最后一天为周末或节假日,则顺延到周一)。车站提前对设备废票进行回收清点,分类别用信封或布袋加封,并填写《车票上交单》,票务室在规定的时间进行回收。

　　b.待清洗单程票。回收待清洗单程票前,票务室提前以 1∶1 的比例给车站配票。车站在票务室回收待清洗车票前将车站原有单程票进行清点,分类别用信封或布袋加封,并填写《车票上交单》,票务室在规定的时间进行回收。

　　3)票务室不定期回收的车票

　　①种类和定义。

　　票务室不定期回收的车票是指票务室根据车站客流情况及库存情况即时制订回收计划,安排回收车票,主要包括溢出车票和预制单程票。

　　a.溢出车票。溢出车票是指车站拥有的单程票数量高于票务室规定的最高保有量。票务室根据整个线路的《车站车票库存日报表》的情况制订车票回收计划,并电话通知需上交溢出车票的车站。

　　b.预制单程票。回收预制单程票是指票务室根据预制单程票的有效日期制订回收计划,并电话通知需回收预制单程票的车站。

　　②回收流程。

　　溢出车票、预制单程票的回收由票务室提前通知车站,车站进行清点,分类别用信封或布袋加封,填写《车票上交单》。票务室在 3 个工作日内到车站回收车票。

　　4)回收车票的清点交接。

　　①随次日报表上交的车票清点。

　　随次日报表上交的车票由收益核对助理对上交的车票与报表中的数量进行核对,对于少交的车票要通知车站进行补交。

　　②定期、不定期回收的车票清点。

　　票务室定期回收的车票、票务室不定期回收的车票由车票配收员与客运值班员在监控仪可监控范围内按加封数量进行交接,确认无误后,双方在《车票上交单》上签名确认。回收的车票由车票处理员 1、车票处理员 2 在监控仪可监控范围内按类别进行清点,清点完的张数与上交的张数进行对比,将差异记录到《车票上交单》中,通知车站将多余的车票领走,对少交的车票进行补交。

(8)票库管理规定

1)票库出入规定

①所有进入票库的人员,须由车票处理员 1 陪同。

②非票务室人员进入票库,须经票务室主任批准,并在《票库出入库登记表》上进行登记。

③在票库中存放或取出车票必须由车票处理员 1、2 配合完成。

④未经票务室主任许可,任何人不得携带车票进出票库(生产、配送、回收等除外)。

⑤进出票库后必须及时锁上票库门。

⑥车票处理员 1、2 上下班前,要检查门锁、钥匙柜门是否处于正常状态。若发现异常情况,在保护票库安全的情况下,及时报车票管理主办,并作好异常记录。

2)车票保管要求

①票务室须每月对车票库存情况进行盘点,做到账实相符。

②票库车票保管要求做到存放分区、堆放整齐、标志清晰,注意防止折曲、刻画、腐蚀、水浸、重压和高温。

③每周定期对票库进行清尘、防尘工作,以确保票库的整洁状态。

④易燃易爆、化学有毒物品及与票务无关的物品不得进入票库,且票库需配备手提式干粉灭火器。

3)票库分区

根据车票种类,票库库位被划分为 6 个区域:单程票、纪念票、计次票、"长安通"卡、纸质车票、公务票(根据车票发行情况不同,各区域会出现不同程度的增减,实现实时动态分区)。

根据车票在生产、流通过程中的不同状态,各区域内划分有不同的分区。

①新票区:存放采购回来、未经编码分拣机初始化编码的白票;

②已编码区:存放经过编码分拣机初始化编码的车票;

③已赋值区:存放经过编码分拣机预赋值的车票;

④待注销区:存放到期广告单程票、超过使用次数的单程票、不能再使用需销毁的车票、过期预制单程票等车票;

⑤待编码区:存放单程票坏票及设备废票(TVM 废票、BOM 废票、AGM 废票)中需进行再次编码才能使用的车票;

⑥循环区:存放从车站回收上来的可循环配发给车站的车票;

⑦测试区:存放用于测试车票性能或 AFC 系统设备功能的各类车票;

⑧待清洗区:存放从车站回收上来需清洗的车票;

⑨已清洗区:存放完成清洗工作的车票;

⑩待销毁区:存放已损坏、无法注销或再编码需进行销毁的车票。

各票种所包含的分区示意见表 7.10。

表 7.10　各票种分区示意

库位 分区	单程票	公务票	纪念票	计次票	纸质车票	长安通卡
新票区	√	√	√	√	√	√
已编码区	√	√	√	√		
已赋值区	√					
待注销区	√	√				
待编码区	√					
循环区	√					
测试区	√	√	√	√		√
待清洗区	√					
已清洗区	√					
待销毁区	√	√				√

（9）票库月末库存盘点

①每月应进行一次票库车票数量情况检查,确保账物相符。

②盘点主要由车票管理主办、车票管理助理、车票处理员 1 和车票处理员 2 共同进行清点。

③车票处理员 1 根据库存管理台账整理形成《__月车票盘点表》,清点人员根据《__月车票盘点表》上账面数,按票种、票区共同进行盘点,将实际盘点数量分别记录在盘点表的"实点张数"和"差异张数"栏。

④电子类车票盘点时,对于整箱加封的车票,清点人员确认加封正确完好后按加封数量记录;对零散的电子类车票,清点人员须共同清点电子类车票数量,按实际清点的数量记录。

⑤纸质车票盘点时,对于整包加封的纸质车票,清点人员确认加封正确完好后凭加封数量记录;对零散的纸票,清点人员须共同清点纸质车票数量以及编号,按实际清点的数量记录。

⑥库存数量与清点数量产生的差异,由车票管理主办安排进行自查,需填写《车票库存差额调整审批表》,由票务室主任、票务部分管领导签字确认,票务室方可修改库存数量。

【任务实施】

（1）西安地铁票务室车票各岗位相互关系

西安地铁票务室车票组有两名技术人员和 6 名生产人员,其中两名技术人员主要负责车票组技术类工作,包括流失量统计分析、报表审核、各类技术资料提报以及文本修订等工作。6 名生产人员分别包括车票编码员、车票处理员和车票配收员,车票编码员负责车票的日常生产、制票室设施设备安全以及问题上报,车票处理员负责车票的车入库以及票卡及设备设施安全,车票配收员负责车票配送、回收以及回收车站报表等。

（2）西安地铁车票发行流程

车票发行流程如图 7.10 所示。

（3）西安地铁车票采购

1）IC卡车票采购流程

①票务部票务室根据车票的使用情况,拟定下一年的车票采购计划,报物资部(综合部);由物资部(综合部)选定供货商签订合同。

②当有票样提交时,物资部通知票务部票务室验收车票的外观及尺寸,并在3个工作日内将票样的检验报告提交给物资部(综合部)。

③当有样票提交时,物资部通知票务部票务室验收车票。票务部票务室对车票外观及性能进行检验,并在5个工作日内将样票的检验报告提交给物资部(综合部)。

④车票到货后,物资部(综合部)通知票务部验收车票。票务部按一定比例对车票外观(性能)进行检验,并提交检验报告。若检验合格,物资部(综合部)通知票务部领票;若检验出此批车票超过合同规定的不合格比率,由物资部(综合部)负责将此批车票全部退回厂家。

⑤在车票质保期内,对于在初始化编码、车票发售及流通过程中产生的非人为损坏的不合格车票,由票务部提交相关车票,由物资部(综合部)联系厂家进行处理。

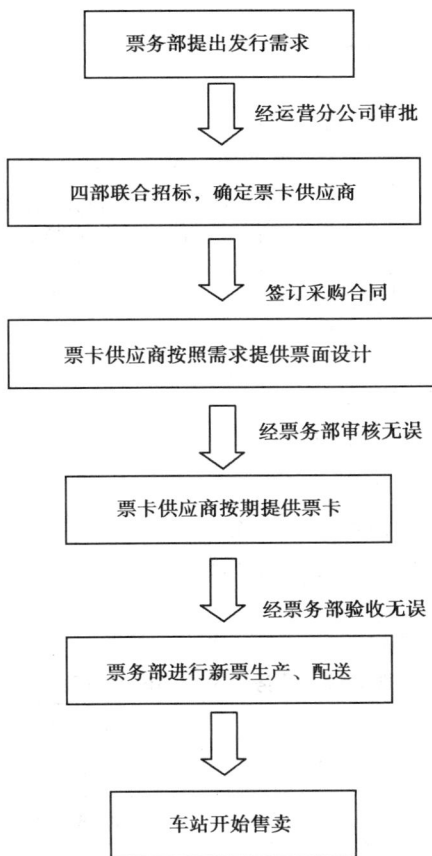

```
┌─────────────────────┐
│   票务部提出发行需求   │
└─────────────────────┘
          │ 经运营分公司审批
          ▼
┌─────────────────────┐
│ 四部联合招标，确定票卡供应商 │
└─────────────────────┘
          │ 签订采购合同
          ▼
┌─────────────────────┐
│ 票卡供应商按照需求提供票面设计 │
└─────────────────────┘
          │ 经票务部审核无误
          ▼
┌─────────────────────┐
│  票卡供应商按期提供票卡  │
└─────────────────────┘
          │ 经票务部验收无误
          ▼
┌─────────────────────┐
│  票务部进行新票生产、配送  │
└─────────────────────┘
          │
          ▼
┌─────────────────────┐
│     车站开始售卖      │
└─────────────────────┘
```

图7.10   IC卡车票发行流程

2）纸质车票采购流程

纸质车票采购流程如图7.11所示。

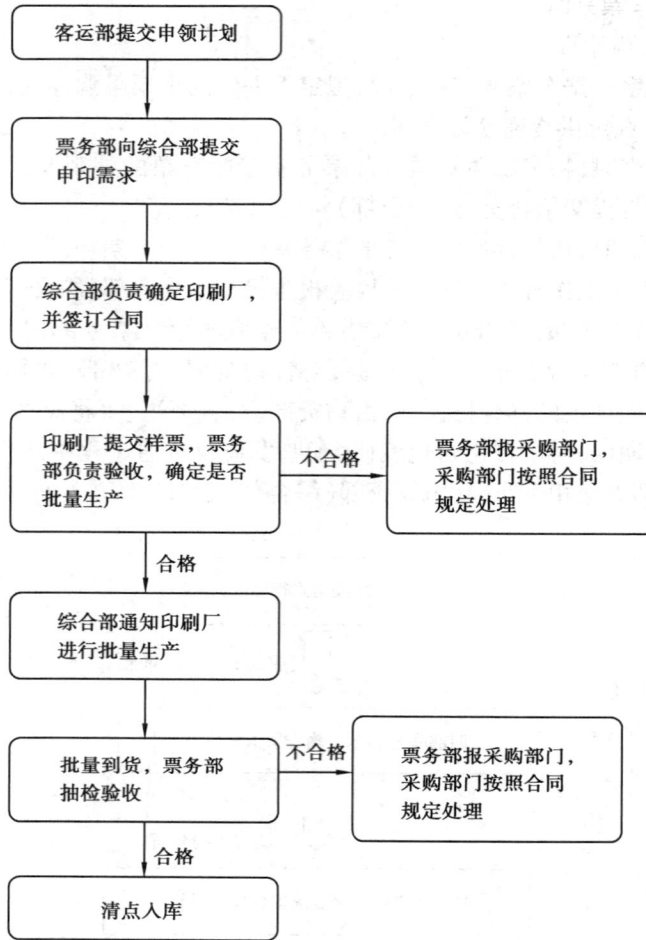

图 7.11 纸质车票采购流程

(4)西安地铁车票验收测试流程

票务室向 AFC 车间提交车票测试申请,经 AFC 车间同意后,AFC 车间与票务室共同完成车票测试,测试内容及要求以 AFC 车间测试标准为主。具体内容如下:

1)测试申请

票务部车票测试申请见表 7.11。

表 7.11 票务部车票测试申请表

测试对象	UL 卡	测试阶段	批量测试
测试票卡数量/总量		抽样概率	
测试时间	—	测试地点	
测试人员		配合人员	
票务室审批意见		AFC 车间审批意见	
票务部审批意见			

2）外观测试

票务部车票外观测试见表 7.12。

表 7.12　票务部车票外观测试表

测试对象	UL 卡	车票厂家	
测试项目	外观	测试具体时间	
测试前提	在批量到货的票卡中随机抽取__张 UL 卡		
测试步骤	肉眼观察票卡外观,并将相应结果记录在"实测结果"中		
预期结果	版面:与采购方确认的样卡或彩稿保持一致。		
	表面:车票表面为哑光面/油面/磨砂面/……,PVC 材质封装,无明显瑕疵		
	划伤:不允许出现露卡基白色的深度划痕,至少需要反光条件下才可见的轻划伤是允许的;非反光条件下可视的划痕长度不大于 3 cm,数量不超过 2 条		
	折痕:将车票向正、反两面各折 10 次,票面无明显褶皱、折痕和脱落现象		
实测结果	卡号_____:版面正确/不正确,表面为____面,PVC 材质封装,有/无明显瑕疵和划伤,经测试有/无明显折痕		
	卡号_____:版面正确/不正确,表面为____面,PVC 材质封装,有/无明显瑕疵和划伤,经测试有/无明显折痕		
	卡号_____:版面正确/不正确,表面为____面,PVC 材质封装,有/无明显瑕疵和划伤,经测试有/无明显折痕		
	卡号_____:版面正确/不正确,表面为____面,PVC 材质封装,有/无明显瑕疵和划伤,经测试有/无明显折痕		
	卡号_____:版面正确/不正确,表面为____面,PVC 材质封装,有/无明显瑕疵和划伤,经测试有/无明显折痕		
	抽取的____张票卡中,符合预期结果的有____张,抽样合格率为_____ 测试人:		
测试结论	合格/不合格		
备注: 制票室员工独立完成此测试项目。			

3）性能测试

票务部车票性能测试见表7.13—表7.15。

表 7.13　票务部车票性能测试表

测试对象	UL 卡	车票厂家	
测试项目	车票读写距离	测试具体时间	
测试前提	在批量到货的票卡中随机抽取__张 UL 卡		
测试步骤	使用测试工具在 AFC 培训室 AGM 上对车票进行读测试,验证车票最大读写距离,并记录在"实测结果"中		
预期结果	UL 卡:AGM 上读写距离不小于 60 mm		
实测结果	卡号_____:读写距离最大为_____ mm		
	卡号_____:读写距离最大为_____ mm		
	卡号_____:读写距离最大为_____ mm		
	卡号_____:读写距离最大为_____ mm		
	卡号_____:读写距离最大为_____ mm		
	抽取的__张票卡中,符合预期结果的有__张,抽样合格率为_____。 　　　　　　　　　　测试人:_____　　　配合人:_____		
测试结论	合格/不合格		
备注: 　　制票室主测,AFC 提供测试工具和技术支持。 　　请根据测试对象不同对该表格进行调整,删除多余项(如预期结果中)。			

表 7.14　车票使用测试记录表（走票测试）

序号	测试对象	测试项目	测试前期	测试步骤	预期结果	车票编号	测试设备编号	交易明细	交易时间	结　果	备注	与SC是否一致
1	单程票	车票激活，进出站，扣费	从E/S制作成功的票卡中抽取1张在AGM上进行测试，初始化的单程票应首先进行票卡发售	测试能否正常进出站，扣费是否正常，并在BOM上查看有效期等票内信息是否正确	应能正常进出站，正常扣费，刷卡后有效期等信息，票内信息正确		G__	进站		进站成功/失败		
2							G__	出站		出站成功/失败，并扣费__元/次		
3							B__	验卡		有效期，最近使用时间，最近使用车站，旅程状态，票内余额正确/不正确		

测试结果：合格/不合格
存在问题：

主测人：_____　　配合人：_____
测试地点：_____　　测试具体时间：__月__日

备注：请根据测试对象对该表格进行修改（如实填写测试对象），并将测试明细与SC的"设备交易明细"核对，查看是否一致；以上项目由制票室主测，AFC人员协助进行票卡发售。

表 7.15　车票使用测试记录表（补票）

序号	测试对象	测试项目	测试前期	测试步骤	预期结果	车票编号	测试设备编号	交易明细	交易时间	结果	备注	与SC是否一致
1	单程票	无进站记录补票	从E/S制作成功的车票中抽取1张，初始化单程票进行发售	对无进站记录的车票进行付费区补票，补进站码后，测试能否刷卡出站，AGM扣除的金额次数是否正确	可刷卡出站，且AGM扣除的金额/次数正确		B__	补__站进站		补票成功/失败		
2					出站成功/失败，并扣费__元/次		G__	出站		出站成功/失败，并扣费__元/次	应扣费__元/次	
3	单程票	超时补票	使用BOM为1张车票补进站，制作无出站记录车票（BOM时间设为5小时前）	进行付费区补票，查看补票金额数是否正确，测试能否出站	以现金形式进行超时补票，补票金额为		G__	进站		进站成功/失败	仅单程票需进行此操作	
4	单程票				"全线网最高车程费"，补票后可刷卡出站		B__	超时补票		补票成功/失败，并扣费__元/次	应扣费__元	
5							G__	出站		出站成功/失败		
6	单程票	超程补票	使用BOM为1张车票补进站至出站（进站车站至本站车费大于票内余额）	对超程车票进行付费区补票，票金额是否正确，补票后，刷卡出站	以现金形式进行超程补票，补票金额为"进站车站到本站的票价"		B__	补__站进站		补票成功/失败，并扣费__元/次	应扣费__元	
7	单程票				额，补票后可刷卡出站		B__	超时补票		补票成功/失败，并扣费__元/次	应扣费__元	
8							G__	出站		出站成功/失败		

测试结果：合格/不合格

存在问题：

主测人：_____　配合人：_____

测试地点：_____

测试具体时间：_____年_____月_____日

备注：请根据测试对象对该表格进行修改，并将测试明细与SC的"设备交易明细"核对，查看是否一致；以上测试项目由制票室主测，AFC配合完成单程票发售，非当日进站补票、超时、超程补票。

（5）西安地铁车票生产

以西安地铁车票生产为例。假设2月15日需要生产将已经初始化过的10 000张单程票制作为2元预制单程票,在生产过程中产生废票5张,ES1在10:15卡票一次已经修复,具体流程如下:

①车票管理主办下达纸质车票《生产计划单》,如表7.16所示。

表7.16　生产计划单

序号	工作类型	申请单号	票　种	票价/次数	车票有效期	张　数	起号/止号	完成时间
1	预赋值	—	单程票	—	—	10 000	—	2012.2.15
车票管理主办:				车票编码员:				

②车票管理主办在ES上下达系统生产计划,即生产任务。

③车票编码员领票出库。

④车票编码员在ES上登录自己的账户,选择此次生产任务并执行任务。

⑤任务完成,清点生产成功的车票,并与系统显示成功数量进行对比。如果不一致,作为系统故障上报,将好票与废票分开清点,但合计数必须为10 000张。

⑥无误则对车票进行装箱加封,填写《车票详情单》。

⑦生产结束填写《车票生产日志》,如表7.17所示。

表7.17　车票生产日志

2012年2月15日　　　　　　　　　　　　　　　　　　　　　　　　　统一编号:

工作类型	票　种	票价/次数	有效期	张　数	有效票张数	无效票张数	备　注
预赋值	单程票	2元	—	10 000	9 995	5	
设备运营情况	ES1在10:15卡票一张,AFC中央维护工班已经修复。						

填表人:＊＊＊(车票编码员)　　　　　　　　审核人:＊＊＊(车票管理主办)

（6）西安地铁车票出入库

以上例为例,车票编码员到车票处理员处领取10 000张单程票用于生产,生产完毕进行生产入库,具体内容同车票交接内容。

（7）西安地铁车票配送回收

无论是日常车票配送还是大客流情况下的车票配送,作为配送人员,其配送流程是一样的,现以西安地铁目前配送流程为例,说明车票配送的操作内容。

假设6月25日会展中心有王菲演唱会,演唱会晚上九点半结束,为了应对演唱会结束后观众集中乘坐地铁,票务室制定车票保障方案,并于 6 月 24 日前完成车票保障工作。具体为向会展中心站增配单程票 6 000 张,3 元预制单程票 2 000 张,3 元应急纸票 1 000 张,配送流程如下:

①车票管理主办下发《配收计划单》,并交予车票配收员,如表 7.18 所示。

表 7.18 配收计划单

单号:　　　　　　　　　　2012 年 6 月 24 日　　　　　　　　　　统一编号:

序号	业务类型	票　种	存放区域	票价/次数	张　数	起号/止号	车票有效期	车　站	完成时间
1	配送	单程票	已编码区	—	6 000			会展中心	2012.6.24
2	配送	单程票	已赋值区	3 元	2 000			会展中心	2012.6.24
3	配送	应急纸票	新票区	3 元	1 000			会展中心	2012.6.24

车票管理主办:＊＊　　　　　　　　　　　　　　车票配收员:＊＊

第一联—车票管理主办　　　　　　　　　　　　第二联—车票配收员

②车票配收员持《配收计划单》到车票处理员处领取车票。

③车票配收员根据《配收计划单》内容填写《配送明细单》。

④车票配收员与车站客运值班员交接车票,车站客运值班员在《配送明细单》上签认。对于预制单程票和应急纸票,必须当面全部拆封清点。预制单程票每箱按照 2%的比例进出抽检,核对票内信息。应急纸票必须查看票面号,按照实际清点和抽检情况填写《配送明细单》,单程票在 5 个工作日内反馈清点情况。

无论是定期回收还是不定期回收,其主要区别在于是否需要提前向车站通知。如果是定期回收设备废票或待清洗单程票,则票务室只需要按照规定时间回收即可。如果是不定期回收溢出车票、预制单程票等,则需要提前通知车站准备好车票,票务室再到车站回收,其回收过程和清点入库过程完全一致。

(8)西安地铁车票盘点

①车票处理员 2 根据本月票库车票类型,修改《车票盘点表》。《车票盘点表》模板如表 7.19 所示。

②车票处理员 2 将《车票库存台账》中各票种在各票区本月末最后一天结存数量记录在《车票盘点表》对应票种票区的账面数中。

③车票处理员 1、2 及车票管理主办、车票管理助理共同分票种分区清点车票,并将清点数量记录在相应票种票区的实点数中。在清点过程中,对于整箱加封的按照加封数量清点,零散车票则需要逐张清点。

④清点完毕,由车票处理员 2 计算差异数量。如果产生差异,则由车票管理主办安排进行自查,需填写《车票库存差额调整审批表》,由票务室主任、票务部分管领导签字确认后,票务室方可修改库存数量。

表 7.19　车票盘点表

	分　区	账面数量	实点数量	差异数量
单程票	新票区			
	已编码区			
	已赋值区			
	待注销区			
	再编码区			
	循环区			
	测试区			
	待清洗区			
	已清洗区			
	待销毁区			
纪念票	新票区			
	已赋值区			
	待注销区			
	测试区			
计次票	新票区			
	已赋值区			
	待注销区			
	测试区			
	待销毁区			
"长安通"卡	新票区			
	测试区			
行李票	新票区			
	待销毁区			
团体票	新票区			
	待销毁区			
应急纸票	新票区			
	待销毁区			
公务票	新票区			
	已赋值区			
	待注销区			
	测试区			
	待销毁区			

【效果评价】

评价表

项目名称	车票管理		学生姓名	
任务名称	任务 7.2　票务室车票管理		分　　数	
项　　目			分　值	考核得分
1.票务室车票管理组织架构及各岗位职责			5	
2.地铁车票的发行、采购、验收、制作、出入库、配送回收等各环节作业流程			50	
3.票务室票库车票出入、保管、分区及车票盘点要求			20	
4.车票流转各环节报表填写			10	
5.编制学习汇报报告情况			10	
6.基本素养考核情况			5	
总体得分				
教师简要评语： 教师签名：				

任务 7.3　车站车票管理

【活动场景】

在城轨票务管理室现场教学,或用多媒体展示城轨车站车票各环节作业流程。

【任务要求】

1.掌握车站票务相关岗位职责;

2.掌握车票在车站各环节作业流程。

【知识准备】

7.3.1　车站车票相关岗位职责

（1）站长

①总体负责车站的票务管理工作,确保车站的票务运作顺畅。

②负责车站的车票、现金以及票务备品安全。

③监督、检查、指导车站员工的票务工作。

④保管部分备用票务钥匙。

（2）值班站长

①具体负责车站票务管理工作,确保本班票务运作顺畅。

②具体负责本班车票、现金及票务备品等安全。

③具体负责车票、备用金及票务备品的申领。

④具体负责车站票务管理室闭路监控系统的日常管理和监控。

⑤检查、监督员工的票务工作。

（3）客运值班员

①负责 TVM 钱箱更换、补币、清点以及票箱的补票工作。

②安排并监督站务员的票务工作,负责给售票员配票、配备用金以及结账的工作。

③完成相关票务报表、台账的填写;负责每月报表的装订和存档。

④负责车票/报表的接收、上交等工作。

⑤保管车站票务管理室的车票、现金、报表、单据、票务备品、票务钥匙等,并负责其安全。

⑥处理与乘客相关的票务事宜。

（4）售票员

①负责车站票务中心当班的售票工作。

②保管当班报表、单据、现金、车票、票务钥匙、车站票务中心相关备品,并负责其安全。

③完成相应票务报表的填写。

④协助处理票务紧急情况。

（5）厅巡

①引导乘客正确操作票务设备。

②巡视车站 TVM、AGM 的运作情况。

③按要求更换 AGM 票箱。

④检查乘客车票的有效性。

⑤及时回收乘客遗留车票。

7.3.2 车票交接

（1）车票交接要求

车票交接包括车站与票务室车票交接、车站内部各岗位之间车票交接和线路车站之间车票交接。

在车票配送交接时必须做到以下几点:

①必须在监控仪监控状态下进行清点交接。

②对于普通单程票,如果已经加封,则按照加封数量交接,5 日内反馈清点结果。

③对于预制单程票,必须逐盒清点并放回原盒。

④对于纸质车票,凭加封数交接,车站在 10 日内自行完成数量和信息的确认。

⑤储值类车票必须当面清点数量并核对票内信息。

在车票回收交接时必须做到以下几点:

①必须在监控仪监控状态下进行清点交接。

②以票务室清点数据为准,车站如果有异议可以查看监控资料核实。

③票务室清点数据如果与车站清点数据有差异,则车站多退少补;如果其间夹杂其他物品影响车票数量,则由车站修改报表。

(2)车票交接数量、票内信息不符的处理

①票务室给车站配票过程中出现数量、票内信息不符:车站以实际数量接收,票务室进行核查。

②站间调票数量、票内信息不符:对于普通单程票,配入站以实点数数量入账;对于预制单程票和储值类车票,按照实际查验的票内信息相符的车票数量入账,并在《站间调票单》上做好备注。

③客运值班员之间交接出现数量、票内信息不符:以接班客运值班员实际清点和查验信息相符的车票数量为准进行交接,并将信息及时报值班站长;值班站长须到车站票务管理室确认,按实际数量进行签收。由接班客运值班员在《客运值班员交接班本》和《车站车票库存日报表》记录相关情况,交班客运值班员和接班客运值班员和值班站长三方签章确认,并将情况立即上报客运部,及时组织调查并在5个工作日内将调查情况报票务部。

④客运值班员向售票员配票时出现数量、票内信息不符:以售票员实际接受车票数量为准,客运进行认真核账。若查无原因,按照客值之间交接出现数量、票内信息不符处理流程进行。

7.3.3　车票保管

车票保管要求如表7.20所示。

表7.20　车票保管要求

车票存放区域	保管要求	
	共性要求	个性要求
车站票务管理室	1.车票原则上只能存放于车站票务管理室、车站票务中心、TVM、BOM、AGM、车票回收箱。 2.保管车票时,注意防折曲、刻画、腐蚀、水浸、重压和高温	对有值车票,均应根据票种归类存放于上锁的专用票柜或保险柜中;其他车票应按车票类型(闸机回收票、废票等)归类存放于固定的票柜
车站票务中心		售票员在车站票务中心处理车票时,应将车票放在乘客接触不到的地方。存放于车站临时票务中心的车票须做好防盗工作
运送途中		车票在运送途中,一律放在上锁的售票盒、票箱或上锁手推车中。储值票和预制单程票需由两名车站站务员工负责运送和安全

7.3.4　车票的使用规定

(1)单程票使用规定

单程票只能在售出站进站使用一次,且当天有效。单程票包括普通单程票、预制单程票。

若预测某日会出现大客流,车站 TVM 售卖能力不足,车站可在大客流当日的客流较少时间段中通过 BOM 预发售预制单程票。

(2)纸质车票使用规定

纸质车票使用一般包括两种情况。一是用作行李票。当乘客进站所带行李超过地铁规定的质量、长度、体积时,需要购买行李票。行李票为两元应急纸票。二是车站 AFC 设备故障需要发售应急纸票。

(3)地铁储值类车票使用规定

使用该车票可在规定的有效期内在任何地铁车站乘车,出闸时扣除一个乘次,不计站数或者扣除卡内相应金额。出闸时车票不回收。

7.3.5   车票加封规定

车票加封规定见表 7.21。

表 7.21   车票加封规定

加封对象	加封方法	需注明信息
票盒	砂纸在票盒中间部位进行十字形缠绕	加封内容、加封车站、加封人、加封日期
钱袋	将钱袋口用绳子缠绕扎紧后用砂纸缠绕	
信封	将票务信封口封住,再用砂纸将信封背面的接缝处封住	
砂纸	将车票用砂纸十字形缠绕后加封(不需装入信封)	

7.3.6   车票盘点

①盘点人员:客运值班员和值班站长。

②盘点前准备工作:盘点当日运营结束后,车站人员需将 TVM、BOM、AGM 票箱及废票箱车票、车票回收箱车票放回票务管理室。

③车票盘点:每月按照规定日期运营结束后对站存各票种车票,分票种、票价进行全面盘点。盘点时,除票务部票务室加封、车票配收员与车站人员共同加封、站长与值班站长共同加封的车票不需拆封、按加封数量盘点外,其他车票需清点实际数量。盘点结束后,盘点人员在《车站车票库存日报表》上记录盘点情况。

④账实不符的处理:若发现车票的实际盘存数量与当天的《车站车票库存日报表》的本日结存数不符,车站对账实不一致情况应立即上报客运部,客运部及时组织调查并在 5 个工作日内将调查情况书面报票务部。

7.3.7   车站票务管理室内的车票开封、清点

①开封、清点人员:客运值班员与车站站务员工双人共同完成。

②开封、清点账实不符的处理:开封后,发现车票数量或信息有误,开封人员需及时报值班站长到车站票务管理室确认,并在相关台账或交接本上做好记录;车票、砂纸封存待核查清楚后方可使用。车站需要用票时,可开另一包封口完好的车票。同时,车站当班值班站长应立即将情况上报客运部,客运部及时组织调查并在 5 个工作日内将调查情况书面报票务部。

③开封、清点设备故障处理：点票机故障且车站又无备用点票机时，可到其他车站借用。

7.3.8　车票借用

(1)车票借用原则

①车站借票仅限 AFC 设备故障临时测试使用。

②车站 AFC 设备发生临时故障需借票测试时只能借用闸机回收票。

(2)车票借用流程

①测试借票需填写《车票借出记录表》作为借票记录。

②借票人员应在当天将车票交还车站。已被出闸机回收的车票除外，但需在《车票借出记录表》上注明原因。

③归还有值车票时，借票人员需与客运值班员一同将车票用信封加封，连同《车票借出记录表》随当日报表上交票务部票务室。

④测试完毕，若 AFC 专业人员需带走车票，需要在《车票借出记录表》上注明。车票应在 10 个工作日内归还车站。车站在车票归还次日将车票随报表上交票务部票务室。

【任务实施】

(1)西安地铁 2 号线需要车站售卖的车票种类

西安地铁 2 号线 17 个车站售卖的车票包括地铁发行的单程票、计次票、纪念票、行李票、应急纸票等，"长安通"卡包括普通"长安通"卡、"长安通"学生卡、"长安通"老人卡等。

(2)西安地铁车票交接

西安地铁车票配送、回收过程中交接要求如表 7.22 所示。

表 7.22　西安地铁车票交接

交接双方	交接类型	交接票种	交接要求
车站与票务室之间的交接	配送	普通单程票	对已加封的单程票交接时，接收人确认加封正确完好后凭加封数量交接
		预制单程票	客运值班员与车票配收员负责将预制单程票按售出期限、票价分开摆放后，在监控仪点币状态下用点票机逐盒进行清点交接。每开封清点完一盒并及时加封后，方可清点下一盒车票
		储值类车票	必须在监控仪点币状态下当面清点车票种类、数量，无误后签收交接。若发现车票种类、数量有问题，则及时报票务部票务室
		纸质车票	凭加封数交接，车站在 10 日内自行完成数量和信息的确认。确认过程中，若发现数量和信息有误应立即通知票务部票务室
	回收	票务室到车站回收的车票	由票务部票务室通知车站需回收车票的种类、数量，客运值班员按要求提前准备好车票，并填写《车票上交单》。车票配收员到站后根据《车票上交单》清点各车票的加封数量，确认无误后签收。设备废票的回收需要车站按照规定时间清点加封。配收员到车站回收后在票务室交接室监控仪下清点，并将清点情况在《车票上交单》上备注后将单据返还车站

续表

交接双方	交接类型	交接票种	交接要求
车站与票务室之间的交接	回收	随次日报表上交车票	①当日需上交的回收箱中储值票、执法过程中的弃置储值票、车站在票务运作中发现已折损或变形的单程票等,由客运值班员与相关人员(已折损或变形的单程票由客运值班员一人加封即可)按规定加封后归整放入废票钱袋。 ②当日需上交的乘客事务车票、特殊情况下的单程票退票、发售不成功储值票等,由售票员与客运值班员按规定加封后归整放入退款钱袋。处理与《乘客事务处理表》对应的乘客事务的车票、凭证,尽量用小信封加封,并用订书机订在一起后放入退款钱袋
线路车站之间交接	站间调票	普通单程票	《站间调票单》记录数量与实际数量相符
		预制单程票	《站间调票单》记录数量与实际数量相符,同时按照一定比例抽检票内金额,要求金额必须相符,否则需要逐张检验
		储值类车票	《站间调票单》记录数量与实际数量相符,同时必须 100%查验票内信息是否与实际相符
车站内部客值之间交接	交接班	普通单程票	票务管理室内整箱由值班站长及以上人员加封的不需要清点,其他必须当面清点数量,同时核对当日的车票上交单、车票配送单,确认无误后交接
		预制单程票	同普通单程票,对于其他预制单程票则需要当面清点数量并抽检票内金额,要求完全无误
		储值类车票	同普通单程票,对于其他储值类车票要查验票内信息
		纸质车票	同预制单程票
客值与售票员之间交接	配票	预制单程票	分金额逐张检验并清点车票数量
		储值类车票	同预制单程票
		纸质车票	同预制单程票

(3)西安地铁车票使用规定

①单程票正常售卖、退票的流程见表 7.23。

表 7.23　单程票正常售卖、退票流程

售卖方式	售卖前提	票种	售卖流程	退票流程
TVM 发售	AFC 设备正常情况下的日常售卖	普通单程票	保证 TVM 票箱车票充足情况下,乘客可直接到 TVM 上购票	(1)正常情况下单程票退款:售出当天 30 分钟内未曾使用、卡内信息可以读取的单程票,可在购票车站按车票余值办理退票,由售票员单人办理。 (2)由地铁原因导致的普通单程票退票:需经售票员与值班员或以上员工共同确认后在车站票务中心办理
临时票亭人工发售	车站 TVM 故障或能力不足	预制单程票	经站务分部主任同意,可指定人员领取预制单程票在临时票亭进行售卖。售卖时,按照票内金额分开存放;售卖结束时,上交票款的同时按照票内金额分开上交剩余车票	(1)正常情况下预制单程票售出之后,概不退换。 (2)由地铁原因导致的预制单程票退票:需经售票员与值班员或以上员工共同确认后在车站票务中心办理
BOM 发售	车站 TVM 故障或能力不足且车站预制单程票不足	预发售单程票	经站务分部主任同意,可在票务中心 BOM 上预发售部分预制单程票。本班售票员交班前需将自己预发售剩余预制单程票在 BOM 上进行抵消,做到班清班结	

②纸质车票的使用规定见表 7.24。

表 7.24　纸质车票使用规定

票种	出售条件	售卖规定	使用规定
行李票	按照票务政策需要给乘客发售行李票时,售票员需发售行李票给乘客	行李票发售时需由车站人员盖上站名章和日期章。行李票仅在日期章当日及售卖站使用。若乘客要求退票,经确认为当天本站售出且券面完整无缺的,可办理退票	(1)乘客进站时,需撕下乘客行李票的副券 1。 (2)乘客出站时,需核查乘客所持行李票上的站名、日期章。无误后,回收正券

续表

票种	出售条件	售卖规定	使用规定
应急纸票	（1）因停电导致车站无法出售单程票,可由站务分部主任决定售卖应急纸票。 （2）TVM 故障或大客流且预制单程票将售完的情况下,乘客经车站员工引导后,客流仍未缓解时,可由站务分部主任根据客流情况决定售卖应急纸票。 （3）整条线路大客流情况下 TVM 发售单程票的能力不足或其他特殊情况下,客运部部长或以上级别领导可决定售卖应急纸票	同行李票	（1）乘客进站时,需撕下乘客应急纸票的副券。 （2）乘客出站时,需核查乘客所持应急纸票上的站名、日期章以及应急纸票票价。无误后,回收正券。 （3）若乘客的车票超程时,需在车站票务中心补足相应的车费。 （4）特殊情况下,应急纸票售卖站站长需向控制中心行调通报售卖应急纸票的开始时间和停止时间,由行调将售卖应急纸票的相关信息通知其他车站

③“长安通”卡的使用规定。“长安通”卡在车站票务中心购买时,需在 BOM 上进行售卖操作,以便激活“长安通”卡。“长安通”卡实行一人一卡制,使用该卡可在任何地铁站乘车,由出闸机扣除相应车费。出闸时,车票不回收,可重复使用,可充值。“长安通”卡在乘坐地铁时不允许透支使用,当卡内余额小于乘坐地铁的最小车程费时,持卡人不能乘坐地铁。

【效果评价】

评价表

项目名称	车票管理		学生姓名	
任务名称	任务 7.3　车站车票管理		分　数	
项　目			分　值	考核得分
1.车站票务相关岗位职责			5	
2.车站车票交接、保管、加封、盘点、开封清点及借用操作			50	
3.车站车票使用规定			10	
4.车站车票出现异常情况处理			20	
5.编制学习汇报报告情况			10	
6.基本素养考核情况			5	
总体得分				
教师简要评语： 教师签名：				

项目小结

　　车票是所有票务业务的基础,高效的车票利用对运营单位有着非常积极的作用。根据车票使用流程,可以将轨道交通车票管理分为线路级的车票管理和车站级的车票管理。

　　本章节主要讲述地铁票卡的设计、制作、验收工作;车票的出入库、配送、回收流程;车票在车站的使用各环节作业内容;车票在流通使用过程中的保管、交接标准、出现异常情况的处理预案;在车票管理及车站车票管理中涉及的岗位职责、作业标准。通过车票管理的全流程、标准的介绍,让读者能够全面掌握车票的管理规范和特点。

　　本项目还对车票管理的高级内容——单程票流失情况的分析、计算以及控制进行了讲述。

思考与练习

　　1.简述地铁车票的采购流程。

　　2.简述地铁票库车票出入库规定。

　　3.简述日常车票配送流程。

　　4.简述车票的安全管理规定是什么。

　　5.简述车站车票的流通过程是什么。

　　6.简述车站预制单程票遗失的处理办法是什么,出现预制单程票遗失应如何进行补款。

　　7.简述车站随次日报表上交的车票的种类以及上交流程。

　　8.简述车站车票保管要求。

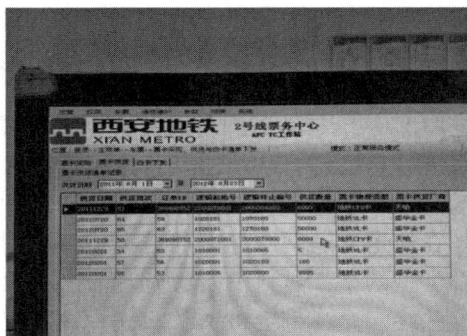

项目 **8**

票务清分管理

【项目描述】

随着轨道交通线路网的形成和不断完善,乘客在分属不同运营商的轨道线路之间进行换乘变得愈发频繁和便利。乘客经过一次购票能享受到两个甚至多个轨道交通运营商提供的服务。在这种情况下,各运营商之间如何实现合理、高效的对账、清分,便成为轨道交通运营票务管理的一个重要问题。

【学习目标】

1.掌握轨道交通票务收入清分的概念、清分的内容;

2.掌握轨道交的票务收入清分的基本过程;

3.掌握轨道交通 ACC 的主要功能及票务清分系统的作用。

【技能目标】

1.能说明轨道交通票务收入的对账业务;

2.能说明轨道交通票务收入清分主要的清分算法;

3.能掌握轨道交通票务对账的业务流程。

任务 8.1　轨道交通票务收入清分内容及对账业务

【活动场景】

多媒体教室。

【任务要求】

掌握轨道交通票务收入清分的概念、票务收入清分的基本机制。

【知识准备】

8.1.1 票务收入清分概述

在单线路单运营商情况下，由于只有一个运营商进行管理，该运营商为乘客提供了全部服务，不存在收入清分的问题。在多线路多运营商的情况下，票款收入的清分不但能协调相关各方利益，而且有利于激励运营商提高服务绩效水平。

所谓清分，就是把服务接受者(包括乘客、票卡等运营对象和收益，即系统的清分对象)所上缴的全部利益，按照各服务提供者(包括车站、线路、运营机构等运营实体，即利益的分配主体)的贡献进行有效的利益分配。简言之，轨道交通票务清分的实质就是：依据一定的原则，计算并分配轨道交通中各运营实体的经济贡献。

与票务收益清分相关的属性主要包括建设成本、车站数量、线路里程、换乘站数量、换乘方式、行车间隔、服务时间、票务政策等。轨道交通系统票务收益清分的关键在于制订相对合理的清分原则，在此基础上细化出一系列清分规则，再通过清分算法来实现，计算出线路的分配比例。

8.1.2 自动售检票系统 AFC 与清分中心 ACC 的关系

ACC 系统与路网内各线路自动售检票系统(简称 AFC)共同构成轨道交通路网的联网收费系统，以先进的集成技术、信息处理技术、自动控制技术、IC 卡技术及安全保密技术为基础，自动完成车票发售、车票有效性检验、实时客流统计、自动计费收费、费用清分等功能。

在轨道交通网络运营的情况下，乘客持"一卡通""一票通"卡乘坐地铁。当终端设备对各种类型的票卡进行消费、加值操作时，会生成相应的卡片消费交易以及卡片加值交易。所有这些终端交易都会被 AFC 车站计算机收集，并上传给线路中心，最后由各线路中心汇总到轨道交通清分中心(AFC ClearingCenter，简称 ACC)。

因此，线路 AFC 是源头，它通过直接向乘客提供售检票等服务，为 ACC 提供第一手基础数据信息；ACC 则是中枢，它依据确定的业务规则，对路网内各线路 AFC 实施集中统一的管理。可以说，ACC 是多运营商条件下实现轨道交通多线路联网运营的核心。

8.1.3 轨道交通 ACC 的职能

ACC 是 AFC 系统最上层的管理中心，在线网 AFC 系统中扮演着非常重要的角色。ACC 是轨道交通线网 AFC 系统各线路各类数据汇总、处理的唯一中心，可完成 AFC 系统各种运营参数的统一协调管理，是 AFC 系统运行状态监控管理中心及系统各线路之间和对外统一的技术接口，具有 AFC 系统票务客服以及对外信息服务和管理功能。

它的基本职能包括监督、清分、协调、管理、分析决策 5 个方面，其中清分、协调、管理为其核心职能。

监督职能是指为轨道交通制定统一的技术规范，如编码规则、票卡结构、票卡技术要求、用户界面、操作流程、数据接口等，并监督技术规定的执行与服务质量。

清分职能包括对各联网线路"一票通"收益做清算、对账、系统安全管理及有关数据处理和各联网线路与 IC 卡公司之间的"一卡通"清算、对账等业务。

协调职能包括线网之间的协调以及对外协调。在正常运营情况下，ACC 对各线路运营起监控作用，并提供协调各线路的票务服务；在降级或紧急情况下，ACC 负责协调各线路的运营。ACC 代表轨道交通线路负责向其他部门和单位进行票务事宜的联系和协调工作。

管理职能是指票卡管理以及制定管理办法。ACC 为各线路统一制定、发行和管理轨道交通专用车票,实现互联互通。同时,ACC 针对票务规则、紧急预案等制定统一的管理办法。

分析决策职能是指统计分析与辅助决策。ACC 是城市轨道交通数据中心,是网内掌握完整数据的中心,可对客流数据(如进出站客流量、换乘客流、分时分方向断面客流等各类客流信息)和收费数据进行数据挖掘,为 ACC 系统动作的政策制定提供依据。

8.1.4　轨道交通 ACC 的核心业务——清算管理系统

根据 ACC 的职能,ACC 的核心业务包括运营管理系统、票务管理系统和清分管理系统。

票务管理系统提供票卡库存管理、票卡调配管理、票卡编码分拣、票卡跟踪及黑名单管理功能。

运营管理系统负责实现参数管理、运营模式管理、线路监控和设备监控等功能。

清算管理系统是 ACC 的核心。它根据规定的清分规则进行交易数据的清分,并以批处理方式完成清分、结算、资金划拨凭证及报表数据生成等功能。清算管理系统可以接收传入的消费数据,对消费数据进行有效性验证,核对消费数据和设备数据,并计算总收入额和运营商之间的清分结果。系统将交易数据与原始的交易进行比较,对错误或有差错的交易进行统计,并给出原因;对于正常的交易数据则按清分规则进行处理,分别计入各设备的账户。

系统会根据交易类型进行结算、清分处理,与“一卡通”卡相关的交易,会根据一卡通公司的交易清算对账的相关规定执行。所有“一卡通”“一票通”的交易都会在 ACC 内部进行清算,并为各线路运营商生成清算报表。

ACC 系统应用模型如图 8.1 所示。

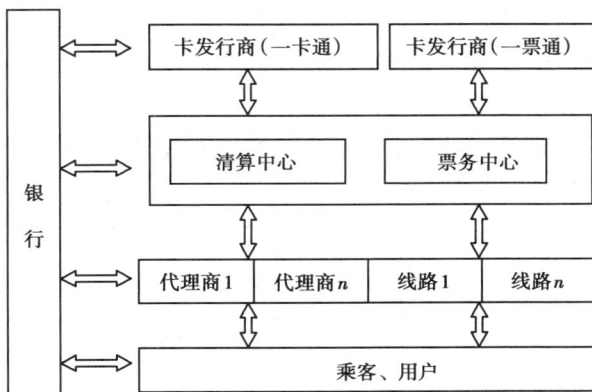

图 8.1　ACC 系统应用模型

8.1.5　票务收入清分的内容

轨道交通 ACC 系统在处理“一票通”“一卡通”交易数据的基础上,主要对以下费用进行清分:

(1)票款、票卡处理服务费用结算、对账

需要清算的服务费用主要包括:

①"一票通"票卡的发行服务费。

②"一卡通""一票通"票卡服务手续费。

③"一卡通""一票通"票卡回收手续费。

④"一卡通"票卡清算费(包含一卡通公司及 ACC 对每个参与运营单位应收取的市政交通手续费的清算费用)。

⑤"一票通"票卡清算费。

(2)运费收入清分、对账

"一票通"及"一卡通"跨区运费结算是以运营机构进站出站数据并通过运营商给出的清分费率表进行计算的。ACC 对售票及运费交易数据进行确认及对账,用交易数据确定金额的流动,并计算各种费用等。

8.1.6 ACC 的运营商清分对账流程

ACC 为各线路运营商进行交易清算,同时作为各运营商的代表,与"一卡通"管理中心、电信运营商等进行清算。一般来说,清分的过程是:

①各条线路 AFC 系统的中央计算机系统(以下简称 CC)将"一卡通"数据和"一票通"交易数据传送给 ACC 进行处理结算,产生对账数据。

②ACC 接收各条线路的交易数据后,根据双方约定的清算对账标准进行清算对账。对于"一卡通"数据,将按照 ACC/"一卡通"接口组织数据上送,并接收"一卡通"的回馈。对于"一票通"数据,将直接存及数据库进行处理,然后将对账数据下发给各条线路的 CC。对账数据包括交易结算统计数据(当日上送的交易和当日进行调整的交易)、当日的错误交易明细以及当日进行调整的错误调整明细、黑名单、消费可用卡类型、结算错误代码等数据。

③ACC 清算管理系统将清算结果以报表形式传给各线路运营商。

④线路运营商如果对清算结果有疑义,则向 ACC 提出申诉,双方协商解决。经 ACC 管理机构认可的交易可调整为正常交易,参与当日结算。

⑤ACC 的管理机构在清算过程中如对运营商数据有疑义,也可组织运营商协商解决。

运营商清分对账模型如图 8.2 所示。

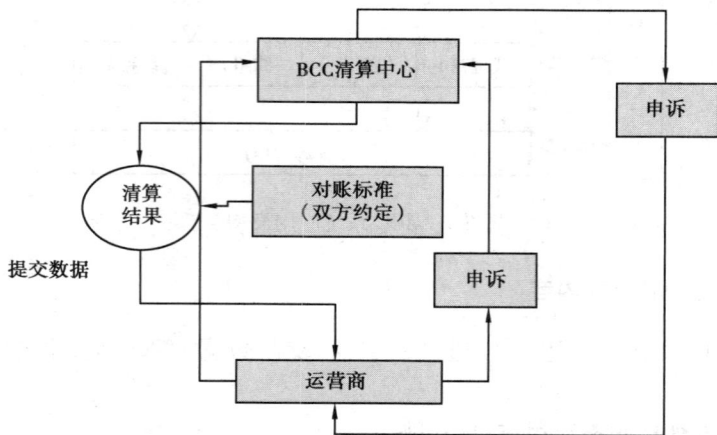

图 8.2 运营商清分对账业务模型

【任务实施】

1.简述轨道交通票务清分的内容。

2.简述轨道交通 ACC 在票务清分管理中的作用。

【效果评价】

评价表

项目名称	票务清分管理		学生姓名	
任务名称	任务 8.1　轨道交通票务收入清分内容及对账业务		分　数	
项　目			分　值	考核得分
1.轨道交通清算系统 ACC 的相关知识的搜集、整理			10	
2.是否有小组计划			5	
3.轨道交通票务清分内容的认知情况			20	
4.票务对账业务流程的认知情况			50	
5.编制学习汇报报告情况			10	
项　目			分　值	考核得分
6.基本素养考核情况			5	
总体得分				
教师简要评语： 教师签名：				

任务 8.2　票务收入清分算法

【活动场景】

多媒体教室。

【任务要求】

掌握轨道交通票务收入清分算法的基本类型、清分规则表的建立。

【知识准备】

在轨道交通售检票系统中,一个完整的交易过程是从乘客购票进站开始,到出站结束。如果旅行过程涉及多条运营线路的话,则 ACC 的清分管理系统必须对换乘交易数据进行专门统计,如果运营商需要,也可对交易费用进行清分结算。在清分处理中,可以根据起、止车站预定的换乘路径进行清分,也可以根据积累的换乘规律和算法进行清分。

换乘票务清分一般包括交易清分和票款清分。其中,交易清分需参照预定或积累的换乘路径进行,可以用于运载量的输入信息。而票款的清分不一定需要参照预定或积累的换乘路径进行。

227

8.2.1 换乘方式及票务收入清分概述

在路网中，如果乘客由车站 A 换乘至车站 B 所经过的路径是唯一确定的话，则每段运营线路的收益将是明确的。但是，由于路网中任意两点之间的换乘路径往往不唯一，所以当由车站 A 换乘至车站 B 时，乘客可能会处于时间、步行距离、拥堵等原因而选择不同的换乘路径，这就为换乘路径带来了不确定的因素。

（1）换乘方式

乘客在轨道交通线路之间发生换乘时，根据其是否经历进、出检票过程，换乘方式分为无标记换乘和有标记换乘两种形式。

1）无标记换乘

如果乘客在换乘车站无须经历一次进出检票过程便可以在不同线路上乘车，则在乘客出站时系统无从知晓乘客的乘车路径。此种换乘方式称为无标记换乘。

2）有标记换乘

如果乘客在换乘车站（或通过换乘通道）需经历一次进出检票过程，则售检票系统能够记录乘客的路径信息。此种换乘方式称为有标记换乘。

（2）清分概述

在多线路多运营商情况下，由于通过终端设备所记录的信息已经不足以确定乘客的行车路径，只能依据对乘客乘车行为的预测、日常运营过程中的统计以及相关乘客调查问卷等方式来计算乘客可能选择的各种路径的概率。依据此概率，可以计算出各运营商所提供服务份额的权值，根据每个运营商的服务份额进行清分，因此需要各运营商制订出共同认可的一种清分比例。

换乘票务清分的目的就是依据清分规则，对票务收入进行及时、公平的清分，使各运营商能够及时将各自的运营收入入账。通过清分清算，可以充分、客观地反映轨道交通路网的客流情况，特别是各线路、各车站、各断面和各方向路径的客流情况。

对于不同的换乘方式，采用的清分算法也不同。

对于无标记换乘的清分路网，乘客从进站到出站，经过的路径和运营线路有多种选择。由于路径的不确定性，清分时可以采用路径算法、数理统计算法或模糊算法来确定各运营线路的票款收益。

对于有标记换乘的清分路网，乘客在换乘时售检票系统记录了乘客的进站交易数据、出站交易数据、路径数据，就可以获得换乘交易的一条完整的路径数据。根据路径数据，清分系统能够精确地清分各运营线路的收益。

8.2.2 票务收入清分算法

轨道交通各个车站可看成一个节点，在每条线路上的两个相邻车站之间由列车运行通路连接。这段车站间的通路称为路段，为路径组成的最小单位。若干车站和路段构成一条轨道交通线路，若干轨道交通线路构成了整个城市轨道交通路网，如图 8.3 所示。可以运用数学模型将确定路网中某两个车站之间的最优路线转化为图论中的最短路径问题，这样，清分问题实际上变成了在路网中根据最优目标寻找最优路径的问题，即寻径问题。

根据不同的最优目标，可以定义相应的路段权重，作为寻径的重要依据。一般有以下几种选取方法：

①将出行距离最短作为最优目标，选取路段长度作为路段权重；

②将出行时间最短作为最优目标，选取换乘次数或车辆班次的间隔时间作为路段权重。

③将出行费用最小作为最优目标，选取该路段上的乘车费用作为路段权重。

也可以对以上目标中某两个或多个目标进行线性组合，作为寻径的依据。

一般来说，如果起点 A 站到终点 B 站能够到达，乘客一般考虑以下因素：

①哪一条线路路程最快或换乘次数最少；

②哪一条线路乘坐最舒适，车次之间的时间间隔较短；

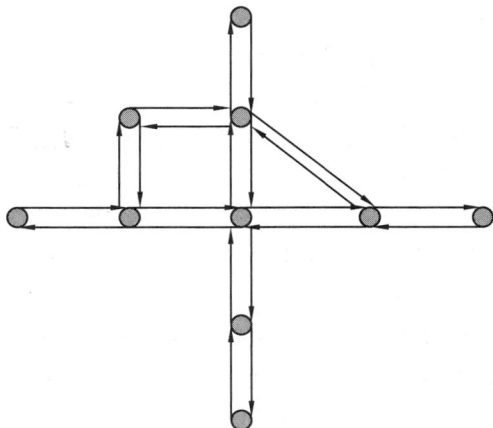

图 8.3 简单路网示意图

③哪一条线路票价比较便宜或有优惠。

根据路网的数学模型，下面对几种常用的清分算法进行介绍：

（1）最短路径法

通过在路网中找出从 A 车站到 B 车站的一条确定的最短路径，然后按照各运营线路在此最短路径中所占的比例对每笔换乘交易的票款收益进行清分，即成为最短路径方法。

运用最短路径法时，根据乘客在选择路径时关心的问题，引入广义成本的概念，可以计算不同路径的成本。成本最小的路径即可认为是乘客实际通过的路径。

（2）多路径影响法

最短路径法只考虑到最短里程这一要素，但旅行时间、换乘时的步行距离、线路和车站的拥挤情况，以及换乘次数等都可能成为实际影响乘客选择乘车路线的因素。所以，单纯以站点间最短路径作为唯一的清分要素不符合网络化轨道交通路网的实际情况，也不利于采用计程和递远递减的票价方案。

轨道交通路网的寻径方法一般应将最短路径与合理路径结合起来考虑。其中，票价的费率制订采用最短路径进行寻径，而票款收益清分则使用合理路径进行寻径。

一对站点之间可有多个路径，乘客会按其喜好选择一条路径出行。不同的乘客喜好不同，会选择不同的路线。因此，最短路径和一些不是最短的路径都有可能被采用，只是他们被采用的概率不同。使用最短路径寻径可以得到两站点间里程最短的路径，使用合理路径原则寻径将会得到两站点间的多条路径。由于这些路径都可能被乘坐，所以与这些路径有关的路段都需要考虑按一定比例参与收益的分成。

多路径影响法是指对于从车站 A 到车站 B 的每条可能的路径都确定一个选乘概率，在确定参加选择路径的最多数量后，人定的选择路径是确定路径长短排序后参加分配的路径数量结合选乘概率后确定的。这样，某路径上的收益方应得的某笔票款的清分收入份额，就应该是其在所有可能路径中的所有允许参加分配的路径与被选乘的概率乘积之和除票款得到。

多路径影响法考虑到乘客实际乘车路径不唯一的情况，确定一到多条乘车路径参与清分。该方法可以清分换乘票款，但很难清分换乘交易，因此对统计线路的换乘运载量有很大困难。

（3）人为比例分配法

根据某些轨道交通运营机构的管理需求,清分时也可以将整个轨道交通路网作为一个整体考虑,通过对整个网络中每条线路的里程数、走向、客流量和服务质量等进行综合评估后,人为规定每条线路在整个轨道交通网中的关于所有跨线换乘票务收益的清分系数。当运营结束后,清分系统将对各线路按照既定的清分系数进行清分。这种方式,对于任意两个站点之间的某一笔换乘交易不单独考虑清分。

（4）最短时间法

由于车站之间的里程是确定的,因此一般的概念总是用最短里程来搜索路径。但是对于大部分乘客来说,精确的历程长度是一个模糊的概念,而旅程所花费的时间却是每个乘客能非常确切地感受到的,而且乘客选用轨道交通和选择乘坐路径的出发点多数是为了节省时间,因此可以用"最短时间"来确定路径。

（5）多因素修订综合优选多路径

由于网络中同样两点间的路径不唯一,影响乘客实际出行路径选择的因素较多,多因素修订的综合优选多路径算法是建立在多路径算法基础上的,以乘客出行选择因素作为修订依据。

由于乘客是否选择某条换乘路径在现实中具有统计意义,因此,这一概率能够通过人为修正权重来不断满足实际的运营情况。这种方案中,要考虑的线路主要因素有运营里程、换乘花费时间、发车密度、舒适性等。

具体做法是:根据各种影响乘客选择路径的因素,将各因素的影响权重作为因子(可不断进行模拟以及抽样修正该因子),在因子作用下,将有限的可选路径扩展到全部可选择路径,得出可能选取路径中各路径的选取概率,由各受益方共同决策确定出可接受的路径选择概率值,最后根据路径即比率计算出各相关路段客流和票款的清分比例。

由于轨道交通自动售检票系统不能得到乘客乘坐路径的确切信息,所谓"点对点精确清分"必然是统计规律上的精确,即当乘客样本足够大时,清分误差能够控制在很小的可接受的范围内,而并非对每个乘客的每一次乘坐都能够进行精确清分。

该方法考虑了各种影响乘客换乘选择的因素,对实际运营过程重点换乘情况作出了较为贴合的模拟。

8.2.3　多线路多运营商情况下的清分规则表

多线路多运营商情况下,票款收入清分比例划分时,应注意划归某线路的分配比例应当被该线路的各个运营商再进行二次分配。在介绍二次分配之前,首先引入"清分规则表"的概念。

清分规则表由清分系统按照轨道交通路网状况生成。清分规则是对清分算法的一个具体的、可操作的实现,它表现为一张数据清分表,表中的每条记录是对于一对进站和出站的票款应分配给多个线路运营商的百分比。

建立每一笔交易的清分规则表的步骤是:

①根据进出站来确定票价,即该笔交易的总收益;

②根据进出站信息来确定各路径选择的概率,先确定出各线路的分成比例;

③对于某线路可能包含多个运营商时,各运营商按所占份额划分该线路的总分成比例。最后得出一个一维清分表,举例如表 8.1 所示。

表 8.1　清分规则表样式

序号	运营商	分成比例
1	线路 A 运营商	40%
2	线路 B 运营商	10%
3	线路 C 运营商 1	30%×70%
4	线路 C 运营商 2	30%×(1-70%)
5	线路 D 运营商	20%

此清分比例并不是一成不变的。在运营一段时间中,通过各类业务统计信息、相关决策分析信息所得到的结论可以影响此清分比例。一旦轨道交通路网发生变化,如新增线路、车站角色变化(从非换乘站变为换乘站)时,均表示路网拓扑结构改变。这时可以重新调用清分模型计算模块,重新生成新拓扑结构下的清分规则表。

清分表的调整并非直接面对乘客,可以独立于系统日常数据处理功能,也与票价表的制定无关。因此其更新频率是每隔半年或一年进行一次调整,经过一段时间的运营后会逐渐达到接近合理的状态。

【任务实施】

讨论:轨道交通 ACC 各种票务清分算法的优缺点。

【效果评价】

评价表

项目名称	票务清分管理		学生姓名	
任务名称	任务 8.2　票务收入清分算法		分　数	
项　目			分　值	考核得分
1.轨道交通票务清分管理相关机构的搜集、整理			10	
2.是否有小组计划			5	
3.票务清分基本过程的认知情况			20	
4.票务清分系统应用模型的认知情况			50	
5.编制学习汇报报告情况			10	
6.基本素养考核情况			5	
总体得分				
教师简要评语: 　　　　　　　　　　　　　　　　　教师签名:				

任务 8.3　票务收入对账业务流程

【活动场景】

多媒体教室。

【任务要求】

掌握轨道交通票务收入清分对账的业务流程、ACC 中与对账有关的具体报表。

【知识准备】

在轨道交通 ACC 与城市一卡通系统清算系统之间，系统内部的对账过程如下：

①地铁运营结束后，ACC 将各车站上传的"一卡通"充值、消费交易数据发送到"一卡通"清算系统。"一卡通"清算系统参结数据的截止时间（有的地铁设定为第二日凌晨 1 点）之前接收并已处理的交易数据作为当日数据予以结算，之后接收的交易数据参与第二日结算。

②"一卡通"清算系统根据交易信息和业务规则对"一卡通"充值、消费交易数据进行处理，处理后将"一卡通"充值、消费交易数据分为正确、错误两类。若存在错误交易数据，则该部分交易数据当日不能结算。

③"一卡通"清算系统对当天正确的交易数据进行结算处理，并生成对账数据和参数数据。

④"一卡通"清算系统将对账数据和参数数据下发给 ACC。对账数据包括交易结算统计数据（当日上送的交易和当日进行调整的交易）、当日的错误交易明细、当日进行调整的错误调整明细、黑名单、消费可用卡类型、结算错误代码等数据。

⑤ACC 收到对账数据和参数数据后，根据对账数据进行清算。将当日已结算的正确交易进行清算，当日未结算的错误交易挂账，对已调整或已过期未调整的错误交易进行销账。

⑥ACC 清算完成后，立即将"一卡通"充值、消费交易数据传给"一卡通"清算系统。"一卡通"清算系统收到数据后进行对账处理。

⑦ACC 对当日之前的错误交易进行申诉，"一卡通"认可的交易可调整为正常交易，参与当日结算。

【任务实施】

以西安地铁 ACC 为例，介绍工作人员日常与轨道交通与一卡通公司的具体对账操作：

（1）日对账

①对账人员每日检查 ACC 中《"长安通"对账审核报表》中统计的对账前的总数据，对表中正常数据和可疑数据进行确认，并将可疑数据告知 AFC 技术人员。

②AFC 技术人员查找原因后，进行相关数据的调整，并与"一卡通"公司进行沟通和确认，最终确认双方认可的当日交易金额。

③根据 AFC 技术人员的分析，对账人员可对不认可的错误交易金额提出申诉。"一卡通"公司将即时反馈申诉的处理结果，最迟不超过 7 天。

（2）周确认

运营分公司对账人员在每周指定日期对前一个统计周期（如周一至周日为一个统计周期，下周一进行汇总）的对账数据进行确认，包括对可进行结算数据及挂账数据的确认，并书面提交财务人员。

（3）定期划账

地铁公司财务人员和一卡通公司财务人员根据双方公司确定的时间周期和确认的报表进行资金划拨。

【效果评价】

评价表

项目名称	票务清分管理	学生姓名	
任务名称	任务 8.3 票务收入对账业务流程	分　数	
项　目		分　值	考核得分
1.轨道交通票务清分对账流程的搜集、整理		10	
2.是否有小组计划		5	
3.轨道交通 ACC 与城市"一卡通"系统清算系统的对账流程的认知情况		20	
4.轨道交通 ACC 与城市"一卡通"对账人工操作的认知情况		50	
5.编制学习汇报报告情况		10	
6.基本素养考核情况		5	
总体得分			
教师简要评语：			
		教师签名：	

项目小结

乘客通过换乘，乘客经过一次购票能享受到两个甚至多个轨道交通运营商提供的服务。在这种情况下，轨道交通要成立线网级的票务管理机构，并通过票务清算系统 ACC 对各运营商如何实现合理、高效的清分。

轨道交通各条线路的清分管理是通过 ACC 来是实现的。ACC 首先制定好一套科学、完备的清分规则，对各条线路的运营数据进行采集、校验和审核之后，根据制定好的清分规则对这些数据进行相应处理。

在轨道交通 ACC 与城市一卡通系统清算系统之间，系统内部有一定的对账流程；同时，轨道交通票务工作人员和一卡通系统工作人员、各条线票务工作人员之间也要进行人工对账。

思 考 与 练 习

1.简述轨道交通票务收入清分的概念、清分的内容。

2 简述 轨道交通 ACC 在票务清分管理中的作用。

3.简述轨道交的票务收入清分的基本过程。

4.简述轨道交通 ACC 的主要功能及票务清分系统的作用。

5.说明轨道交通票务收入的对账业务流程。

6.说明轨道交通票务收入清分主要的清分算法。

项目 **9**
票务事故案例

【项目描述】

地铁的设备和票务规章制度在运营过程中会不断得到完善,这是由很多经验、教训累积而成。本项目会介绍一些事故案例,促使票务工作者在票务工作中树立正确的价值观职业。

【学习目标】

1.掌握票务违章与票务事故的定性原则;

2.掌握票务事故的分类;

3.掌握造成票务事故的原因;

4.掌握票务事故的典型案例,引以为戒。

【技能目标】

1.会区分一般的票务违章与票务事故;

2.掌握票务事故的处理原则;

3.会对一般票务事故进行事故分析;

4.通过本章学习,在票务工作中能够树立"票务安全第一"的思想。

任务 9.1 票务违章与票务事故

【活动场景】

多媒体教室。

【任务要求】

学习票务事故的分类,了解其处理规定。

【知识准备】

9.1.1 票务违章的定性原则

①违反票务规章制度,但未给票务工作造成较大影响或损失。

②违反票务规章制度,其行为非当事人主观故意,且未构成个人或集体获取利益。

9.1.2　票务事故的定性原则

①违反票务规章制度,给票务工作造成较大影响或损失。
②违反票务规章制度,其行为是当事人主观故意且造成损失。
③违反票务规章制度,获取个人或集体利益。

9.1.3　票务事故的分类

一般地,城市轨道交通的票务事故一般按严重程度分为一类、二类、三类和四类票务事故,一类性质最轻,四类最为严重。根据轨道交通公司对票务管理的不同,各类票务事故的区分不尽相同。

常见票务事故的类型主要包括:丢失票务钥匙,丢失车票,因违规操作或设备技术状态不良造成票务收益流失或损失,伪造票务账目或用虚假行为填平账目,违规将现金或车票等有价证券转移出安全区域等任何导致公司票务收益流失或侵占公司票务收益的行为。

9.1.4　票务事故的处理原则

(1)一、二类票务事故的处理原则

由责任部门根据部门考核细则对主要责任人、次要责任人进行处理,并追究相关管理责任。

(2)三、四类票务事故的处理原则

由票务部进行事故定性,并由考核部门给予主要责任人、次要责任人和直接或间接管理者进行通报处理。

(3)减免处理

票务事故责任人在本人接受调查前,主动上报并陈述全部事实的,或当事部门共同参与调查或提供重要证据、线索,对案情突破发挥了重要作用的,经分公司安全生产委员会同意可给予一定程度的减轻或免除处理的意见。

(4)严肃处理

凡由如下行为的工作人员,对当事人做出严肃处理:

①在票务事故中知情不报,唆使、妨碍或干扰调查的各级人员。

②在三、四类票务事故最终定性、定则之前,相关知情人员将拟办的事故定性、定责、处理结果或相关信息透露给当事人,影响事故调查处理工作的。

③调查人员泄露举报材料和举报人情况,在事故调查过程中,相关知情人员泄露所掌握的信息。

对涉及票务事故的当事部门和相关管理部门按照运营分公司考评管理办法进行考核。由事故部门自查上报或主要参与调查的票务事故不纳入运营分公司对该部门的考核。

【任务实施】

西安地铁对票务事故的分类如下:

(1)一类票务事故

①丢失3把以下涉及票务收益安全的钥匙。

②因违规操作或设备技术状态不良造成票务收益流失或损失,合计价值200元以上

500 元以下(含 500 元)。

③未按规定保管车票,导致空白车票或已赋值的储值车票遗失,合计价值 200 元以上 500 元以下(含 500 元)。

④未按规定发放、回收公务票、测试票等特殊车票,造成错误发放、遗漏回收的情况。

⑤非车站票务中心营业时间,违规进入车站票务中心并违规使用票务设备。

（2）二类票务事故

①未按规定要求执行票务规章修订通知以及票务设备参数修订通知,造成票务收入损失。

② 因违规操作或设备技术状态不良造成票务收益流失或损失,合计价值 500 元以上 1 000元以下(含 1 000 元)。

③未按规定保管车票,导致空白车票或已赋值的储值车票遗失,合计价值 500 元以上 1 000元以下(含 1 000 元)。

④一次丢失 3 把及以上涉及票务收益安全的钥匙。

⑤工作中违反相关规定,导致系统数据或监控录像等重要取证资料缺失或不全,影响三、四类事故嫌疑的调查取证。

（3）三类票务事故

①伪造账目、报表或用其他虚假行为填平账目。

②在未经站长同意的情况下,值班站长及以下车站员工采取任何手段违规查询应收数额,私自填平短款或私吞长款。

③因违规操作或设备技术状态不良造成票务收益流失或损失,合计价值 1 000 元以上 10 000元以下(含 10 000 元)。

④未按规定保管车票,导致空白车票或已赋值的储值车票遗失,合计价值 1 000 元以上 10 000元以下(含 10 000 元)。

⑤私自制作、使用票务钥匙。

⑥故意使用他人密码操作票务设备。

（4）四类票务事故

①任何蓄意导致公司票务收益流失或侵占公司票务收益的行为。

②违规将现金或车票等有价证券转移出安全区域,并且规避监控的行为。

③因违规操作或设备技术状态不良造成票务收益流失或损失,合计价值 10 000 元以上。

④未按规定保管车票,导致空白车票或已赋值的储值车票遗失,合计价值 10 000 元以上。

【效果评价】

评价表

项目名称	票务事故案例		学生姓名	
任务名称	任务 9.1　票务违章与票务事故		分　数	
项　目			分　值	考核得分
1.轨道交通票务事故的分类			10	
2.是否有小组计划			5	
3.轨道交通 AFC 票务违章与票务事故的定性原则			20	

续表

项　目	分　值	考核得分
4.轨道交通票务钥匙各类票务事故的内容	50	
5.编制学习汇报报告情况	10	
6.基本素养考核情况	5	
总体得分		

教师简要评语：

教师签名：

任务 9.2　私吞票款的票务事故案例

【活动场景】

多媒体教室。

【任务要求】

学习各类票务案例,使学习人员引以为戒。

【知识准备】

轨道交通的票务交易特点是:瞬间交易量大,单次交易金额小。票务工作者中存在一小部分人,侵占从 2 元钱到上千元钱不等的票款。根据票务管理规定,即使是 2 元钱也属于票务事故,其行为后果严重,引人深思。下面的案例可作为前车之鉴,提醒票务工作者在工作中要树立正确的价值观、道德观。

9.2.1　私自占有备用金

(1)事情经过

某日某站值班员给售票员配备用金时没有进行记录,售票员发现硬币实际数比账面数多后,没有向值班员反映,而是把多出的备用金占为己有。

(2)事故处理

按四类票务事故给予售票员开除处理,并罚款 500 元;给予值班员部级通报批评,并罚款 200 元。

(3)事故分析

值班员安全意识薄弱,没有严格按作业程序操作,没有记录备用金配出情况,是导致此次票务事故的诱因。

售票员在发现备用金账实不符时,产生贪念,将未登记的备用金占为己有,是导致此次票务事故的主要原因。

9.2.2　票盒未上锁加封便离开,使别人有机可乘

（1）事情经过

某日晚,某站客运值班员与售票员结账时核点票款少了 1 000 元。而在售票员当班期间只有厅巡进入过票亭,在该站公安协助调查下,这名厅巡承认其盗窃行为,交代他在票亭顶岗时擅自打开了售票员的票盒,并盗取盒内票款 1 000 元。

（2）事故处理

本事故构成四类票务事故,给予售票员辞退处理,交回窃取的 1 000 元票款,并罚款500 元。

（3）事故分析

该厅巡法制观念淡薄,窃取票款,是导致此次票务事故的主要原因。

交班售票员安全意识薄弱,票盒未上锁加封便离开,使别人有机可乘,是导致此次票务事故的次要原因。

9.2.3　私自占有乘客票款

（1）事情经过

某日某站,售票员没有按票务规章对一名因未携带员工票出站的员工按普通乘客补款4 元处理,而是在收到票款后,交由站厅站务员到自动售票机购买一张 4 元单程票。这名站务员接 4 元硬币后,在自动售票机上购买了一张 2 元单程票,经处理后将车票交给该员工出站。当该员工询问车资时,此名站务员才将补票款 2 元退回。在调查的过程中,此名站务员承认其想将此 2 元占为己有。

（2）事故处理

按四类票务事故处理该站务员,解除其劳动合同。

（3）事故分析

售票员按章作业意识薄弱,擅自帮付费区乘客购票出闸,是导致此次票务事故的前因。

站务员法制观念淡薄,拿了乘客票款后企图占有 2 元票款,是导致此次票务事故的主要原因。

9.2.4　私自占有多于报表记录的票款

（1）事情经过

某日某站客运值班员在交接过程中发现票款实点数比报表记录数多 10 元,交接人未按规定做任何长款的交接记录,也未向上级反映,私下将此 10 元取走并占有。

（2）事故处理

员工侵占票款的行为已构成四类票务事故。

（3）事故分析

交接班客运值班员在票务交接过程中,未按有关规定如实反映所收票款,导致 10 元票款被侵占,对该票务事故负主要责任。

9.2.5　私自出售乘客遗留的有值单程票

（1）事情经过

某日某站，售票员利用当班时机出售乘客遗留的有效单程票和私藏乘客兑零时漏拿的硬币，共侵占票款 20 元。

（2）事故处理

员工侵占票款的行为已构成四类票务事故。

（3）事故分析

该售票员违反票务管理规定，利用当班售票时机，侵占票款 20 元，对事故负全部责任。

【任务实施】

1.复习车站营收管理知识；

2.掌握车站现金安全区域及现金交接原则。

【效果评价】

评价表

项目名称	票务事故案例		学生姓名	
任务名称	任务 9.2　私吞票款的票务事故案例		分　数	
项　目			分　值	考核得分
1.车站现金管理的相关规定的搜集、整理			10	
2.是否有小组计划			5	
3.车站票务管理室及车站票务中心现金管理的认知情况			20	
4.现金在车站运送途中的安全管理			50	
5.编制学习汇报报告情况			10	
6.基本素养考核情况			5	
总体得分				
教师简要评语： 　　　　　　　　　　　　　　　　　　教师签名：				

任务 9.3　侵占车票的票务事故案例

【活动场景】

多媒体教室。

【任务要求】

学习车票管理的票务事故案例，使学习人员引以为戒。

【知识准备】

9.3.1　侵占回收的无效票和过期票

(1) 事情经过

某日某站,站长在对男更衣室进行例行检查时,发现一站务员打开的更衣柜里放着一堆车票,其中包括:单程票 27 张,"城市一卡通"车票 1 张(含 1.8 元余值)。经查问,该站务员承认上述车票是其在做厅巡期间从乘客手中回收的无效票和过期票。事后其未将车票上交车站,并已将 4 张单程票送给朋友。

(2) 事故处理

站务员非法私自占有车票,构成四类票务事故。对其发放《诫勉通知书》,给予记大过一次,并罚款 500 元。

(3) 事故分析

站务员自入司以来,多次接受相关票务规章的学习,但没有真正在思想上重视,只是流于形式,导致在日常工作中没有严格执行有关票务规章制度,非法私自占有 33 张车票长达半年,严重违反公司的票务规定。

9.3.2　私自调换新发售的储值票

(1) 事情经过

某日早上,一乘客在某站票务处购买了一张 100 元的储值票。当天乘客用该储值票乘车两次,在出站时发现所扣车费与车票余值不符,当晚即向购买站投诉。

经调查后发现该车票并非当天发售的新票,而是该站售票员当天加值的车票。经查问,当班售票员承认自己利用工作之便,将余值为 67.0 元的私人车票充值 30 元后当新票出售给乘客。

(2) 事故处理

该事故构成四类票务事故,给予售票员辞退处理,并罚款 500 元。

(3) 事故分析

售票员缺乏职业道德和岗位责任心,违规出售车票,占有票款,是导致此次票务事故的主要原因。

车站值班员、值班站长监控不到位,未发现售票员私带车票上岗,是导致此次票务事故的次要原因。

9.3.3　私自带走乘客遗留车票

(1) 事情经过

某日某站某学员在跟岗实习期间,在师傅单独巡站的时候,通过测试发现闸机退票口遗留的无进站信息的车票可以正常使用。于是,该学员在本班及之后的两个班趁师傅单独巡站的时机将在出闸机回收口处拾到的 6 张无进站信息的车票未按规定投入回收箱,而是私自带走,在下班之后分三次交给其同学乘坐地铁。

后该学员在参加全站大会接受了站长关于票务事故的教育后,才认识到自己的行为已属于严重违章,向站长主动承认了以上事实。

（2）事故处理

此事件定性为三类票务事故。鉴于该学员的行为发生在与公司签订劳动合同之前，且将情况主动上报，为此，责令该学员作出深刻检讨，并补偿其违规带走车票所造成的车资损失 14 元；根据《师徒带教管理规定》，扣当事人师傅带教补贴 30 元。

（3）事故分析

该学员在跟岗期间尚未形成良好的职业道德和岗位责任心，对违章违纪没有基本的认识，私拿车票送予他人，是导致此次票务事故的主要原因。

带岗师傅对该学员的教育、在岗监控不到位，没能发现、制止该学员的违章行为，是导致此次票务事故的次要原因。

9.3.4 盗取代售的一卡通车票

（1）事情经过

某日某站某站务员在站长室协助值班站长汇总车站边门登记台账，并在值班站长离开站长室后，私自打开未上锁的抽屉，盗取执法证据保存凭证的学生储值票一张，余额 37.70 元。

当晚，值班站长发现学生储值票丢失。次日，在站长的调查及教育下，该站务员承认盗取车票经过，并在该站会议室的柜子里取出该张车票。

（2）事故处理

该站务员利用工作之便，盗取执法证据保存凭证的车票，该事件已构成四类票务事故。

（3）事故分析

当事人利用在站长室工作的机会，盗取执法证据保存凭证的学生储值票，严重违反了票务规定。站长调查教育时，当事人承认盗取执法证据保存凭证的车票经过，并已归还该车票。

车站值班站长未能严格按规定使用办公设备（抽屉开锁后不作上锁已离开现场），且未按规定将执法文书与执法证据保存凭证车票、弃票分开放置，未按规定及时上交联谊票、弃票。

车站站长未能按工作规章制度督促检查车票的存放情况及行政执法的日常管理工作，同时未能及时做好新员工的监督帮带，负管理责任。

9.3.5 非法制票，牟取私利

（1）事情经过

某日某站，两名站务员利用上班时间，分别在车站的自动售票机上制作、盗取含值单程票各 5 次，每次制作车票 10 至 15 张不等，并利用当天上票亭岗或出售预制票的机会，将盗取的车票进行出售，并分别非法占有票款收入 300 元和 150 元。

（2）事故处理

本事件定性为四类票务事故。两名站务员给予解除劳动合同处罚，并追缴其违规占有的全部票款。

（3）事故分析

两名站务员无视公司的有关票务管理规定，法制观念淡薄，职业道德观念和自我约束能力差，利用所学知识或利用不正当的方法掌握自动售票机技术，在当班时间利用设备存在的缺陷在一个月内多次进行作案。其行为侵吞了公司票务收益，直接危害公司正常票务运作，造成极其恶劣的影响。

9.3.6　利用车票使用的异常情况获取私利

（1）事情经过

某日某站某售票员在处理一张付费区无效学生储值票时,未按规定办理乘客事务处理表及发售免费出站票,而是直接开边门让乘客出闸。

乘客出闸后要求办理退票,售票员发现此票有利可图,故未按规定进行退票操作,就直接将车票押金及余值交给乘客。事后该名售票员将此票交给朋友使用,利用车票的异常情况教其朋友少付车费。

（2）事故处理

该事件定性为四类票务事故,给予售票员解除劳动合同处理。

（3）事故分析

售票员在乘客车票无效的情况下,未按《车站票务管理手册》等相关规定进行办理,在发现车票异常后私自截留车票,且将车票交与朋友,并教其朋友违规使用,票务安全意识淡薄,职业道德观念不强,造成公司收益流失,是导致本次事件发生的主要原因。

车站值班员、值班站长对票务处作业情况监控不到位,未能发现员工存在违章办理车票的情况,对票务处中存有异常车票、售票员的违章操作等情况未能及时发现,是导致本次事故的次要原因。

【任务实施】

（1）西安地铁车票在车站存放规定

1）车票在车站票务管理室的存放规定

对有值车票,应根据票种归类存放于上锁的专用票柜或保险柜中;其他车票应归类存放于固定的票柜。

2）车票在车站票务中心的存放规定

售票员在车站票务中心处理车票时,应将车票放在乘客接触不到的地方。存放于车站临时票务中心的车票须做好防盗工作。

3）车票在运送途中的存放规定

车票在运送途中,一律放在上锁的售票盒、票箱或上锁手推车中。储值票和预制单程票需由两名车站站务员工负责运送和安全。

（2）西安地铁车票的加封要求

车票加封可用票盒、钱袋、信封、砂纸加封,加封后必须保证一经破封无法复原。

1）票盒加封

用砂纸在票盒中间部位十字形缠绕后加封,砂纸上必须注明票种、数量、金额、加封车站、加封人和加封日期。

2）钱袋加封

将钱袋口用绳子缠绕扎紧后用砂纸缠绕加封,砂纸上注明票种、数量、金额、加封车站、加封人和加封日期。

3）信封加封

将票务信封口封住,再用砂纸将信封背面的接缝处封住。票务信封的正面注明票种、数量、金额、加封车站、加封人和加封日期,并在信封背面砂纸骑缝处及封面上盖章。

4)砂纸加封

将车票用砂纸十字形缠绕后加封,并在砂纸上注明票种、数量、金额、加封车站、加封人和加封日期。

(3)**西安地铁车票交接要求**

①车票交接人员依据车票保管部门建立的交接凭证办理交接手续。

②车票保管部门建立台账对车票交接进行统计。

③交接时若发现车票有误,交接双方需及时核查,并按更正后的车票进行交接。对于不能及时查明原因的,交接部门及时组织调查,并报线路级票务管理部门。

(4)**以西安地铁为例,说明内部车票遗失的处理原则**

1)单程票遗失处理

遗失未赋值单程票,按照车票成本费补款。遗失预制单程票,需在第一时间电话报票务管理部门完成黑名单的设置。若在黑名单生效之前,遗失的车票已进入系统使用,则应补交车票成本加已产生的交易金额;若在黑名单生效后,车票未进入系统中使用,则补交车票成本。

2)储值票遗失处理

①储值票遗失,需在第一时间电话报票务管理部门完成黑名单的设置。

②遗失未赋值地铁储值票,按照车票成本补款。遗失赋值地铁储值票,若在黑名单生效之前,遗失的车票已进入系统流通且产生交易记录,则应补交车票成本加已产生的交易金额;若黑名单生效前,车票未进入系统中使用,则补交车票成本。

3)纸质车票遗失处理

遗失纸质车票时,按照车票面值补款。具体补款流程按公司票务、财务相关流程执行。

【效果评价】

评价表

项目名称	票务事故案例		学生姓名	
任务名称	任务9.3　侵占车票的票务事故案例		分　数	
项　目			分　值	考核得分
1.车站车票管理的相关规定的搜集、整理			10	
2.是否有小组计划			5	
3.车站票务管理室及车站票务中心车票管理的认知情况			20	
4.车票的交接原则及车票遗失的处理原则			50	
5.编制学习汇报报告情况			10	
6.基本素养考核情况			5	
总体得分				
教师简要评语:				
			教师签名:	

任务 9.4　伪造报表、填平账目的票务事故案例

【活动场景】

多媒体教室。

【任务要求】

学习车票管理的票务事故案例,使学习人员引以为戒。

【知识准备】

报表是票务工作的原始资料凭证。以下的案例中,部分员工通过伪造报表、虚假填平账目的手段来达到某种目的。虽然他们的出发点并不是为了侵占公司票款,但不可否认他们的这些行为对票务工作、对其个人都产生了很大的影响。

9.4.1　站长指挥作弊,值站亲制假账

(1)事情经过

某日某站,早班售票员因事离岗 10 分钟,由厅巡顶岗,顶岗期间双方未进行注销、重登BOM 操作。中午发现后,站长指示车站票管按 SC 报表记录重新做账。客管便根据 SC 报表推算出两人的车票及现金交易金额,制作假账。

(2)事故处理

按四类票务事故处理给予站长、值班站长撤职处分,给予两名售票员总部级诫勉处理。

(3)事故分析

两名站务员票务安全意识薄弱,缺乏岗位责任心,违章顶岗,是导致此次票务事故的主要原因。

站长缺乏正确的管理认知,缺乏岗位责任心,发现问题后不是积极处理,而是指挥车站员工弄虚作假;值班站长缺乏正确的是非观念,未能坚持工作原则,听从站长的错误领导亲拟假账,是导致此次票务事故的主要原因。

9.4.2　假冒乘客资料重填报表

(1)事情经过

某日某站某客运值班员整理票务报表期间,发现早班一名售票员的《售票员结算单》及《乘客事务处理单》(涉及金额 3 元)不在点钞室内,四处寻找未果。该客运值班员马上通知了票务部报表核对人员,留意车站上交的票务报表中是否夹有当天的报表,同时将报表遗失的情况上报当班值班站长,并询问应如何处理,值站让其再仔细找一找,如真的找不到便重新填写一份报表。

当日,客运值班员在票务分部及车站都无法找到这两份报表,于是重新填写《售票员结算单》及《乘客事务处理单》,凭印象填写《乘客事务处理单》中应由乘客亲笔填写的"乘客资料"一栏,并要求售票员在重新填写的报表上盖章。

(2)事故处理

员工有意隐瞒报表遗失情况,假冒乘客填写报表,构成伪造报表及虚假平账的事实,构成

三类票务事故。

（3）事故分析

客运值班员在遗失报表后，私自重新填写报表，并在报表"乘客数据"一栏上假冒乘客填写，对事件负直接责任。

售票员明知报表虚假，仍在报表上盖章，对事件负直接责任。

值班站长责任心不强，对车站出现遗失票务报表的情况不上报，在未经调查、核实的情况下，直接授意客运值班员重新填写报表，对事件负直接责任。

9.4.3　虚构乘客资料，利用估值侵吞公司票款

（1）事情经过

某日 A 站站务员 4 人、B 站站务员 8 人和 C 站值班员 2 人，为谋取私利，无视公司票务规章制度，利用在票务处工作之便违规操作，利用票务政策漏洞，虚构乘客资料，破坏车票磁道，违章填写报表，侵吞公司票款。其行为直接导致公司票务收益流失，账目不清。

（2）事故处理

按四类票务事故给予 14 名票务违规作弊人员公司通报，解除 5 名情节较严重的站务员劳动合同并罚款 500 元；分别给予 4 名情节较轻的站务员记过处分并罚款 500 元，其他相关人员发放诚勉通知书并罚款 500 元。

（3）事故分析

站务员缺乏职业道德，无视公司收益，违反规章制度，利用政策漏洞谋取私利，是导致此次票务事故的主要原因。

车站管理不善，站务员违规操作 3 个多月尚未发现，是导致此次票务事故的次要原因。

9.4.4　伪造报表+补票款=填平车票

（1）事情经过

某日，某票务管理人员在核查某站少了 5 元预制单程票过程中，发现少了 100 张 7 元预制单程票。次日，该站在无法查清原因的情况下，通过伪造售票员出售 100 张 7 元预制票报表、再由值班员补还 700 元票款的方式填平账目。随后票务管理人员了解到车站违规填平账目的做法后，没有采取纠正措施，也没有按规定向票务部报告。

（2）事故处理

车站副站长和值班员负主要责任，违反票务管理规定伪造票务报表、填平账目。这种票务工作中弄虚作假的行为性质严重、影响较大，本事件最终定性为三类票务事故。根据《员工奖惩实施细则》规定，给予诚勉。

（3）事故分析

该站违反票务管理规定，通过伪造售票员售卖 7 元预制单程票报表，再由值班员垫付 700 元票款的方法来填平账目，隐瞒了车站"丢失"100 张 7 元预制票的事实。

相关票务管理人员违反《车站票务管理手册》，未按规定将该站"丢失"预制单程票的情况报告总部；未纠正该站不按规定反映车票实际数量和伪造票务报表填平账目的错误做法。

9.4.5　伪造报表+补票款=填平车票

（1）事情经过

某日某站某售票员在办理乘客事务时,错误将退款 49.9 元办理为退款 36.6 元。事后,该售票员发现了错误并将情况报告值班站长。值班站长为避免产生票务差错,将退款金额更改为 49.9 元,并虚假填写备注。售票员按 49.9 元退款金额完成了票务报表。

一周后,值班站长收到了解此笔退款金额更改情况的调查函后,立即向站长如实汇报实际情况,两人并无获取退款差额的意图。事后经调度票务部结算,售票员当天长款 13.45 元。

（2）事故处理

值班站长和售票员未如实反映乘客事务的办理情况,通过修改实际办理金额和虚假备注内容的方法来填平账目。根据票务事故管理规定,此事件定性为三类票务事故。

（3）事故分析

值班站长没有按规章要求如实反映乘客事务办理情况,而是擅自修改实际退款金额、虚假备注退款金额修改原因来填平账目。

售票员在清楚知道实际退款金额的情况下,按照值班站长要求确认票务凭证的虚假数据。

【任务实施】

复习车站票务报表填写的规定。

【效果评价】

评价表

项目名称	票务事故案例		学生姓名	
任务名称	任务 9.4　伪造报表、填平账目的票务事故案例		分　　数	
项　　目			分　值	考核得分
1.车站报表填写规定的复习、整理			10	
2.是否有小组计划			5	
3.车站报表填写要求及改错规定的认知情况			20	
4.车站报表遗失处理及作废报表处理的认知情况			50	
5.编制学习汇报报告情况			10	
6.基本素养考核情况			5	
总体得分				
教师简要评语:　　　　　　　　　　　　　　　　　　　　　　　　　　　　　　　　教师签名:				

项目小结

　　本项目主要介绍了票务事故的分类以及处理办法,以一些实际发生的事故案例敲响即将从事轨道交通票务事业学员的警钟,使其在票务工作中树立正确的价值观、道德观,不因一己私利酿成苦果。

　　由这些票务案例可以总结出发生这些事故的主要原因有:工作流程不规范,人工操作设备时工作疏忽,规章制度或设备存在隐患,车站管理者放任、包庇。要避免发生这些票务事故,票务工作者应规范操作流程、提高关键业务办理要求;不断完善设备功能减少系统漏洞;加强票务稽查人员的监管力度;加强教育,提高员工思想认识。

思考与练习

　　1.简述票务违章与票务事故的定性原则。

　　2.简述票务事故的分类。

　　3.简述三类票务事故的内容。

　　4.简述四类票务事故的处理规定。

　　5.选取私吞票款的票务事故案例中的一个,进行事故分析。

　　6.选取伪造报表、填平账目的票务事故案例中的一个,进行事故分析。

　　7.选取利用系统漏洞获利的票务事故案例中的一个,进行事故分析。

　　8.试述票务事故发生的原因。

　　9.思考避免票务事故发生的措施。

参考文献

[1] 高朝晖,张宁,夏德传,等.轨道交通清结算系统的分析与设[J].交通运输工程与信息学报,2008(2):37-42.

[2] 李宇轩.轨道交通票务清分体系的建设[J].都市快轨交通,2007(1).

[3] 范巍,杨承东.城市轨道交通自动售检票系统中央清分系统概论[J].铁路通信信号工程,2004(21).

[4] 赵时文,董德存.轨道交通自动售检票系统[M].上海:同济大学出版社,2007.

[5] 卢曙光.韩日城市轨道交通票款清分中心的经验与借鉴[J].都市快轨交通,2007(4):22-24.

[6] 方正-奥德计算机系统有限公司.中央计算机系统(含PACC)功能规格书[G],2009.

[7] 于涛.城市轨道交通票务管理[M].北京:人民交通出版社,2011.

[8] 吴昊,闫彬.香港地铁自动售检票系统运营管理分析[J].城轨交通,2010(1).

[9] 王淑敏,庞金爽.自动售检票系统对地铁运营的重要作用[J].城市轨道交通研究,2009(12).

[10] 陈宇.城市轨道交通运营企业的票务组织管理[J].都市快轨交通,2009(6).

[11] 张选.浅谈城市轨道交通票务系统[J].民营科技,2010(2).

[12] 张宁,高朝晖.轨道交通AFC系统票卡管理分析[J].都市快轨交通,2008(1).

[13] 张宝国.城市轨道交通运营组织[M].上海:上海科学技术出版社,2006.

[14] 人力资源和社会保障部办公室与广州地下铁道总公司.站务人员[M].北京:中国劳动社会保障出版社,2009.